图说世界趣味谜题

（青少版）

（美）萨姆·劳埃德 著 李佳 译

中南出版传媒集团
民主与建设出版社
·北京·

图书在版编目（CIP）数据

图说世界趣味谜题 /(美) 萨姆·劳埃德著；李佳译. -- 北京：民主与建设出版社，2018.10
ISBN 978-7-5139-2340-8

Ⅰ.①图… Ⅱ.①萨… ②李… Ⅲ.①智力游戏 Ⅳ.①G898.2

中国版本图书馆CIP数据核字(2018)第248423号

© 民主与建设出版社，2018

图说世界趣味谜题
TUSHUO SHIJIE QUWEI MITI

出 版 人	李声笑
著　　者	（美）萨姆·劳埃德
译　　者	李　佳
责任编辑	刘树民
总 策 划	三得文化
统筹监制	文　清
封面设计	仙境设计
出版发行	民主与建设出版社有限责任公司
电　　话	(010) 59417747　59419778
社　　址	北京市海淀区西三环中路10号望海楼E座7层
邮　　编	100142
印　　刷	大厂回族自治县德诚印务有限公司
版　　次	2019年1月第1版
印　　次	2019年1月第1次印刷
开　　本	710毫米×1000毫米　1/16
印　　张	23
字　　数	377千字
书　　号	ISBN 978-7-5139-2340-8
定　　价	88.00元

注：如有印、装质量问题，请与出版社联系。

序言 Introduction

萨姆·劳埃德（1841年～1911年）出生于美国费城。他是世界上少数几个伟大的谜题家和智力玩具专家之一。他10岁就学习下正规的国际象棋。14岁时，在《纽约星期六信使报》上发表了他的第一道国际象棋题目，被誉为"全美国最重要的国际象棋谜题作者"。萨姆还曾经设计了一种用纸板割成的著名智力玩具，叫做"会表演绝技的驴子"，这一玩具的创造使他声名远播，同时也获得了相当可观的收益。此后，萨姆对这种既能引起广泛兴趣，又有商业利润的智力玩具开始倾注越来越多的精力。萨姆·劳埃德去世之后，他的儿子代为收集并出版他的谜题集，即使时间过去了这么久，这本谜题集仍是世界上最令人瞩目的单卷本谜题集。

本书是所有引进萨姆·劳埃德著作版权中题量最多、最权威、最流行的单行本，它由401个趣味思维谜题组成，精心选编的谜题均与生活密切相关，旨在帮助读者广泛地对思维进行挑战与冲击、开拓思维潜能。书中文字均为直译，编译者研究了萨姆·劳埃德刊登作品的美国官方网站，并阅读参考了大量相关著作和谜题历史资料，尽量保持语言的原汁原味，而且对有些内容作了特别的补充，让谜题内容更加丰富饱满。

本书编者将前半部分所有谜题分为五章，第一章是代数、比例与概率方面的，第二章是图形转换与拓扑奇趣方面的，第三章是思维、推理与字谜方面的，第四章是时间、速度与路程方面的，第五章是重量、体积与面积方面的。这样分类，便于读者阅读查找，指向性也更加明显。后半部分针对每一道谜题，给出或详细或简单的答案，答案的详略会依据题目的难易程度有所区别，尽可能地做到言而有物，言简意赅。对于特别难的题目，有些还有思路点拨。但是细心的读者可能会发现，一些题目的答案是"略"，在这里特别说明一下，这样的题目曾被萨姆·劳埃德选做"有奖猜谜",编者故意没有给出答案,是为了让读者通过自己的努力去求解。另外,本书收录的谜题呈献给读者的是解谜艺术的历史。书中大量运用英美制的计量单位和货币单位,其中有些单位虽然已不常用,却有着独特的历史内涵;书中大量涉及西方的历史、人物、地名、风俗、典故,对读者了解美国文化也有很大帮助。

本书图文并茂,基本上每一道题都配有插图,使版面看起来更富于变化,且图片精美,对读者解题也有很大帮助。不仅如此,在版式设计上也匠心独运,与市场上的同类书有很大区别,相信会让您眼前一亮。比如,在每道题结束之后会有一个小标题提示答案的页码,虽然是个很小的设计,但是对于读者阅读却是很大的方便。本书采用双色印刷,使书看起来更加整洁美观,相信您也会喜欢。

萨姆·劳埃德将谜题视为"智力体操"的一个分支,他希望他的读者按照智力开发和训练头脑的直线方式进行推理。他有一个心愿:希望帮助人们——特别是年轻人——把学习变成娱乐,变得更加心灵手巧。破解谜题虽然是工作之余的一种消遣,但谜题本身有着古老的历史渊源,包含着大量的科学知识和浪漫气息。这本谜题集将为您训练思维提供新鲜而有趣的材料,在破解时,不仅需要智慧,更加需要勇气,如果您能够在尽力思考之后再去看答案,那么,这本书一定会帮助您成为一个坚持独立思考的人;如果您能在这本谜题集中享受到工作闲暇的快乐,并且提升思维能力,那就是我们最开心的事了。

最后要说的是,编译者在专业方面远远不及原作者的造诣,因此,如有谬误在所难免,尚望各位读者和专家海涵指正。

编　者

目录 contents

第一章 代数、比例与概率

- 01 如何砸中50点整 ……2
- 02 清仓大减价 ……2
- 03 投票问题 ……3
- 04 三个笨小孩 ……3
- 05 跷跷板趣题 ……4
- 06 洗衣服的费用 ……4
- 07 商人的利润 ……5
- 08 聪明的报童 ……6
- 09 赌马高人 ……6
- 10 出纳的烦恼 ……7
- 11 赛马场趣题 ……7
- 12 游行方阵 ……8
- 13 数硬币谜题 ……9
- 14 双胞胎分财产 ……10
- 15 少了的救济款 ……10
- 16 油和醋 ……11
- 17 花销问题 ……11
- 18 聪明的地产商人 ……12
- 19 姐弟买苹果 ……12
- 20 土地交换 ……13
- 21 选举问题 ……14
- 22 被抹去的数字之一 ……14
- 23 为百年庆典设计的趣题 ……15
- 24 被抹去的数字之二 ……16
- 25 加法与乘法 ……16
- 26 荷兰夫妇的姓名 ……17
- 27 法兰克福香肠 ……18
- 28 骰子几率 ……18
- 29 历史书排序 ……19
- 30 有名的热十字面包 ……20
- 31 建谜题爱好者之家 ……20
- 32 报童问题 ……21
- 33 一美分 ……21
- 34 禁酒之谜 ……22
- 35 麦粒的一角 ……23
- 36 高尔夫谜题 ……24
- 37 钻石和红宝石 ……25
- 38 马尼拉小生意 ……26
- 39 概率问题 ……27
- 40 中国现金问题 ……28
- 41 分割"战利品" ……29
- 42 糖果之谜 ……30
- 43 差一美分 ……30
- 44 神谕谜题 ……31
- 45 幸运的男孩们 ……31
- 46 鸡蛋的价格 ……32
- 47 吉米的年龄 ……33
- 48 "两人"罢工 ……33

49	费得的年龄 ……34
50	邮局所长的困惑 ……34
51	太太们的晾衣绳 ……35
52	我有多少钱 ……35
53	挖沟渠的工钱 ……36
54	硬币面值问题 ……37
55	找另一半 ……38
56	商道 ……38
57	杯子与碟子 ……39
58	打算盘 ……39
59	火鸡和鹅 ……40
60	郊游的人数 ……40
61	德克萨斯贩子 ……41
62	"欢快的转圈圈" ……42
63	红军和蓝军 ……42
64	打扑克 ……43
65	箭术谜题 ……43
66	贩马 ……44
67	可怜的守财奴 ……44
68	修道院的财富 ……45
69	合伙钓鱼 ……46
70	香蕉谜题 ……46
71	山姆大叔的表链 ……47
72	"蛋"中鸡 ……48

73	弹子游戏 ……49
74	董事的问题 ……49
75	黑斯廷斯之战 ……50
76	夫妻养鸡 ……51
77	混合茶谜题 ……51
78	劳动的荒唐性 ……52
79	西瓜买卖 ……52
80	帕特买房 ……53
81	地主与佃农 ……54
82	对长颈鹿的赔率 ……54
83	分苹果问题 ……55
84	拔河趣题 ……56
85	三人分西瓜 ……57
86	骰子游戏 ……57
87	股份分配 ……58
88	孩子分硬币 ……58
89	美惠女神与缪斯 ……59
90	夫妻投资 ……60
91	进城购物 ……60
92	古怪的遗嘱 ……61
93	女儿们的年金 ……61
94	好心的女士 ……62
95	玛丽阿姨的花生 ……62
96	奇怪的老太太 ……63

97 神奇的汉诺塔 ……63	111 将错就错 ……73
98 奶牛买卖 ……64	112 老姑娘多大了 ……73
99 草地网球比赛 ……64	113 男孩的年龄 ……74
100 小鸡换牲口 ……65	114 农夫连锁链 ……75
101 酒的折扣 ……66	115 老板的年龄 ……75
102 吉卜赛女巫 ……66	116 男孩几岁 ……76
103 女速记员的薪水 ……67	117 玛丽现在几岁了 ……76
104 海蛇群 ……68	118 可爱的老太太 ……77
105 史密斯的年龄 ……69	119 妈妈的年龄 ……77
106 打靶问题 ……70	120 猜年龄 ……78
107 分期付款 ……71	121 龙虾的价格 ……78
108 失踪的便士 ……71	122 弄虚作假 ……79
109 珍妮的项链 ……72	123 马戏团见闻 ……80
110 波卡洪塔斯小姐的年纪 ……72	124 格兰特将军的"小屠夫" ……81

第二章 图形转换与拓扑奇趣

125 学习的捷径 ……84	133 "爱心"被单 ……91
126 瑞士国旗与正方形 ……85	134 黑人太太拼被单 ……91
127 小马谜题 ……86	135 复活节的十字架 ……92
128 印度花 ……86	136 木匠的正方形 ……93
129 大饼之谜 ……87	137 通往数学的捷径 ……93
130 太极图 ……88	138 太太的地垫 ……94
131 无言的亚力克 ……89	139 十字勋章传说 ……94
132 切奶酪 ……90	140 月牙和十字架 ……96

contents /3

| 141 摔碎的象棋盘 ……96
| 142 马赛克拼图 ……97
| 143 毕达哥拉斯的经典问题 ……98
| 144 赢格子游戏 ……99
| 145 选择位置 ……100
| 146 杰克与肥皂箱 ……101
| 147 马车趣题 ……101
| 148 拼正方形 ……102
| 149 一弯新月 ……102
| 150 十字军旗 ……103
| 151 环形蛇复原 ……104
| 152 工匠的困扰 ……105
| 153 聪明的护士 ……105
| 154 "马蹄铁"谜题 ……106
| 155 封闭的轿子 ……107
| 156 狗头姜饼 ……108
| 157 新星的诞生 ……108
| 158 硬币游戏 ……109
| 159 谜题王国的三角旗 ……109
| 160 大象与小孩 ……110
| 161 红十字女孩 ……111
| 162 老锯新齿 ……111
| 163 拉斯克的棋盘 ……112
| 164 小丑的表演 ……113
| 165 美国星条旗 ……113
| 166 鹅之谜题 ……114

| 167 外套做的棋盘 ……115
| 168 摆鸡蛋的学问 ……115
| 169 波比小姐的羊圈 ……116
| 170 海军上将的问题 ……117
| 171 四橡树之争 ……118
| 172 "红"黑桃谜题 ……119
| 173 古希腊标志 ……120
| 174 希腊十字架 ……120
| 175 中国"枷"谜题 ……121
| 176 无穷链条 ……122
| 177 一分为二 ……122
| 178 姜饼谜题 ……123
| 179 鸡变"蛋" ……124
| 180 邮递员的困惑 ……124
| 181 分割棋盘 ……125
| 182 普利姆索尔标志 ……125
| 183 堂吉诃德的风车 ……126
| 184 执事太太的零布头 ……127
| 185 丢失的五角星 ……127
| 186 波斯地毯 ……128
| 187 拼圆形 ……128
| 188 能干的小木匠 ……129
| 189 大象拼图 ……130
| 190 优等生简妮的趣题 ……130

第三章 思维、推理与字谜

- 191 军事战术 ……132
- 192 找名字之一 ……133
- 193 彗星的轨迹 ……133
- 194 野猪逃跑 ……134
- 195 猴子爬窗 ……134
- 196 邻居修路 ……135
- 197 日本水雷阵 ……135
- 198 找名字之二 ……136
- 199 巡警的路线 ……136
- 200 司令的难题 ……137
- 201 趣题公园 ……138
- 202 克朗代克归来 ……138
- 203 枕套谜语 ……139
- 204 决不说谎 ……140
- 205 互换黑白子 ……140
- 206 玉米地里的乌鸦 ……141
- 207 萨米的素描本 ……142
- 208 马牛起身的区别 ……143
- 209 司令的部署 ……143
- 210 有文化的窃贼 ……144
- 211 自行车旅行 ……145
- 212 手表指北针 ……145
- 213 猪圈问题 ……146
- 214 彼得的椒盐卷饼 ……147
- 215 秃鹰湾打野鸭 ……147
- 216 摆杯子游戏 ……148
- 217 "袋鼠"坦克 ……149
- 218 分羊问题 ……149
- 219 手语 ……150
- 220 法律问题 ……151
- 221 失踪的修女 ……151
- 222 妙窃宝石 ……152
- 223 灯塔谜题 ……153
- 224 果树嫁接 ……154
- 225 配电盘问题 ……155
- 226 棕色小奶罐 ……155
- 227 夫妇搬家 ……156
- 228 雏菊游戏 ……157
- 229 哪一位付钱 ……158
- 230 早期铁路 ……158
- 231 火海逃生 ……159
- 232 教授与和平大会 ……160
- 233 零字谜 ……161
- 234 圣诞节的火鸡 ……162
- 235 复活节的鸡蛋 ……162
- 236 爱丽丝梦游仙境 ……163
- 237 飞翔的小鸟 ……164
- 238 邦尼兔在哪儿 ……165

239	杂货店老板 ……165	265	建筑师谜题 ……188
240	生病的外甥 ……166	266	最佳路线 ……188
241	调车问题 ……166	267	掷骰子 ……189
242	哥伦比亚鸡蛋 ……167	268	蓝胡子的谜题 ……190
243	金字塔谜题 ……168	269	鸡蛋金字塔 ……191
244	"好运"谜题 ……169	270	玩转赌博法 ……191
245	智斗"调皮鸡" ……170	271	迷宫 ……192
246	聪明的巴格达商人 ……171	272	多心情人过河 ……192
247	戈尔迪之结 ……172	273	荷兰农夫卖火腿 ……193
248	探究"八进制" ……173	274	玛莎的葡萄园 ……194
249	数字问题 ……174	275	考古谜题 ……195
250	巧铺电线 ……175	276	诵诗蜜蜂 ……196
251	分牲口 ……176	277	谁将获得提名 ……196
252	瓦工的问题 ……177	278	伦敦之塔 ……197
253	夏日旅人 ……178	279	给鸡蛋"排队" ……198
254	虎斑狗和健将猫 ……179	280	牌会的座位 ……199
255	全城戒严令 ……179	281	聪明的国王 ……199
256	亨利·乔治的趣题 ……180	282	青蛙问题 ……200
257	所罗门神庙之谜 ……181	283	快乐的修道士 ……201
258	步兵训练 ……182	284	威格斯太太的包菜 ……201
259	台球问题 ……183	285	丹麦国旗 ……202
260	木球瓶游戏 ……184	286	苹果射击比赛 ……203
261	14~15谜题 ……185	287	怀特的猫 ……203
262	爬梯子和切西瓜 ……186	288	智抓"火鸡" ……204
263	野人的金币 ……186	289	中国趣题 ……204
264	觅对游戏 ……187	290	航海问题 ……205

291	狐狸和玉米 ……206	304	爬杆 ……214
292	掉下地球 ……206	305	读唇术谜题 ……215
293	滚动的轱辘 ……207	306	摆火柴 ……216
294	奇怪的来信 ……207	307	野外见闻 ……216
295	第1901号绘画 ……208	308	铁路行话 ……217
296	古埃及之谜 ……209	309	找回丢失的字母 ……218
297	缺失的单词 ……209	310	伊索之狼 ……218
298	慈善家的故事 ……210	311	交叉点之谜 ……219
299	两个保留笑话 ……211	312	以cion结尾的单词 ……220
300	募捐格言 ……211	313	关于画眉的谜题 ……221
301	印第安字谜 ……212	314	火星上的运河 ……221
302	强烈推荐 ……213	315	金属士兵 ……222
303	修道院的窗 ……214	316	送奶工的反驳 ……222

第四章 时间、速度与路程

317	拿锄头的人 ……224	326	奔跑在乡间 ……229
318	一点小意外 ……224	327	阿喀琉斯与乌龟 ……230
319	凯西的奶牛 ……225	328	比萨斜塔 ……231
320	爬山问题 ……225	329	格尼斯堡八桥 ……232
321	苍鹰逐日 ……226	330	马术障碍赛 ……233
322	北极新娘 ……227	331	理发师弗里兹 ……234
323	渡轮问题 ……227	332	从比克斯利到奎克斯利 ……234
324	"数学天才"警察 ……228	333	热气球之旅 ……235
325	老爷爷的时钟 ……228	334	电线杆之间的距离 ……235

335 高山赛跑 ……236	350 动力不足的汽车 ……246
336 驾车赛马旅行 ……236	351 溜冰的时间 ……246
337 打破记录 ……237	352 新龟兔赛跑 ……247
338 欢乐谷与快乐镇 ……237	353 挤奶女工和汉斯 ……247
339 游艇比赛 ……238	354 逆风骑车 ……248
340 工程师的困惑 ……239	355 快表和慢表 ……249
341 派克镇有多远 ……239	356 时间和距离 ……249
342 乘电车的浪漫 ……240	357 猴子爬滑轮 ……250
343 苏黎世疯狂的时钟 ……241	358 罪证 ……250
344 象棋高手上校 ……242	359 新解猫抓老鼠 ……251
345 汤姆的小猪 ……242	360 暹罗人斗鱼 ……251
346 传令兵问题 ……243	361 "土豆"赛跑 ……253
347 雇来的收割者 ……244	362 珠宝店外的时钟 ……254
348 三人出游 ……245	
349 吃肉趣闻 ……245	

第五章 重量、体积与面积

363 天平的使用原理 ……256	370 无偿的土地 ……260
364 切割金砖 ……256	371 荷花命题 ……261
365 猫的重量 ……257	372 月亮问题 ……262
366 妈妈的黑莓果酱 ……257	373 石磨的面积 ……263
367 钓鱼男孩多重 ……258	374 三角形地段 ……263
368 俭省的工匠 ……258	375 混合茶叶 ……264
369 混合奶难题 ……259	376 足球大小 ……265

377	柏拉图方块 ……266
378	新增的卷心菜 ……267
379	嘉丽小姐的吊床 ……267
380	林肯"圈地" ……268
381	巧铺餐巾 ……269
382	湖之谜题 ……269
383	箱子的运费 ……270
384	送奶人的问题 ……271
385	带状土地的宽度 ……271
386	奸猾的送奶人 ……272
387	酒商量酒 ……273
388	古格尔黑姆的火鸡 ……273
389	羽毛和黄金 ……274
390	父子"挑"驴 ……274

391	阿基米德与皇冠 ……275
392	巧称体重 ……276
393	打铁桶 ……276
394	婴儿的体重 ……277
395	奇特的称量法 ……277
396	市场督察的困惑 ……278
397	酒瓶问题 ……279
398	感恩节的买卖 ……280
399	卖牛奶的老人 ……281
400	等式问题 ……281
401	觅食远征 ……282

contents

CHAPTER 1 代数、比例与概率

- 01 如何砸中50点整 ……284
- 02 清仓大减价 ……284
- 03 投票问题 ……284
- 04 三个笨小孩 ……284
- 05 跷跷板趣题 ……284
- 06 洗衣服的费用 ……284
- 07 商人的利润 ……284
- 08 聪明的报童 ……284
- 09 赌马高人 ……284
- 10 出纳的烦恼 ……284
- 11 赛马场趣题 ……284
- 12 游行方阵 ……285
- 13 数硬币谜题 ……285
- 14 双胞胎分财产 ……285
- 15 少了的救济款 ……285
- 16 油和醋 ……285
- 17 花销问题 ……285
- 18 聪明的地产商人 ……285
- 19 姐弟买苹果 ……285
- 20 土地交换 ……286
- 21 选举问题 ……286
- 22 被抹去的数字之一 ……286
- 23 为百年庆典设计的趣题 ……286
- 24 被抹去的数字之二 ……286
- 25 加法与乘法 ……286
- 26 荷兰夫妇的姓名 ……286
- 27 法兰克福香肠 ……287
- 28 骰子几率 ……287
- 29 历史书排序 ……287
- 30 有名的热十字面包 ……287
- 31 建谜题爱好者之家 ……287
- 32 报童问题 ……287
- 33 一美分 ……288
- 34 禁酒之谜 ……288
- 35 麦粒的一角 ……288
- 36 高尔夫谜题 ……288
- 37 钻石和红宝石 ……288
- 38 马尼拉小生意 ……288
- 39 概率问题 ……289
- 40 中国现金问题 ……289
- 41 分割"战利品" ……289
- 42 糖果之谜 ……289
- 43 差一美分 ……289
- 44 神谕谜题 ……289
- 45 幸运的男孩们 ……289
- 46 鸡蛋的价格 ……289
- 47 吉米的年龄 ……289
- 48 "两人"罢工 ……289

49	费得的年龄 ……289	73	弹子游戏 ……292
50	邮局所长的困惑 ……290	74	董事的问题 ……292
51	太太们的晾衣绳 ……290	75	黑斯廷斯之战 ……292
52	我有多少钱 ……290	76	夫妻养鸡 ……292
53	挖沟渠的工钱 ……290	77	混合茶谜题 ……292
54	硬币面值问题 ……290	78	劳动的荒唐性 ……292
55	找另一半 ……290	79	西瓜买卖 ……292
56	商道 ……290	80	帕特买房 ……292
57	杯子与碟子 ……290	81	地主与佃农 ……292
58	打算盘 ……290	82	对长颈鹿的赔率 ……293
59	火鸡和鹅 ……291	83	分苹果问题 ……293
60	郊游的人数 ……291	84	拔河趣题 ……293
61	德克萨斯贩子 ……291	85	三人分西瓜 ……293
62	"欢快的转圈圈" ……291	86	骰子游戏 ……293
63	红军和蓝军 ……291	87	股份分配 ……293
64	打扑克 ……291	88	孩子分硬币 ……293
65	箭术谜题 ……291	89	美惠女神与缪斯 ……293
66	贩马 ……291	90	夫妻投资 ……294
67	可怜的守财奴 ……291	91	进城购物 ……294
68	修道院的财富 ……291	92	古怪的遗嘱 ……294
69	合伙钓鱼 ……291	93	女儿们的年金 ……294
70	香蕉谜题 ……292	94	好心的女士 ……294
71	山姆大叔的表链 ……292	95	玛丽阿姨的花生 ……294
72	"蛋"中鸡 ……292	96	奇怪的老太太 ……294

97	神奇的汉诺塔 ……294
98	奶牛买卖 ……294
99	草地网球比赛 ……294
100	小鸡换牲口 ……294
101	酒的折扣 ……294
102	吉卜赛女巫 ……295
103	女速记员的薪水 ……295
104	海蛇群 ……295
105	史密斯的年龄 ……295
106	打靶问题 ……295
107	分期付款 ……295
108	失踪的便士 ……295
109	珍妮的项链 ……296
110	波卡洪塔斯小姐的年纪 ……296
111	将错就错 ……296
112	老姑娘多大了 ……296
113	男孩的年龄 ……296
114	农夫连锁链 ……296
115	老板的年龄 ……296
116	男孩几岁 ……296
117	玛丽现在几岁了 ……296
118	可爱的老太太 ……297
119	妈妈的年龄 ……297
120	猜年龄 ……297
121	龙虾的价格 ……297
122	弄虚作假 ……297
123	马戏团见闻 ……297
124	格兰特将军的"小屠夫" ……297

CHAPTER 2 图形转换与拓扑奇趣

125	学习的捷径 ……298
126	瑞士国旗与正方形 ……298
127	小马谜题 ……298
128	印度花 ……298
129	大饼之谜 ……299
130	太极图 ……299
131	无言的亚力克 ……299
132	切奶酪 ……299
133	"爱心"被单 ……299
134	黑人太太拼被单 ……300
135	复活节的十字架 ……300
136	木匠的正方形 ……300
137	通往数学的捷径 ……300
138	太太的地垫 ……300
139	十字勋章传说 ……300
140	月牙和十字架 ……301

141	摔碎的象棋盘 ……301	167	外套做的棋盘 ……307
142	马赛克拼图 ……301	168	摆鸡蛋的学问 ……307
143	毕达哥拉斯的经典问题 ……301	169	波比小姐的羊圈 ……307
144	赢格子游戏 ……302	170	海军上将的问题 ……307
145	选择位置 ……302	171	四橡树之争 ……308
146	杰克与肥皂箱 ……302	172	"红"黑桃谜题 ……308
147	马车趣题 ……302	173	古希腊标志 ……308
148	拼正方形 ……302	174	希腊十字架 ……308
149	一弯新月 ……303	175	中国"枷"谜题 ……308
150	十字军旗 ……303	176	无穷链条 ……309
151	环形蛇复原 ……303	177	一分为二 ……309
152	工匠的困扰 ……303	178	姜饼谜题 ……309
153	聪明的护士 ……304	179	鸡变"蛋" ……309
154	"马蹄铁"谜题 ……304	180	邮递员的困惑 ……309
155	封闭的轿子 ……304	181	分割棋盘 ……310
156	狗头姜饼 ……304	182	普利姆索尔标志 ……310
157	新星的诞生 ……305	183	堂吉诃德的风车 ……310
158	硬币游戏 ……305	184	执事太太的零布头 ……310
159	谜题王国的三角旗 ……305	185	丢失的五角星 ……310
160	大象与小孩 ……305	186	波斯地毯 ……310
161	红十字女孩 ……305	187	拼圆形 ……311
162	老锯新齿 ……306	188	能干的小木匠 ……311
163	拉斯克的棋盘 ……306	189	大象拼图 ……311
164	小丑的表演 ……306	190	优等生简妮的趣题 ……311
165	美国星条旗 ……306		
166	鹅之谜题 ……306		

CHAPTER 3 思维、推理与字谜

191	军事战术 ……312
192	找名字之一 ……312
193	彗星的轨迹 ……312
194	野猪逃跑 ……312
195	猴子爬窗 ……312
196	邻居修路 ……312
197	日本水雷阵 ……312
198	找名字之二 ……313
199	巡警的路线 ……313
200	司令的难题 ……313
201	趣题公园 ……313
202	克朗代克归来 ……313
203	枕套谜语 ……313
204	决不说谎 ……313
205	互换黑白子 ……313
206	玉米地里的乌鸦 ……314
207	萨米的素描本 ……314
208	马牛起身的区别 ……314
209	司令的部署 ……314
210	有文化的窃贼 ……314
211	自行车旅行 ……314
212	手表指北针 ……315
213	猪圈问题 ……315
214	彼得的椒盐卷饼 ……315
215	秃鹰湾打野鸭 ……315
216	摆杯子游戏 ……315
217	"袋鼠"坦克 ……315
218	分羊问题 ……315
219	手语 ……315
220	法律问题 ……316
221	失踪的修女 ……316
222	妙窃宝石 ……316
223	灯塔谜题 ……317
224	果树嫁接 ……317
225	配电盘问题 ……318
226	棕色小奶罐 ……318
227	夫妇搬家 ……318
228	雏菊游戏 ……318
229	哪一位付钱 ……318
230	早期铁路 ……318
231	火海逃生 ……319
232	教授与和平大会 ……319
233	零字谜 ……320
234	圣诞节的火鸡 ……320
235	复活节的鸡蛋 ……320
236	爱丽丝梦游仙境 ……320
237	飞翔的小鸟 ……320
238	邦尼兔在哪儿 ……321

239	杂货店老板 ……321	265	建筑师谜题 ……326
240	生病的外甥 ……321	266	最佳路线 ……326
241	调车问题 ……321	267	掷骰子 ……326
242	哥伦比亚鸡蛋 ……321	268	蓝胡子的谜题 ……326
243	金字塔谜题 ……322	269	鸡蛋金字塔 ……326
244	"好运"谜题 ……322	270	玩转赌博法 ……326
245	智斗"调皮鸡" ……322	271	迷宫 ……326
246	聪明的巴格达商人 ……322	272	多心情人过河 ……326
247	戈尔迪之结 ……323	273	荷兰农夫卖火腿 ……327
248	探究"八进制" ……323	274	玛莎的葡萄园 ……327
249	数字问题 ……323	275	考古谜题 ……327
250	巧铺电线 ……324	276	诵诗蜜蜂 ……327
251	分牲口 ……324	277	谁将获得提名 ……327
252	瓦工的问题 ……324	278	伦敦之塔 ……327
253	夏日旅人 ……324	279	给鸡蛋"排队" ……327
254	虎斑狗和健将猫 ……324	280	牌会的座位 ……327
255	全城戒严令 ……324	281	聪明的国王 ……328
256	亨利·乔治的趣题 ……324	282	青蛙问题 ……328
257	所罗门神庙之谜 ……324	283	快乐的修道士 ……328
258	步兵训练 ……325	284	威格斯太太的包菜 ……328
259	台球问题 ……325	285	丹麦国旗 ……328
260	木球瓶游戏 ……325	286	苹果射击比赛 ……329
261	14~15谜题 ……325	287	怀特的猫 ……329
262	爬梯子和切西瓜 ……325	288	智抓"火鸡" ……329
263	野人的金币 ……325	289	中国趣题 ……329
264	觅对游戏 ……326	290	航海问题 ……329

291 狐狸和玉米 …… 329	304 爬杆 …… 331
292 掉下地球 …… 330	305 读唇术谜题 …… 331
293 滚动的轱辘 …… 330	306 摆火柴 …… 331
294 奇怪的来信 …… 330	307 野外见闻 …… 331
295 第1901号绘画 …… 330	308 铁路行话 …… 331
296 古埃及之谜 …… 330	309 找回丢失的字母 …… 332
297 缺失的单词 …… 330	310 伊索之狼 …… 332
298 慈善家的故事 …… 330	311 交叉点之谜 …… 332
299 两个保留笑话 …… 330	312 以cion结尾的单词 …… 332
300 募捐格言 …… 330	313 关于画眉的谜题 …… 332
301 印第安字谜 …… 330	314 火星上的运河 …… 332
302 强烈推荐 …… 330	315 金属士兵 …… 332
303 修道院的窗 …… 331	316 送奶工的反驳 …… 332

CHAPTER 4 时间、速度与路程

317 拿锄头的人 …… 333	326 奔跑在乡间 …… 334
318 一点小意外 …… 333	327 阿喀琉斯与乌龟 …… 334
319 凯西的奶牛 …… 333	328 比萨斜塔 …… 334
320 爬山问题 …… 333	329 格尼斯堡八桥 …… 334
321 苍鹰逐日 …… 333	330 马术障碍赛 …… 334
322 北极新娘 …… 333	331 理发师弗里兹 …… 334
323 渡轮问题 …… 333	332 从比克斯利到奎克斯利 …… 335
324 "数学天才"警察 …… 333	333 热气球之旅 …… 335
325 老爷爷的时钟 …… 333	334 电线杆之间的距离 …… 335

335	高山赛跑 ……335	350	动力不足的汽车 ……337
336	驾车赛马旅行 ……335	351	溜冰的时间 ……337
337	打破记录 ……335	352	新龟兔赛跑 ……337
338	欢乐谷与快乐镇 ……335	353	挤奶女工和汉斯 ……337
339	游艇比赛 ……335	354	逆风骑车 ……337
340	工程师的困惑 ……335	355	快表和慢表 ……337
341	派克镇有多远 ……336	356	时间和距离 ……338
342	乘电车的浪漫 ……336	357	猴子爬滑轮 ……338
343	苏黎世疯狂的时钟 ……336	358	罪证 ……338
344	象棋高手上校 ……336	359	新解猫抓老鼠 ……338
345	汤姆的小猪 ……336	360	暹罗人斗鱼 ……338
346	传令兵问题 ……336	361	"土豆"赛跑 ……338
347	雇来的收割者 ……336	362	珠宝店外的时钟 ……338
348	三人出游 ……337		
349	吃肉趣闻 ……337		

CHAPTER 5 重量、体积与面积

363	天平的使用原理 ……339	370	无偿的土地 ……340
364	切割金砖 ……339	371	荷花命题 ……340
365	猫的重量 ……339	372	月亮问题 ……340
366	妈妈的黑莓果酱 ……339	373	石磨的面积 ……341
367	钓鱼男孩多重 ……339	374	三角形地段 ……341
368	俭省的工匠 ……339	375	混合茶叶 ……341
369	混合奶难题 ……339	376	足球大小 ……341

| 377 | 柏拉图方块 …… 341
| 378 | 新增的卷心菜 …… 341
| 379 | 嘉丽小姐的吊床 …… 341
| 380 | 林肯"圈地" …… 342
| 381 | 巧铺餐巾 …… 342
| 382 | 湖之谜题 …… 342
| 383 | 箱子的运费 …… 342
| 384 | 送奶人的问题 …… 342
| 385 | 带状土地的宽度 …… 342
| 386 | 奸猾的送奶人 …… 342
| 387 | 酒商量酒 …… 342
| 388 | 古格尔黑姆的火鸡 …… 343
| 389 | 羽毛和黄金 …… 343
| 390 | 父子"挑"驴 …… 343
| 391 | 阿基米德与皇冠 …… 343
| 392 | 巧称体重 …… 344
| 393 | 打铁桶 …… 344
| 394 | 婴儿的体重 …… 344
| 395 | 奇特的称量法 …… 344
| 396 | 市场督察的困惑 …… 344
| 397 | 酒瓶问题 …… 344
| 398 | 感恩节的买卖 …… 344
| 399 | 卖牛奶的老人 …… 345
| 400 | 等式问题 …… 345
| 401 | 觅食远征 …… 345

第一章
代数、比例与概率

01 如何砸中50点整

难易程度：★☆☆☆☆
完成情况：是□ 否□

有一天我和我的好友正在欣赏一段影片的花絮，这时我们看到了一个被说成是世界上最公平的游戏。这个游戏是这样的，你需要用棒球去砸10个小人偶，每个人偶身上都贴着一个数字。规则很宽松，你愿意砸几次就砸几次，你愿意站多近就站多近。如果最后把你砸中的小人偶身上的数字加在一起能凑够50，不多也不少，你就可以赢得一只真正的金边马吉克莱雪茄，价值0.25美元。

事实是，在我们了解如何获胜之前我们的口袋已经被掏空了，而且我们注意到，抽马吉克莱雪茄的人并没有比以前多。经营摊子的人说，他不介意告诉我们是人们的偏见毁掉了他们获胜的机会。事实上，每个人都有各自的种族偏见，因为这一点，他们根本无法获胜。

你能告诉我人们如何才能砸中50点整并且赢得一只金边马吉克莱雪茄吗？

答案见：P284

02 清仓大减价

难易程度：★★☆☆☆
完成情况：是□ 否□

库存对服装行业来说是个很为难的事情，不处理干净就会积压资金，减价处理又是赔本的买卖，因此，如果可以大家都不想走这一步。但是如果这些积压货物造成了经营上更大的损失，权衡利弊之后，老板们也只能忍痛割爱。

服装店的老板打算不计成本地减价处理他的库存，我们观察后发现他每次降价都有一定的规律可循。

原价20美元的衣服降价到8美元，后来又降到3.2美元，最后降到只有1.28美元了。照这样降下去，只要再降一次价就是成本价了。

聪明的读者朋友们能够算出成本价是多少吗？

答案见：P284

03 投票问题

难易程度：★★☆☆☆
完成情况：是□ 否□

关于某项动议的投票结束了，主席在等待着投票的结果。经过十分钟的骚乱之后，秘书向他报告说："主席先生，投赞成票的人原本比投反对票的人多出了1/3，但是，由于椅子数目不够导致之前投反对票的人中有11人被误计为赞成票，因此由于1票之差，动议最终应该被否决掉。"

主席听到这个结果，虽然表示遗憾，但也只能照章执行。现在有一个问题需要你来考虑一下，通过上面的描述，你能告诉我一共有多少人参加了投票吗？

答案见：P284

04 三个笨小孩

难易程度：★★★☆☆
完成情况：是□ 否□

在一个古老的小村庄有三个笨小孩。一天上数学课的时候，老师要他们三个到讲台前回答问题。老师在他们三个的身上分别贴了数字3、1和6，然后问他们："1、3、6这三个数字怎么排列才能被7整除啊？"三个笨小孩谁也不知道答案，他们一个抓耳，一个挠腮，还有一个站在那儿发呆。老师急得都想说出答案了，可三个笨小孩想破了脑瓜也不能给出正确的答案。

怎么样，你知道答案吗？如果你也说不上来，也就成了笨小孩了，你是笨小孩吗？

答案见：P284

05 跷跷板趣题

难易程度：★☆☆☆☆
完成情况：是□ 否□

这个题目清楚地阐明了一个基本的代数原理：等式的两边同时加上或者减去同一个数字，等式依然成立。

我们用消除法可以解决这个难题。如图所示，跷跷板左端有5个小男孩和3个小女孩，而右端有3个小男孩和6个小女孩。我们将两端各自减去3小个男孩和3个小女孩，使左端剩下2个小男孩而右端剩下3个小女孩。由此，我们发现那2个小男孩的重量正好等于3个小女孩的重量。

那么，若是跷跷板的一端坐着8个小男孩，另一端要坐多少个小女孩才能让跷跷板保持平衡呢？

答案见：P284

06 洗衣服的费用

难易程度：★★☆☆☆
完成情况：是□ 否□

查理和弗雷迪把硬领和袖套共计30件送到洗衣店去清洗，弗雷迪的袖套是袖套总数的一半，而他的硬领是硬领总数的1/3，他的花费共27美分。我可以告诉你，洗4个袖套的价格与洗5个硬领相当。洗衣店的老板不知道该收查理多少钱了，你能帮他算一算吗？

答案见：P284

07 商人的利润

难易程度：★★★★☆
完成情况：是□ 否□

一个商人以50美元的价格出售了一辆自行车，然后再以40美元的价格将其买回。很显然他赚了10美元。然后，商人再以45美元的价格卖出，因此又赚了5美元，总共赚了15美元。

但是，一个店员说："一个人开始以50美元的价格卖了一辆自行车，在二次销售之后他赚了5美元。请问他是如何赚到这5美元的？你看，以50美元的价格卖掉自行车仅仅是一种等价交换，既没有利润也没有损失，但是当他以40美元的价格购回，再以45美元的价格二次卖出，因此赚到了5美元。"

一位会计说："我认为，当以50美元出售，40美元买回的时候，他显然就已经赚到了10美元。当他以45美元的价格再次卖出，这仅仅是交易，没有利润也没有损失，所以也不会影响第一次获得的利润，也就是说他整整获利10美元。"

这是一笔并不复杂的交易，小学生都能够算得出。不过我们现在面临三种不同的答案。第一种说法认为利润为15美元，一般自行车商人都会持这种观点；而店员认为利润不超过5美元。而纽约股票交易中心的负责人具名认为正确的利润应该是10美元。

答案见：P284

08 聪明的报童

难易程度：★★★☆
完成情况：是□ 否□

一位喜欢花的女士在花店买了一束价值34美分的花，但是在找钱的时候遇到了些麻烦。她有一张1美元、一张3美分和一张2美分的钞票，而店主只有两枚硬币，不能给这位女士找零钱。正在为难时，花店里进来了一位聪明的报童，他有两张10美分、一张5美分、一张2美分和一张1美分的钞票。小男孩用他的聪明才智帮店主和买花的女士解决了难题，最后，三个人都拿到了应得的钱。

你知道应该怎么解决这个问题吗？

答案见：P284

09 赌马高人

难易程度：★★★★☆
完成情况：是□ 否□

两个小伙子带着相同数额的钱，打算在赛马中采用罗斯林勋爵赌博法，即把赌注押在最劣的马身上，而且押下的赌金等于赌博公司开出的这匹马对1美元的赔率。吉姆把赌注押在劣马柯西努尔身上，赌它能赢得第一，而杰克则认为它可以得第二，于是他们根据不同的赔率押下了不同的赌注，尽管两笔赌注加起来用去了他们所带赌金之和的一半。结果，他们竟然都赢了。赢了钱后，吉姆身上的钱是杰克的两倍了。

如果必须是以整数美元作为投注，那么他们各赢了多少钱？

答案见：P284

10 出纳的烦恼

难易程度：★★★☆☆
完成情况：是□ 否□

银行出纳讲述了在工作中遇到的一些趣事儿，这些趣事为单调乏味的日常工作平添了生气，但有时候这些趣事也是让人摸不着头脑的小难题。这种时候，通常需要一些技巧来解答难题。

例如有一次，来了一位长者（看上去和普通人没有什么两样），他递给银行出纳一张200美元的支票，然后跟他说："麻烦你给我换一些1美元的纸币，再来10倍数量的2美元的纸币，剩下的都换成5美元的纸币。"

这个问题是不是有些难度呢？到底多少1美元纸币和多少2美元纸币再加上多少5美元纸币才能满足这个要求，真的是需要费些脑筋的。如果你是银行出纳，你应该怎么办呢？

答案见：P284

11 赛马场趣题

难易程度：★★★★☆
完成情况：是□ 否□

赛马是历史最悠久的运动之一。从古到今赛马迷们为此项运动狂热不已，更有许多大商家为这项运动做赞助商，投入了大笔的资金，但是他们却并不一定了解赛马场的赔率。为了证明赛马场的赞助商们对于马场上的赔率有多么无知，我们不妨来找找下面这个初级问题的答案：

如果对赛马"苹果派"的赔率是7∶3，而对赛马"大黄蜂"的赔率是6∶5，那对赛马"黄瓜"的赔率是多少？

答案见：P284

第一章 代数、比例与概率

12 游行方阵

难易程度：★★★☆☆
完成情况：是□ 否□

在圣帕特里克大游行上发生了一件有趣的事情。凯西吹嘘说他"从还是孩子的时候起参加圣帕特里克大游行，到现在已经有1/4个世纪了"。我们且不谈人们对于这件事是如何评论的，但是年迈的凯西最终被肺炎夺去了生命。之后，在3月17日那天的游行队伍中，小伙子们突然发现方阵最后一排缺了1个人。事实上，按照传统习俗，这个空缺破坏了整个方阵并使得游行队伍成了一个令人恐慌不安的送葬队伍，所以他们不得不补上这个空缺。

按照习俗，小伙子们10人一排，但最后一排只剩下了9个人，那是跛脚凯西原来所站的位置。他们这样走了一两个街区，观众们大声地询问那个"跛脚家伙"的情况，叫喊声完全淹没了爱尔兰管乐队的音乐。最后他们只好改成每排9个人，因为每排11个是不合适的。然而凯西的位置又空了出来，人们不得不停了下来，因为有人发现最后一排只剩下8个人了。

小伙子们又试着每排站8个人、7个人、5个人、4个人、3个人，直到最后每排只站2人了，最后一排仍然有空缺。人们开始议论纷纷，说那个位置是凯西的，没有别人能代替。这虽说有点迷信,但是每一次开始变换队列的时候,都有人能听见凯西"一瘸一拐的脚步声"。小伙子们坚信是凯西的灵魂在参加游行,所以没有人敢去补这个空缺了。

然而总典礼官却是个非常机敏的人,他马上命令大家变成一队,这样即便是凯西的灵魂在参与游行,他也只能排在队伍的最后向他的保护神致敬了。

这件趣事给我们提出的问题就是:假定游行的人数不超过7000人,一共有多少人参加了那次游行?

答案见:P285

13 数硬币谜题

难易程度:★★★☆☆
完成情况:是□否□

我一直觉得年轻人玩硬币很在行,所以他们一定会觉得这道题好玩,同时这也能让他们更了解美国的硬币。

有三个居住在密尔沃基的荷兰人聚在一起,他们连着玩了两天扑克牌。正如图中所示,每个人手上只有2枚硬币,三人共有6枚硬币,总共是3美元,这是他们玩牌的总金额。假设牌局开始时和结束后,钱的总数不变,但买烟酒的钱不在此列。打完牌后,大家发现克劳斯赢了8美分,他的哥哥卡尔赢了22美分。

我要出的题是,另外一个人辛德里克最后还有多少钱?

答案见:P285

14 双胞胎分财产

难易程度：★★★☆☆
完成情况：是□ 否□

在奥素格斯即将老来得子之时，欣喜之余，他允诺，如果是个男孩，他将把2/3的财产留给儿子，1/3的财产留给妻子；如若是个女孩，他将把2/3的财产留给妻子，1/3的财产留给女儿。

后来孩子出生了，他发现孩子是双胞胎，而且是一个男孩一个女孩。这下难坏了这个新爸爸，奥素格斯想来想去也不明白应该如何分配财产给自己的家人。

朋友们，你们觉得应该怎样分配他的财产呢？请你帮帮他吧！

答案见：P285

15 少了的救济款

难易程度：★★★☆☆
完成情况：是□ 否□

一位好心的女士每个星期都为一些特别困难的人捐救济款。她对领救济款的人说，如果少来5个人的话，每个人就可以多得到2美元。因此，每一位被救济的人都竭力说服其他人别来。但是，第二周领取救济款的时候，不仅没有少人反而多了4个人。这样他们每个人领到的救济款比以前还少1美元。

你知道上个星期他们每人得到了多少救济款吗？

答案见：P285

16 油和醋

难易程度：★★★☆☆
完成情况：是□ 否□

我认识一位精明的投机商人，我一直都很想知道他最初是怎么发家的。于是有一天，我终于向他提出了我的疑问。他微笑了一下，告诉我说："我是从卖油和醋开始起家的。我的第一位顾客买了14美元的油和14美元的醋，每加仑油价是醋价的两倍，最后我还剩了一桶。"说完，还冲我神秘地笑了一下。

他最初的资产如左图所示，你能猜出他卖掉的是哪几桶，分别是什么，还剩下的那一桶值多少钱吗？

答案见：P285

17 花销问题

难易程度：★★☆☆☆
完成情况：是□ 否□

史密斯先生总喜欢在大减价的时候囤积东西，他觉得这样能够省不少钱，因为很多东西要比平时便宜一半，甚至更多。今年大减价时他又和家人买了很多东西，同样没花太多的钱。他在对我讲述这个经历时这样说，在半个小时之内他花掉了一半的钱，然后还剩下A美元B美分，而之前他有B美元2A美分。

请你来猜猜看，史密斯先生在大减价中一共花了多少钱？

答案见：P285

18 聪明的地产商人

难易程度：★★★☆☆
完成情况：是□ 否□

在人们都涌向郊区发展的时候，有位地产投机商人要去郊区的一个小镇。但下车之后他发现自己下错了车站，因此不得不原地等候下一趟列车。在此期间，他脑筋一转，花了243美元买了一块地，把地分成若干小块后又卖还给原来的地主，卖价是每小块18美元。成交后，他所得的利润恰好等于其中6小块地最初买进价格的价值总和。

现在，请朋友们说说他将地分成了多少小块出售。

答案见：P285

19 姐弟买苹果

难易程度：★★☆☆☆
完成情况：是□ 否□

姐姐凯蒂和弟弟哈里一起带着还不到半岁的小弟到集市上闲逛。走到蔬果摊前的时候，凯蒂认真地对哈里说："给我一便士，这样我就能给我和小弟一人买一个苹果，而你自己剩下的钱也足够给自己买一个苹果了。"哈里说："不行，小弟还没长牙呢，哪吃得动苹果啊，还是把你的钱给我一便士，我们一人买一个橘子吧。"听了他们的话，你知道孩子们各有多少钱吗？

答案见：P285

20 土地交换

难易程度：★★★☆☆
完成情况：是□ 否□

有两个农民，他们对1英亩土地等于43560平方英尺全然无知。整件事情他们通过最近刚刚从专科学校毕业的农民赛克斯的儿子谈妥。他们打算用自己的南瓜田换取赛克斯家的南瓜田。他们的瓜田平面图画在木板房门的右边，赛克斯家的画在左边。这两位乡下人认为，他们让这青年上当了，因为他们原来的那块地，围栏用的横杆要比赛克斯家的少些。

从图中可以看到，他们过去的那块地，宽的一边用了140根横杆，长的一边用了150根，总共是580根横杆；而换来的那块土地，长和宽各围着190根和110根横杆，整个围栏共用了600根横杆。其实不然，赛克斯的儿子学到了足够的几何知识，他知道，长方形的形状越接近正方形，则它的面积与周长之比就越大。所以，在这种情况下，他换来的地要比换出去的地稍微大一些。

假定在这两块地上，每英亩土地都能长出840只南瓜。趣题爱好者们能不能准确地告诉我们，这两个弄巧成拙的农夫将在每英亩土地上损失多少只南瓜？

答案见：P286

21 选举问题

难易程度：★★☆☆☆
完成情况：是□ 否□

这里有一个简单有趣的问题。在一次选举活动中，4个人作为候选人，有效选票为5219票。当选者以分别超出22、30和73票的成绩击败其他三位对手，但是无人能算得出他们各自获得的具体票数。

你能算出他们每个人具体的得票数吗？

答案见：P286

22 被抹去的数字之一

难易程度：★★★☆☆
完成情况：是□ 否□

在一块岩石上记有这样一个算式，其中一些数字已经由于时间的流逝被抹去了，你能把那些抹去的数字恢复吗？

```
·9)6·8···(·5
    ···2
    ────
    ·9··
     ·4·

      ··4
      ····
```

答案见：P286

23 为百年庆典设计的趣题

难易程度：★★★★☆
完成情况：是□ 否□

大约1776年，在费城正式庆祝百年盛典的时候，我设计了一个小巧的数学趣题，引发了不少关注。这道题目确切说来，就是将0~9这10个数字和4个点（可用于表示小数点，也可以表示无限循环）巧作排列，通过依次相加，使得得到的和正好为100。

这道题目在世界各地广为流传，解释众多，褒贬不一，以至于违背了其本意，所以正确答案一直没有公布。有鉴于此，成百上千的被认为符合要求的答案事实上都不完全满足条件要求。我相信这一点定会引起读者的兴趣，从而在他们跌倒的地方爬起来，为此，我想重申一下题目的要求：只单纯地将数字和点进行排列，不借助任何未出现在黑板上的符号和数字，使得所得的数字通过依次相加得到和值为100。你知道怎样排列吗？

尽管这道题目的简单程度是显而易见的，这道小题蕴涵了一个非常科学的数学原理，这个原理是每个人都应该知道的，并且我们用它来引入一个新的趣题类型，并为其发展铺平道路。这个类型说明了一个重要又有趣的特征，而这是每个老师和数学甚至是初级代数爱好者应该理解的。

答案见：P286

24 被抹去的数字之二

难易程度：★★★☆☆
完成情况：是□ 否□

中国人对数字非常精通，虽然运算方式可能显得有点落后，因为他们完全靠心算。他们似乎通过除来做乘法，通过减来做加法。他们可以通过一些可意会而不可言传或者不愿解释的方法来推算有些奇怪的命题。

一位中国教授给我举了几个例子，演示了如何进行加法运算：他将0、1、2、3、4、5、6、7、8、9这10个数字排列成两行相加，然后把算式抹去，再叫我任意抹去结果中的数字。但他马上就能说出我究竟抹去了哪个数字。

这道题目看起来好像不难，不过却很有意思。现在我把这道题目送给爱好智趣题的朋友们，请你们换掉10个缺失的数字，不过实际题目的内容很简单，就是说出答案中哪个数字被抹掉了。

答案见：P286

25 加法与乘法

难易程度：★★★☆☆
完成情况：是□ 否□

如图所示，我们都知道2+2=4，2×2=4。如果我告诉你A+B=Y，A×B=Y，那么A和B除了是"2"之外，还可能是其他的什么数字？

试一试2.618024和1.618034这两个数。实际上这道题有许多答案，规则其实非常简单，你能发现这里的秘密吗？

答案见：P286

26 荷兰夫妇的姓名

难易程度：★★★☆☆
完成情况：是☐ 否☐

荷兰仍然保留着一些传统习俗，鸡鸭、牛羊和农产品都按奇怪的度量单位和每个品种对应的数量进行买卖，比如鸡蛋按20个卖，有些东西则论打卖，其他的东西则按蒲式耳、陪克和小单位卖，白糖则按3.5磅卖。

谈到这种奇怪有趣的数量命题，有道这样的题目：有三个荷兰朋友新婚燕尔，带着夫人来看我。他们的名字分别是亨德里克、克拉斯和克勒里斯，夫人们的名字则分别是格特玲、卡特伦和安娜，但是我忘了她们到底谁是谁的夫人。他们告诉我说，他们去市场买小猪，每个人买猪的数量和他们支付的每头小猪的单价（单位：先令）是一样的。亨德里克比卡特伦多买了23头，克拉斯比格特玲多买了11头。他们还说，每个男人都比他们的夫人多花了3几尼（译注：旧时英国金币，合21先令）。

这群人都喝得昏昏沉沉的，无法告诉我究竟他们谁和谁是一对，所以作为东道主，我不得不自己动脑筋，通过分析他们买的猪、买猪付的钱和男女搭配情况来正确地给他们配对。通过上面的描述，你能不能判断出谁是谁的夫人？

这是道离奇而有趣的题，需要尝试试验性的解题方法，所以，许多谜题爱好者都想解决这个难题。

答案见：P286

27 法兰克福香肠

难易程度：★★★☆☆
完成情况：是□ 否□

我从一位德国人那里听说了这么一道经济趣题。从这道题中我得到了一个启示，孩子的智慧是无穷的。

哈尔勒姆的三个男孩在上学的途中迷路了，他们尽力寻找学校的位置，不过接近午餐的时候，他们还在兔子岛附近转悠。此时，哈里还有4根法兰克福香肠，托米有7根。为了支付自己的那一份香肠，吉米拿出了11美分，分给哈里和托米。如此，三个人的支出就相等了。对商人来说这都可以算是一道难题，但是对这些初出茅庐的学生来说，两人分11美分也不比三人分11根香肠更让他们为难。

哈里和托米怎么分11美分呢？你如果能答出这个问题，你也就知道法兰克福香肠的价格了。

答案见：P287

28 骰子几率

难易程度：★★★☆☆
完成情况：是□ 否□

这是一道简单的几率问题。图中有六个方格，分别以数字1~6标示。所有人可以根据自己想要得到回报的多少在对应的方格里下注。然后掷出3个骰子，如果最后的结果和你选择的一致，你不但可以拿回成本，还可以得到相应倍数的回报。例如，你用1美元押5点，如果结果有两个骰子的点数是5点，那么你就可以拿回1美元的本金和2美元的回报；如果骰子有三个5点，那么你就可以拿回1美元本金和3美元回报。现在，请你计算一下赢钱和输钱的几率分别是多少。

答案见：P287

29 历史书排序

难易程度: ★★★★☆
完成情况: 是□ 否□

长期以来，历史和数学被视为教育中最重要的两门学科。小时候，父母给我买了九本厚厚的休谟写的《英国史》，而且许诺只要我好好读这些书，想要什么礼物都可以。

我想，智趣题爱好者们对我参加古代史考试肯定不感兴趣，因为他们会发现这门学科里我不知道的内容简直比两个普通的图书馆的容量还多。不过，我发现这些大部头书中，有些东西还是值得一提的，因为可以用来制作有趣的智趣题。

比如下面这道题，按图上的方式，分两排放置9本书，上面放4本，下面放5本，即把第6、7、2、9部书放上面，第1、3、4、5、8部书放下面，刚好可以得到一个分数1/2。同理，调整9本书的摆放位置，还可以得到其他的分数1/3、1/4、1/5、1/6、1/7、1/8、1/9等。这是一道很简单的题，不涉及任何数学计算难度，而是作为一项有趣的学问，让年轻人熟悉数字的特殊性质。

这个问题可引申出来无数难题，还可以出很多新题，因为其核心概念可以无限沿用，构建出其他更难的问题。

答案见：P287

30 有名的热十字面包

难易程度：★★★☆☆
完成情况：是□ 否□

给你一个应景的小礼物，它的计算方式会令那些一直在钻研《鹅妈妈》童谣离奇而有趣的旋律背后隐藏着深意的哲学家们感兴趣的问题。因为实际上，大部分老歌里面都藏着谜语或趣题，这些很值得大孩子们一探究竟。这次，让我们来听听热十字面包贩子的叫卖声。

"热十字面包，热十字面包，买一个1美分，买两个也是1美分，热十字面包！要是你的女儿不喜欢吃，那就给儿子买点！两个1美分，三个还是1美分，热十字面包！我的女儿和儿子一样多，所以给他们7美分去买热十字面包。"

由此可明显地推断出，总共有三种售价不同的面包：一种是1美分一个的，一种是1美分两个的，还有一种1美分三个的。男孩和女孩的数量一样，为了公平对待每个人，总共给了他们7美分。每个人得到了几个面包？

答案见：P287

31 建谜题爱好者之家

难易程度：★★★☆☆
完成情况：是□ 否□

我正在为建设新谜题爱好者之家而寻找合作伙伴。我发现和贸易联盟合作，比和个人合作要好得多。比如说：

裱褙工人和油漆工：1 100美元；
油漆工和水管工：1 700美元；
水管工和电工：1 100美元；
电工和木工：3 300美元；
木工和泥瓦匠：5 300美元；
泥瓦匠和裱褙工人：2 500美元。

请问建谜题爱好者之家的每项工作各需花多少钱？

答案见：P287

32 报童问题

难易程度：★★★☆☆
完成情况：是□ 否□

　　五个机灵的报童一起卖报。汤姆·史密斯卖的报纸是总数的1/4再加上一份报纸。比利·琼斯卖的报纸是剩下的1/4再加上一份。勒德·史密斯卖掉的报纸是前两人卖剩下的报纸的1/4再加上一份。查理·琼斯卖掉的报纸是前三人卖剩下报纸的1/4再加上一份。这时史密斯家的两个孩子比琼斯家的两个孩子多卖出100份报纸。不过，他们中最小的孩子小吉米·琼斯把剩下的所有报纸都卖出去了。

　　现在的问题是，琼斯家三个孩子卖的报纸比史密斯家两个孩子卖的报纸多了多少份？

答案见：P287

33 一美分

难易程度：★★☆☆☆
完成情况：是□ 否□

　　小苏西去商店帮妈妈买线。他把31美分放在柜台上，对售货员说："给我3把丝线和4把毛线。"她对售货员所说的话是妈妈教的。但是，小苏西想像妈妈一样自己做主买一点东西。于是，苏西说："我现在改变主意了，我要4把丝线和3把毛线。"

　　售货员说："那样的话，你的钱还差1美分。"

　　"哦，那就算了，还是照旧吧。"小苏西一边说着一边拿了买来的东西跑出了门。

　　根据上面的内容，你能说出丝线和毛线的价格分别是多少吗？

答案见：P288

34 禁酒之谜

难易程度：★★★★☆
完成情况：是□ 否□

这个问题真是再基本不过了，它被封存在厚厚的簿记中，即使那些思维迟钝的人，只要对盈利和亏损有一定的概念，都可以迅速地凭借本能回答出来。我提出这个问题的原因在于，我曾被咨询过一件事情，当事人希望我能够帮助他作出决策，而该问题就建立在这个事情的基础上。此外，鉴于合同中的各方往往持有不同的观点，这个问题将为其他问题奠定基础。

相传，在新罕布什尔州有一个小镇曾经实施禁酒，于是该镇委派了一位代理商，在一年的时限内，他被唯一授权销售该镇的酒水，并且预支了他12美元的现金和价值59.5美金的酒水。在年终盘点账目的时候，人们发现该代理商还额外购入了价值283.5美金的酒水。他的全年销售总额累计达到285.8美金，其中，他能够抽5%的提成作为薪水。

下面的示意图表明了该代理商和小镇委员会考虑问题的方式，每个品种酒水的价格都以零售价的形式标记出来了。通过这个问题，我们要问大家的是，这个小镇通过售酒业务获利多少？

答案见：P288

35 麦粒的一角

难易程度: ★★★★☆
完成情况: 是□ 否□

根据流传甚广的传说，皇家的国际游戏象棋是由一个叫塞萨的印度人发明的，那个国家的舍凡大帝问塞萨对于这样精彩的游戏，他要什么样的奖赏。塞萨对于奖赏看似谦卑的要求让国王很惊讶：棋盘上的第一个方格要一粒麦粒，第二个方格中要两粒，第三个方格中要四粒，第四个方格要八粒，如此继续下去，后一个方格中的麦粒数总是前一个方格中的两倍，直到布满整个棋盘。

国王接受了提议，并提拔塞萨做会计和财务工作，然而他发现整个世界一百年内都无法提供足够的小麦满足这笔奖赏带来的债务。塞萨坚持讨要这笔债务，宣称世界上所有的小麦都属于他。

本来国际象棋被称作皇家的游戏，但是让国王大丢面子的是，他竟然把这项游戏命名为chess，按韦氏字典的解释，这是一种导致小麦枯萎病的有害野草的名字。对于凡人来说，需要偿还给塞萨的小麦数量如此之多以至于思维难以准确理解这样一个巨大的数字，不过，当斯坦尼茨听到这个故事的时候，他大喊道："这不是真的，一个清醒的人才不会出售这么伟大的发明，即便是一千倍的价钱！"

这个游戏已然流行，然而同时，国王大脑中的灰质也发育得成熟强大到能够解决这个伟大的印度数学问题并拯救他的国家了。他把塞萨叫到身边说："算出要给你多少麦子是很容易的事，但是你必须准确地数清楚。这样吧，你自己和你愿意携带的众多助手们必须去公共粮仓取走你所数好的麦子，但是如果你数得不对，你会因欺骗财政部门而丢掉脑袋。"

当塞萨发现他付了半个卢比一天的人两个礼拜都数不满半蒲式耳的麦子，而他用一日元就能买六蒲式耳的麦子的时候，他赶紧从这个游戏中抽身而出。

听说有一条高贵的途径可解决这个难题，如果我们的出题人能发现，他们可能会采用。不过，算出应该赏赐给塞萨多少麦子应该是一个简单的算术问题。

答案见: P288

A CORNER IN WHEAT.

36 高尔夫谜题

难易程度: ★★★☆☆
完成情况: 是□ 否□

现在有很多人都打高尔夫球了,即便是懒人也打,比如有个人在几周以前还宣称在一片有荫凉的吊床上来回晃荡并观看别人在高尔夫球场上埋头苦干是多么惬意的事情,结果他忽然成了高尔夫球发烧友,并在高尔夫球场上一边追着球跑一边脑子里满是这样的念头:在球场上追着球到处跑比在一片有荫凉的吊床上来回晃荡要惬意多少啊!他还想着比起……(此处省略任意反复若干字)要惬意多少啊。尽管可能的确是那样,想必我这里可以推知的是,他们都是掌握了这项运动的。如果你准备去讨论高尔夫球的褶皱和机理,或者被那些胡编乱造得能让闵希豪生男爵脸红到耳朵根的球技神话欺骗,那样的话你最好还是回家找张有荫凉的吊床反省一下吧……

我撞见过一个用数学知识研究高尔夫球取胜机制的天才。他说:"练两杆就行了,一杆是远击,另一杆是近推,这样通过两杆联合打出的距离,就能把球直接送入球洞里。"在一条有九个球洞的路线之上,需要打出尽可能少的杆数才能胜出,需要学习的那几杆各自合适的距离是多少呢?这条路径上的长度分别为150码,300码,250码,325码,275码,350码,225码,400码和425码。

亲爱的谜题爱好者们,你知道如何解答这个谜题吗?

答案见: P288

37 钻石和红宝石

难易程度：★★★☆☆
完成情况：是□ 否□

值得你了解的是，钻石的价值随着其重量的平方增长，与此同时，红宝石的价值随着其重量的立方增长，也就是说，如果一克拉品质优良的钻石值100美元，相同品质的两克拉钻石将值400美元，同时三克拉同等纯度的钻石将值900美元。如果一颗重一克拉的优质东方红宝石值100美元，那么两克拉的红宝石就值1600美元。最好记牢的是，由于宝石的尺寸不像它的品质那么重要，我们讨论的是同等纯度和光泽的宝石。很多时候一颗一克拉的宝石可能比两倍或三倍于其大小的其他宝石还要值钱，所以尽管在交易当中需要不可思议的精度范围，但是哪怕是颜色和纯度方面的专家也只能够大致给出一个大概的估价。

一位熟谙世界各地钻石矿的贸易商给我看一对耳环，这对耳环是他用两块大小不同的宝石交换得来的。

基于一克拉钻石值100美元的价格水平，根据前面的解释，谁能够猜出与这对大小相同的耳环相交换的两块大小不同的宝石的尺寸呢？当然，这个谜题有很多答案，所以你将被要求发现两颗宝石最小的可能尺寸，而两颗宝石的价值用克拉表示时不需用到分数。

亲爱的谜题爱好者们，基于这些要求，你能告诉我们正确的答案吗？

答案见： P288

38 马尼拉小生意

麻绳或称吕宋绳,是菲律宾群岛最重要的特产,这种物资很大程度上被中国的出口商控制着。他们用船把这些产品运往世界各地。一些商人和小商贩则是日本人,他们做生意有他们自己独特的方式。但是由于没有一种确定的货币,也没有固定的价格,结果几乎每一笔买卖都要引发一场争吵。

插图表现了做这种买卖的简陋方式。因为不知道当地话怎么说,我们将这样叙述。一个水手走进了一家绳子商店问道:"你能告诉我哪有像样的好绳子商店?"

店主忍着这种含蓄的侮辱,说道:"我这里只卖最好的绳子,恐怕我店里最差劲的绳子也比你想要的还要好。"

"把你这里最好的绳子拿给我看看。我可能会用,一直到我找到更好的为止。这绳子你要多少钱?"

"这一捆7美元,有100英尺长。"

"太长了,也太贵了。好的绳子我最多才出一块钱,而这个太糟糕了。"

"这个是标准的绳子,"店主回答,并把证明长度和质量的完整封印给他看。"如果你的钱不够,你要多少买多少,按2美分1英尺算。"

"给我来20英尺。"水手说着,炫耀地拿出一枚5美元的金币,显示他买得起。

店主量出了20英尺绳子，他的动作很夸张，让人放心尺寸足够。但是，水手注意到，他那把应该是1码长的尺子在33英寸的地方折断了，正好短了3英寸。所以当绳子剪断以后他不动声色地指着长的一段说："我买80英尺这一段。你不必送，我自己搬好了。"然后他扔下一枚5美元的假金币，店主找不出零钱，只得拿到隔壁去兑开。水手一拿到找的零钱，马上就拿着绳子走了。

假定店主又被邻居叫过去要求把那枚假金币换成真的，而绳子也确实值1英尺2美分，这个趣题是要问您店主损失了多少钱？

答案见：P288

39 概率问题

难易程度：★★★★☆
完成情况：是□否□

A problem in chances

如图所示，有些有趣的谜题往往来自于变化莫测的现实或是无常的人生际遇。据说，乔治·华盛顿·约翰是一个时尚晚会寄存室的保管员，他拍着胸脯说下面这个问题他没有弄错。

他说在晚会结束的时候，寄存处只剩下6顶帽子。但是来取帽子的人都已酩酊大醉，他们没有一个人能出示存物牌，看着帽子他们更是认不出哪一顶是自己的。

完全失去希望的约翰不得不让每个人自己来挑选。不过事后发现，每个人拿走的帽子都是错的。

乔治·华盛顿·约翰，如那名伟大的同名人一样（乔治·华盛顿·约翰，美国第一届总统）是绝对不会作假的。不过，从一个谜题爱好者的角度出发，去考量一下六个人全拿错帽子和六个人全拿对帽子出现的概率是多少倒是挺有意思的。

答案见：P289

40 中国现金问题

难易程度：★★★☆☆
完成情况：是□ 否□

中国古代的钱币始于公元前几千年，但是他们对于货币基本的原理无法理解，导致他们时不时地陷入狂野而实验性的奢华之中。在华丽的王朝之中，大笔的交易都以金锭支付，金锭上刻印有日期和银行家的名字。然而这个国家的货币由银两或者说是由有浮动价值的现金组成。他们把银两越做越单薄，直到两千个堆在一起都没有一米高。类似的情况下，通用现金，也就是一种当中有圆形、正方形或三角形孔、几乎和我们一厘钱价值相近的黄铜制硬币，也有着变化无常的厚度。他们通过把钱币穿在一条线上，以片或段为单位测量高度来计算它们的价值，而这也使日常交易中一定水准的心算能力成为必需。下面这个漂亮的问题是一个很能展现这一点的不错例子：

假设11个圆孔硬币值15文，同时11个方孔硬币值16文，又有11个三角形孔硬币值17文，判断得需要多少个圆孔硬币、多少个方孔硬币、多少个三角形孔硬币才能买到一条价值11文的小狗？

答案见：P289

41 分割"战利品"

这是一道有趣的年龄问题，说的是三个捡栗子的小女孩决定按照平时的惯例根据年龄来分配他们的"战利品"。这就构成了一道十分有趣的谜题，即使某些精通数学的人都会觉得棘手，可是这些小姑娘们却轻易地解决了这道数学题目。在分栗子之前，他们都没有费力去数他们拾到了多少颗栗子，只是根据他们的年龄进行分配。

玛丽每分得4个，尼莉就能得到3个，玛丽每分得6个，苏茜就得到7个。就这样三个小女孩没有使用笔和纸就轻松解决了。

分完之后，我们发现他们一共捡到了770颗栗子。现在的问题是要计算每个小女孩获得了多少颗栗子，以及他们各自的年龄。

42　糖果之谜

难易程度：★★★☆☆
完成情况：是□ 否□

汤米、威利、玛吉和安是非常要好的好朋友，他们经常在一起玩耍，有什么好吃的也总是一起分享。

一天，他们共同购买了20份糖果，总价20美分，然后他们一边玩游戏，一边分吃糖果，等到太阳快下山的时候，他们的糖果也吃完了。

已知他们买的软糖4美分一盒，4块口香糖价值1美分，2块巧克力糖价值也是1美分。

亲爱的读者们，根据上面给出的条件，你能知道四位小朋友是如何使用这20美分的吗？

答案见：P289

43　差一美分

难易程度：★★☆☆☆
完成情况：是□ 否□

公交车上经常会遇到找零钱的难题，这让坐车的人和买票的人都非常困扰。

前几天坐车的时候，我遇见了一位"难伺候"的老先生，他用一张1美元面值的钞票付车费。售票员有94美分，他刚好差1美分找不开老人的钱，但是和这位老先生又讲不清楚。两个人纠缠半天也没把钱找开。

你知道售票员都有哪些面值的硬币吗？（回答这个谜题，需要对美国的硬币面值有一定的了解。）

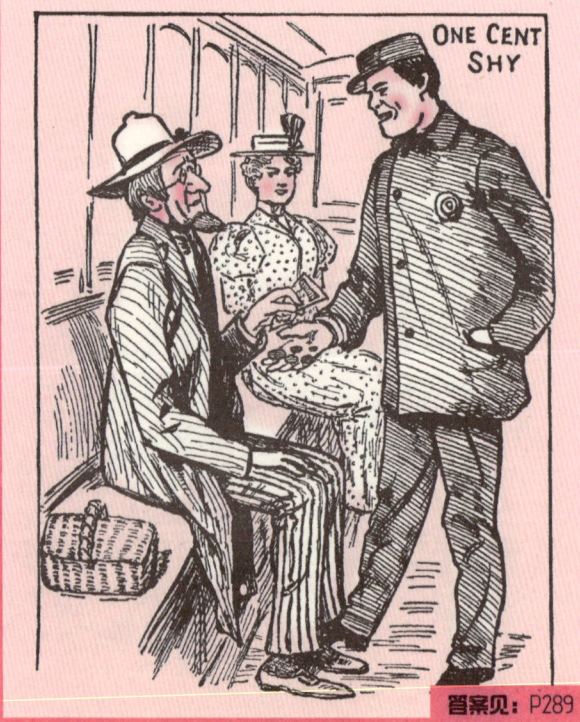

答案见：P289

44 神谕谜题

难易程度：★★★★☆
完成情况：是□ 否□

古希腊人盲目地崇拜神谕。上至战争下至奶牛贸易，没有神谕的建议，他们是绝不会去做的。

图中一对农民夫妇，他们想知道伟大的朱庇特是否会同意他们用一头羊羔交换一头山羊的买卖。神谕指示他们走到一面铜镜前，指着镜子对他们说："你们的羊会增加的，直到拥有的绵羊数目乘以拥有的山羊数目，得到的积在镜子里面看正好是山羊和绵羊的数目之和！" 神谕的言辞非常模糊，而且充满了神秘感，不过农夫似乎明白了。

那么你来想想，他们山羊和绵羊的数目各是多少？

答案见：P289

45 幸运的男孩们

难易程度：★★★☆☆
完成情况：是□ 否□

这是一伙幸运的男孩们，他们正在向精通美国币制的人们抱怨着一个非常古怪的问题。

你瞧，他们到野外垂钓了一整天，和往常一样，满载而归，钓了一大串鱼。他们将鱼卖掉了，共获得了3.9美元。问题于是来了，3.9美元共7个硬币。这也是整个故事最精彩的部分。我们知道3.9美元是可以被3除尽的，但是7个硬币却没法在三个人中间均分。为了解决这个问题，他们可想疼了脑袋，甚而变得有点愤怒了。

这时候其中一个年纪最小的男孩建议，与其为这么件小事烦恼，还不如把那枚可恶的硬币丢到那口老井下面去（这个小家伙知道，井里面压根就没有水，于是第二天早晨跳入井中把硬币拾起）。于是，就商定这样办，然后这三个成功的"渔夫"将剩下的钱均分了，倒是免去了一场纠纷。

有多少朋友能够算出那个精明的小男孩扔掉的那枚硬币价值多少呢？

答案见：P289

46　鸡蛋的价格

难易程度：★★★☆☆
完成情况：是□否□

这道奇特的小难题来源于美国的一本算术教科书，最初是由史密斯太太提出来的，她想知道杂货商每个鸡蛋都收多少钱。"这些鸡蛋付了12美分，"布丽奇特回答说，"因为这些鸡蛋实在太小了，我要求他多加了2个，然后我算了下，这样鸡蛋的价钱大概比他的要价少了1美分吧。"

整个交易过程就是这么简单而自然，就好像发生在家里一般。不过有多少聪明的小谜题爱好者能告诉布丽奇特她用12美分买到了多少个鸡蛋？

答案见：P289

47 吉米的年龄

难易程度：★★★☆☆
完成情况：是□ 否□

有时候在家庭生活中敏锐的感觉很容易开启一片崭新的天空。这总是肇端于某个最重要的场景。为了证明这点，我们引述了《樱桃山绯闻》中的一个片段，不期却和一个有趣的数学思想殊途同归。

"你看，"墨菲夫人说："帕蒂现在的年纪是其开始饮酒时的1+1/3倍，而当时小吉米才40个月大。吉米现在的年龄比帕蒂开始饮酒时候我的年龄的一半大2岁，当吉米的年龄和帕蒂开始饮酒时的年龄一样大的时候，我们三个人的年纪加起来总数为100。"

亲爱的读者们，你们知道小吉米现在多大吗？

答案见：P289

48 "两人"罢工

难易程度：★★★★☆
完成情况：是□ 否□

史密斯买下了一个庄园，他聘请了三个外地人来庄园干活。双方议定工头的价格为每天1.1美元，杂工为1美元，他的助手为90美分，平均每人每天1美元。他们签了101天的合同，总工钱为303美元。

在第二天，这三个人中的两人同时要求涨工资并缩短劳动时间。史密斯根据雇佣委员会的解释，认为他们的要求是合理的，所以给这两个工人涨了工资。所有人均表满意。在工期结束之后，每个人得到的报酬都为101美元，完成了303工时的工作量。请问这是一个怎样的分配方式呢？

答案见：P289

49 费得的年龄

难易程度：★★☆☆☆
完成情况：是□ 否□

查理正打算向他的女朋友求婚，女朋友的弟弟领着一只狗走进了客厅。狗亲热地搭到他的腿上，可是女朋友的弟弟却是个很厉害的小家伙。

这位厉害的公子叫道："从狗背上的环圈是看不出它的年龄的。但是5年以前，我姐姐的年龄是费得年龄的5倍，而现在她的年龄只相当于费得年龄的3倍！"

查理非常想知道费得的年龄，因为

他不想在未来的小舅子面前没面子，虽然他的小舅子还是个小孩子。你能帮他算出来吗？

答案见：P289

50 邮局所长的困惑

难易程度：★★★☆☆
完成情况：是□ 否□

乡村邮局所长说："几天前，来了一个聪明的阿勒克斯人，带着一封委任信，说有人委派他站在邮票窗口旁边，伸出他的舌头，帮人们打湿邮票，以便能粘上。"

当我尽力劝服他这是一场恶作剧的时候，一个和骗子（fraud personals）通信的女人跑过来，向我问道："有我的信吗？"

"你叫什么名字？"我说。

"他只签了'阁下'二字，"她说，"还有寄出地应该是纽约第一邮局。"

"我问你你叫什么名字？"我说。

"史密斯。"她说。

"已婚还是单身？"我问。

"这不关你什么事情。"她说。

"把我的信给我，否则我会知道原因的，"说着她塞给我一张1美元的钞票说，"给我一些2美分的邮票，一些1美分的邮票（数量是2美分的10倍），剩余的全买5美分的邮票。"

我被这个问题难得面如土色。一些2美分的邮票，10倍之数的1美分的邮票，剩余的买5美分的邮票！好心的读者们，请你们帮我算一算各应给她几枚。

答案见：P290

51 太太们的晾衣绳

难易程度：★★☆☆☆
完成情况：是□ 否□

主妇们总是喜欢搭伴去购物，这样在买东西时可以帮忙砍价，还可以一起拼单，买到更便宜的东西。这不仅是她们的一种购物习惯，更是她们的一种生活方式。但是这种买东西的方式，也很容易造成一些算账上的麻烦。不过对于这些聪明的主妇们来说，这些并不能难住她们。

一天，霍根太太和她的朋友奥尼尔太太合买了一根长36米的晾衣绳。由于霍根太太支付了大半费用，所以得到的绳子要长一些。已知奥尼尔太太得到的晾衣绳长度是霍根太太的5/7。

现在请问，两根晾衣绳长度分别是多少？聪明的读者们，你们能算出来吗？

答案见：P290

52 我有多少钱

难易程度：★★★☆☆
完成情况：是□ 否□

纸牌游戏是一种很好的消遣，但是通常也会惹来很多麻烦的小谜题。一个晴朗的午后，我在巴克特利亚汽轮上的棋牌室里学习"稳赢"秘诀。

第一局我输给了男爵和伯爵，他们面前的筹码都变成了之前的2倍。男爵和我赢了第二局，我们的"资产"也翻倍了。然后伯爵和我赢了第三局，我们面前的筹码翻了一倍。现在奇怪的情形出现了，每个玩家都赢了两次，且仅输了一次，每个

人此时拥有的筹码数量都相等，只有我输掉了100美元。

请问：我开始玩的时候有多少钱？其他人有多少钱？

答案见：P290

53 挖沟渠的工钱

难易程度：★★★☆☆
完成情况：是□ 否□

这里给我们的谜题爱好者呈现的是一道由一件日常小事改编而来的谜题。这种事情总是不断出现，而且总让人们想破脑袋去找解决办法。

一个豪绅雇用了两个工人为新房子挖一条车道。因为这座新建的房子离马路有100码的距离。他同意完工之后支付100美元的工钱。本来工钱的分配简单明了，不成问题。但是两个人都没有连续工作，所以不能按工时来分钱。最后，两人从车道的两头开始工作，然后根据挖的码数来算工钱。其中一个工人从靠近房屋那头开始挖，这一头有比较多的垃圾需要清理。另一个工人从靠近码头的那头开始挖，这一头有较多的泥土需要运走。经双方协商，一致同意前者每挖一码的距离得0.9美元的工钱，后者挖一码的距离得1.1美元的工钱。

工程结束之后，他们根据事先商议分配工钱。最后发现每人应得均为50美元，所以他们就各得了50美元，欢欣鼓舞地各自回家去了。在他们看来这根本没有任何困难，也从来没有想过其中会产生什么争议或者产生什么麻烦的问题。

哪知房东是一个著名的数学系教授，他把两个工人叫回来，然后告诉他们那样分钱是不对的。他解释道："无法就议定的价格计算出每个人的工钱，所以两个人分相同的工钱也就是不对的。"这件事情越说越复杂，以至于两个工人开始不爽起来。木工、泥瓦匠和管子工出于同情也一起罢工了，所以房子在两年后都没有完工。

你能否算一算两个工人应各自做多少工作才能得到相同的工钱？

答案见：P290

54 硬币面值问题

三个男孩工作一天,一共得到了7枚硬币,共计3.90美元的报酬。但他们不知道怎样平均分配这些硬币,只好请人帮忙。他们发现附近有位男子坐在栅栏上,他很悠闲,好像也有空,于是男孩们就请他帮忙。

在听完他们的请求后,这名男子拿出其中的一枚硬币放入自己的口袋,然后用高高在上的口气宣布:"现在你们可以平均分配这6枚了。别再想我口袋里的那枚硬币了,就把它当做是给我的报酬吧。"(当时美元硬币的面值为5美分、10美分、25美分、50美分和3美元共五种)

请想想这7枚硬币分别是多少面值的,男孩们该如何分配?

答案见:P290

55 找另一半

据说一个富翁要根据女儿们的体重给女儿们分金子。所以女儿们以迅雷不及掩耳之势找到了各自合适的意中人。他们在同一天举办了婚礼，而且在结婚之前，新人们一起吃了一个超重的婚礼蛋糕，这让新郎们心花怒放。

新娘们的总重量为396磅，其中内莉比凯蒂重10磅，美妮比内莉重10磅。新郎约翰·布朗和他的新娘一样重，威廉·琼斯的体重是新娘的一半，查理斯·罗宾逊是其新娘体重的2倍。新娘和新郎的总体重为1 000磅。你不需要计算新娘的体重，因为该谜题的要求是在婚礼结束之后请你给这些新人们配一下对。

56 商道

商人是一个普通人很难琢磨的群体，他们中的大多数人都很优秀，甚至智慧超群。这里有一道由商人和他儿子谈话引出的谜题。

一天，成功的商人对他的小儿子说："约翰尼，我的孩子。生意成功的关键不在于货物的卖价是多少，而在于货物进价的高低。因为只有进价便宜，你的利润才会更高，我要出道题考考你，并且，让你从这道题里明白我说的话。我卖一套高级的西服本来能够获利10%。但是如果我的进价能便宜10%，我在这个进价的基础上加价20%之后，西服的价格比原来的卖价降了0.25美元。我的孩子，你觉得人们会更愿意花多少钱买这套西服呢？"

现在我们的问题是：这套西服原来和现在的卖价各是多少？

57 杯子与碟子

难易程度：★★★★☆
完成情况：是□ 否□

这是一个饶有趣味的小问题，这个问题说明女性天生就是购物专家，她们在购得便宜商品的同时，从中获得一些小惊喜，通过这些小惊喜让生活更加有意思。

故事说的是，喜欢买打折产品的巴盖恩·亨特太太在周末瓷器店大促销的时候（每件商品减价2美分），花了1.3美元买了一些盘子。周一的时候她按照正价将盘子退还给商店，用他们换了一些杯子和碟子。

根据现在的价格，一个盘子和一个杯子、一个碟子的价格相当，这样她多换

得了16件物品。碟子价格较低，只值3美分，所以她换得的碟子数量比杯子的数量多10个。

你能计算下，如果是周末，她用相同的钱可以买多少个杯子吗？

答案见：P290

58 打算盘

难易程度：★★★☆☆
完成情况：是□ 否□

中国古代的人是用算盘进行数学运算的。一位广东小商人买进一些小狗和几对小白鼠，老鼠的对数正好是小狗数目的一半。小狗的进价为2只角子，和每对小白鼠的价格相等。后来，小商人将它们加价10%售出，自己留下了7只。广东小商人用算盘计算后发现，他挣到的钱与买进全部动物所花的钱正好相等。因此，剩下的7只动物全部售出之后的钱就是他的利润。

请问，剩下的7只动物中究竟有多少只小狗和多少只小白鼠？它们一共值多少钱？

答案见：P290

59 火鸡和鹅

难易程度：★★★☆☆
完成情况：是□ 否□

对于美国人来说，圣诞可是个重大的节日，这个日子对于美国人的意义不亚于中国人的春节。在这个日子里，总会发生很多有趣的事情。

这是一个发生在圣诞节前夕的故事，说的是两个购物者在家禽市场上的偶遇。欧弗拉赫提太太说她以24美分每磅的价格买了一些火鸡，又用18美分每磅的价格买了一些鹅。史密斯太太告诉她，根据"食堂老板的秘诀"，她比欧弗拉赫提太太多得到两磅，虽然只需要说"为了过圣诞，将这些钱一半买火鸡，一半买鹅"。

那么你能不能告诉我，她们各买了多少火鸡，多少鹅？

答案见：P291

60 郊游的人数

难易程度：★★★☆☆
完成情况：是□ 否□

外出旅游是一件愉快的事情，如果不发生意外的话，但是往往世事难料，越不希望发生的事，通常越容易发生。不过这也不要紧，只要你的心态很好，这种小插曲只能令你的出行更加让人难忘，而且还能显示你的智慧。

当一年一度的盛大郊游活动来临之时，城里的马车开始忙起来了。去的时候，非常不巧10驾马车在半路上抛锚了，所以其他的马车必须装载更多的人员，才能保证所有的人都不掉队。当人们准备回家的时候，发现又有15驾马车"罢工"了。所以，回家的时候每辆马车上的人数比早晨出发时多了3人。

请你算算有多少人参加了这次郊游活动。

答案见：P291

61 德克萨斯贩子

难易程度：★★★☆☆
完成情况：是□ 否□

三个德克萨斯州的牛羊贩子在高速公路上碰面，然后在一起讨价还价。他们的对话仿佛来自以物易物的年代，他们像早先的人类一样进行着自己的交易。

汉克对吉姆说："我想用6头猪换你一匹马，这样你赶的牲畜数目将是我的两倍。"杜克对汉克说："我想用14头羊换你一匹马，那样你赶的牲畜数目将是我的3倍。"吉姆对杜克说："我想用4头牛换你一匹马，这样你赶的牲畜数目将是我的6倍。"

基于这些有趣的对话，你能告诉我们三个人一共赶了多少牲畜吗？

答案见：P291

62 "欢快的转圈圈"

难易程度：★★☆☆☆
完成情况：是□ 否□

旋转木马关乎每个孩子关于童年的记忆，童年的美好回忆大多从这里开始。那里承载的全都是欢声和笑语。

"小机灵鬼"萨米非常喜欢玩旋转木马，但是他还有一个本事，能在任何时候想出非常好的谜题。坐在急速旋转的木马上，萨米灵机一动想出了一个谜题："坐在木马上的孩子1/3在我前面，2/3在我后面，请问有多少人在这'欢快的转圈圈'木马上面。"

别看问题简单，你要得出正确的答案，还真要费点脑筋。萨米真不愧是个聪明小孩！

答案见：P291

63 红军和蓝军

难易程度：★★★☆☆
完成情况：是□ 否□

年轻人到一起总喜欢喝酒，他们认为只有把酒喝好了，感情才能好。酒是他们增进感情的一种桥梁，所以每个人都很在意自己的酒量，他们希望别人觉得自己很能喝、很有量。并且时不时地还要小试牛刀，和别人较量较量以增加自信。

在最近一次海德尔堡红军和蓝军的斗酒会上，每个人都怂恿其他人畅饮啤酒，以证明身体强壮。在这次斗酒会上，出席酒会的人总共不到24人，他们都向其他人敬了一杯酒。红军所有人喝掉的啤酒杯数比蓝军多108杯。

根据题目中给出的条件，你能知道两队一共喝掉了多少杯啤酒吗？

答案见：P291

64. 打扑克

难易程度： ★★★☆☆
完成情况： 是□ 否□

"小机灵"哈利和"飞毛腿"吉米玩扑克牌时说定最后清账。几个回合过后，哈利的钱翻了一番，而吉米把剩下的钱全部压在了最后一局上而且赢了这一局，这样他手里有36美元而哈里有42美元。

现在他们如果想要各自拿回自己的本钱，该怎么办？

答案见：P291

65. 箭术谜题

难易程度： ★★★☆☆
完成情况： 是□ 否□

射箭对于男士来说是一件比较容易的事情，但是对于女士来说就比较困难了。一般情况下，女士想取得好成绩，都需要付出更多的辛苦。甚至，即使付出也不一定就能如愿成为一个神射手，当然也有例外。比如：

前几天我在射箭运动会上偶然碰到了一位女士，她的箭术非常厉害，一点儿也不输给男士。在这次比赛中，我得到了一个有趣的小谜题。年轻的女士一共射了6次拿下了100分，赢得了比赛。

现在你能回答一下她是怎样得分的吗？我问了好多人，都不能给我一个正确答案，希望聪明的你，不会让我失望。

答案见：P291

66 贩马

一次,我在德克萨斯州花了26美元买了一匹野马,养了一段时日之后,我以60美元的价格将这匹马卖掉了。这看上去是一笔赚钱的生意,不过,后来我发现我赔了原价的一半,以及饲养费的1/4。这让我十分懊恼,并且决定以后我再也不做这种生意了。

亲爱的读者们,你们知道我在这笔生意上一共赔了多少钱吗?

做生意这件事真的是要天赋和运气的,不是随便哪个人都能赚钱。因为某些原因,我在贩马生意中一直不顺。

答案见:P291

67 可怜的守财奴

一个守财奴聚敛了一些5美元、10美元和20美元的金币,存放在5个相同的袋子中,每个袋子存放的5美元、10美元和20美元的金币数目相等。他非常爱惜这些金币,不舍得"乱花"一个。即使自己饿得没有力气了,也不肯用它们买哪怕一个面包。

守财奴有时候会摆弄摆弄他的"财宝"。这时,他会将金币分成四堆,使同种面值的金币在各堆中的数目完全相等。然后,他随意选出两堆,并把这两堆金币混合起来,然后重新分成一模一样的三堆,每个袋子分别装着同样面值和数目的金币。因为通过这种方法能知道是否丢失了金币,根据上面的条件算出他拥有金币的准确数量并非难事。

谜题爱好者们,在这个可怜的老人饿死之前,他到底有多少钱?

答案见:P291

修道院的财富

难易程度：★★★★☆
完成情况：是 □ 否 □

这是一则15世纪的西班牙传说，其中蕴涵了一个简单有趣的谜题。我们的谜题爱好者肯定会极感兴趣。根据一个圣木笃会修道院的规矩，黑衣化缘修士（木笃会和尚的称呼）每周要上缴1个硬币，代表一周化缘所得钱财的1/10，将其扔进修道院的"财宝箱"。硬币的面值无关紧要，不过当听到"十一税"，就知道当年的"十一"代表着每周、每年收到的钱财。

每个星期六，化缘修士们将硬币扔进财宝箱。同时，根据修道院的规定，当星期六是一年中最后一天的时候，才对这些硬币进行计算。这些钱财要正儿八经地数三次，每次都要做下记录，然后再将箱子交给由每次大会委派的新护卫们保管。

如果允许我稍微偏离下正题，我想问鉴于有14个教皇的名字都叫本尼迪克特，以及本尼迪克特强迫他的后来者必须保持独身，那么莎翁为什么用本尼迪克特来称呼所有结婚的人呢？这是我临时想到的一个小问题，仅供大家做个参考，不用做出回答。

还是回到我们这个简单的谜题吧。让我们假定这个木笃会修道院成立于一年的第一天，恰好是礼拜天。每个星期六将硬币投入财宝箱，除非新年的最后一天是星期六。然后硬币会均分为4堆，或者5堆，或者6堆，每一堆都完全一样。

亲爱的谜题爱好者们，根据以上这些条件，你能告诉我们修道院一共有多少硬币吗？他们又是从什么时候开始上缴硬币的呢？

答案见：P291

69 合伙钓鱼

难易程度: ★★★★☆
完成情况: 是□ 否□

这是一道新奇而有趣的钓鱼谜题。你不需要太多的数学知识,只需要通过亲身实践的方法就能轻松解开。不过对于那些偏好数字谜题的爱好者可能会觉得有点棘手。

有五个男孩,我们分别称为A、B、C、D和E。他们一起去钓鱼,而且就"战利品"的分配达成协议。协议解决了实际分配鱼的问题,但是这份协议看上去多少有点复杂。因为每个男孩都和挨着他的男孩将"猎物"计算在一起。

假设A和B钓了14条鱼,B和C钓了20条鱼,C和D钓了18条鱼,D和E钓了12条鱼,而A和E钓的鱼数目相等。

下面我们就来理一理这些复杂的关系,请我们的谜题爱好者根据给出的数字说一说每个人钓了多少条鱼。如果从数学角度解答这个问题比较困难。但是,在实际中C钓的鱼和B、D放在一起,那么每个人分得1/3。每个人都是如此,将其钓到的鱼同另外两个伙伴加起

PUZZLING PARTNERSHIPS

来,然后,把总数分成3等份,这样分配之后,五个男孩得到鱼的数量相等。

根据给出的这些条件,你能猜到每个男孩钓到了多少条鱼吗?

答案见: P291

70 香蕉谜题

难易程度: ★★★☆☆
完成情况: 是□ 否□

"你好,奥尼尔太太,"克兰西说。"你能告诉我为什么现在香蕉市场每况愈下吗?"

奥尼尔太太眨了眨眼睛,回答说:"克兰西,我现在在做栗子生意。"

这本来是一段没有什么特殊含义的对话,但是,却让克兰西想起了一个古老的谜题。

克兰西想用这个谜题考考很有数学天赋的奥尼尔太太。他接着说:"假

设我以每3先令一挂的价格买了几挂黄香蕉，又用4先令一挂的价格买了相同数量的红香蕉。如果我将这些钱平分成两份，分别买黄香蕉和红香蕉，我能买到的数量会多两串，你知道是为什么吗？"

这个谜题当然没有难倒聪明的奥尼尔太太，聪明的你被难倒了吗？

答案见：P292

71 山姆大叔的表链

难易程度：★★★☆☆
完成情况：是□否□

这是一串奇怪的表链，表链是仿照在手表上附带一串硬币的风俗制作的。这串特殊的表链是由四个硬币和一只老鹰的图像组成的。硬币分别打上了五个、四个、三个和两个洞，所以那些将其串在一起的小链环位置不尽相同，因此可以形成不同式样的表链。

由制作这一系列包含四个硬币连着手表和老鹰的表链，人们想到了通过排列可以产生很多样式各异的表链，并且就到底能形成多少样式各异的表链，进行了热烈的讨论。最后，这种设计被美国爱国者协会采用。该协会最近倡议在总统执政期间，每个人应放下政党偏见，对其予以支持。他们根据会员不同的演讲顺序佩戴不同的表链，这样每个人的表链都不一样，会员也可以按照分配的编号彼此识别。

这个谜题是要你确定，根据给出的条件，可以制作多少个彼此相异的表链。

答案见：P292

第一章 代数、比例与概率

47

72 "蛋"中鸡

这个有趣的谜题是要告诉我们,如果我们在投资之前,能完全准确地算出还在酝酿之中的事业的可得利润,是一件多么有利的事情。

愤怒的父亲咆哮道:"你如果嫁给那个穷小子,你这辈子靠什么生活?"

女儿回答道:"亲爱的老爸,克劳德会有办法的,他把一切都计划好了。今年春天他准备买一些鸡蛋,这样到了秋天的时候就能孵出很多的小鸡,然后我们将多出来的一些公鸡卖掉,保持公鸡和母鸡的比例不变,再用这笔钱筹办我们的婚礼。第二年,我们还能卖一批,这样我们就能赚到我们的家用开支。第三年我们将会拥有6 468只鸡!等这些小鸡全部处理完,就足够付清3 000美元的房贷。我知道您担心的就是这笔钱,您真的不用担心。"

这对年轻的夫妇又在那张纸的反面进行了一次认真的计算,严厉的父亲终于心软了,同意了他们的婚事,婚礼如期举行。他们贷款买了房子,还约好了还款的时间。

如果孵出每窝小鸡都有12只,其中公母鸡数量各占一半,且在孵出小鸡时,应卖出多余的公鸡以保持母鸡和公鸡之间10∶2的比例,那么,要达到预期的目的,年轻的夫妇必须在第一年的春天买入多少只小鸡?

73 弹子游戏

难易程度：★★★☆☆
完成情况：是□ 否□

一回合中，哈里赢了20颗弹子，但是到了最后，哈里输掉了手中弹子的2/3。结果吉姆的弹子数是哈利的4倍。

请问，游戏开始时，每个孩子手里有多少颗弹子？

哈里和吉姆都喜欢玩打弹子的游戏。游戏开始时，他们的弹子数目相等。在第

答案见：P292

74 董事的问题

难易程度：★★★☆☆
完成情况：是□ 否□

在这个经济迅速发展的年代，人们对自己的投资收益都很关注，那些大股东虽然已经有了相当丰厚的收益，但是他们并不会满足，而是会在可能的情况下，要求更多的回报。

琼斯在最近召开的一次股东大会上说："先生们，根据公路运营的实际利润计算，我们需要支付的股息占全部股份的6%，但是其中有4万美元的优先股我们必须要付7.5%的股息，所以我们对普通股只能支付5%的股息。"根据上面的这些限制条件，大家是否可以算出普通股的价值呢？

答案见：P292

75 黑斯廷斯之战

正如达得内教授指出的那样，1066年10月14日的那场战争中：哈德罗的军队和往常一样工整列队，形成了13个正方形方阵，每个方阵中的人数相同，等待那些妄图侵入他们城堡的诺曼人送上门来，他们只需要挥动一下他们的撒克逊战斧，就足以击碎对方的长矛，刺穿敌方的铠甲。当哈德罗置身于战斗之中，撒克逊人组成的正方形方阵变得无比强大，他们充满士气地叫着作战口号。当代作家一致认为撒克逊人确实是以这样坚实的阵形出击的。在一位主教的一首诗中是这样描绘的：撒克逊人屏气凝神地站成黑压压的队列。

来自亨廷顿的亨利说"撒克逊人的方阵坚如城堡，诺曼人无法攻入"。一个世纪之后，罗伯特·沃斯证实了当时军队确实如此排列，这就为计算出实际作战人数提供了可能。那么，现在让我们为这个谜题找到一个准确的答案：如果哈德罗的军队分成13个正方形，当哈德罗自己加入方阵的时候，13个方阵就变成了一个大方阵，这样这道题目比较简单。但是如果问当时战场上一共有多少人？我想这道谜题也许太难了，没有几个人能答对，所以我用精彩的比赛形式来呈现这道题，请我们的谜题爱好者来猜测当时参与作战的人最接近的数目。

76 夫妻养鸡

难易程度：★★★☆☆
完成情况：是□ 否□

夫妻之间的对话，很多时候别人是不能理解的，因为他们自己对一些情况会比较了解，但是外人是没有办法和他们达成这样的默契的。

农夫琼斯在和他的妻子讨论一个现实问题和解决办法的时候，他说："玛利亚，如果按照我的建议，我们将75只鸡卖掉，那么我们的饲料库存还可以维持20天；如果按照你的建议，我们再买100只鸡，15天之后我们的饲料就用完了。"

亲爱的谜题爱好者们，你们知道他们一共有多少只鸡？

答案见：P292

77 混合茶谜题

难易程度：★★★☆☆
完成情况：是□ 否□

中国人酷爱数学，基本上每个人都在商品的重量、长度、体积等方面是数字专家。这种把东西混合到一起的做法也是中国人最擅长的。

一个香港茶店小老板出售一种相当畅销的混合茶，这种茶由两种茶叶混合而成，其中一种茶的成本为每磅5元，另外一种茶为每磅3元。他研制了40磅混合茶，以每磅6元的价格出售，结果获得了33.1%的利润。

请问：他在这种混合茶中使用了多少磅每磅5元的茶叶？

答案见：P292

78 劳动的荒唐性

有时候遇到那些特别懒惰的人，会让人没有一点办法。下面的故事讲的就是一个这样让人无语的人。

我问比尔·赛克斯他是否愿意工作，然后他回答说："我为什么要工作？"

我说："赚钱呗！"

他又说："赚钱干什么？"。

我说："把钱存起来。"

他又说："我存钱干什么？"

我回答："等你老了之后，就可以不工作了。"

他又说："但是，只要我愿意，我现在就可以老。既然我现在就能休息，何必努力工作然后等到老了才休息呢？"

我无力劝服他，不过我让他先试30天，每天工资16先令。但是规定，如果发现他旷工，则会没收20先令。在月底的时候，比尔没有拿到一分钱，这更加让比尔确信劳动是愚蠢的。

请问：比尔一共上了几天班？

79 西瓜买卖

这里我要给大家介绍一下谜题王国的贸易模式。在谜题王国每笔交易都基于一个问题或难题。只要能正确回答问题，就能在买卖中占据优势。

农夫琼斯讲述了他做买卖的故事：当他碰见第一个顾客时，他卖给这个顾客所有西瓜的一半又1/2个。第二个顾客买了剩下西瓜的1/3又1/3个。第三个顾客买了剩下西瓜的1/4又1/4个。第四个顾客买了剩下西瓜的1/5又1/5个。

已售的西瓜都是以1美元12个的价格出售,然后他准备以1美元13个的价格将剩下的西瓜抛售,请问最后他总共能卖到多少钱?

答案见:P292

帕特买房

难易程度:★★★☆☆
完成情况:是□ 否□

为了满足那些热衷数学问题的人的口味,现在出一道与众不同的谜题。该谜题纯粹而简单,是一道和日常生活息息相关的谜题,其中描绘了日常生活某些独特的方面,这也被证明是可接受和有启发意义的。这道题目是由一桩日常交易改编而来的,不管你懂不懂数学都能弄懂。实际上,这是一个对数学压根不懂的人做的一次买卖,他连简单的利息都不会计算,总是担心被数字欺骗。

故事是这样的:帕特想买一栋房子用于和女友结婚,但是没有足够的现金,加上对数字、抵押和利息又深恶痛绝,所以,他准备分期付款。他首付1000美元,接下来的5年每年年末支付1000美元,当然这里面包括房产的费用和利息5%。帕特就这样买下了房子。

请问,这栋房子的实际价格是多少钱?

答案见:P292

81 地主与佃农

难易程度：★★★☆☆
完成情况：是□ 否□

因为种地的收入不高，许多人都转行了。但是也不能把好好的地都荒了，所以很多人都想把自己的地租给那些愿意种地的人，自己再干点别的事情。农夫史密斯将自己的一块土地租给了邻居琼斯耕种。他们约定用2/5的产量当做租金。依照这一约定，琼斯能够得到价值50美元的大麦，比同样数量的小麦价值高18.75美元。按照他们的算法，130蒲式耳大麦比80蒲式耳小麦的价值高8美元。

由于琼斯愿意用小麦抵付租金，史密斯想知道他应该收取多少小麦当做租金，你能帮他这个忙吗？

答案见：P292

82 对长颈鹿的赔率

难易程度：★★★★☆
完成情况：是□ 否□

许多被赛马弄糊涂的人差不多都没有真正懂得概率论，只是为了说明这个，我们提出下面这个简单的问题：

如果对河马的赔率是1赔2，对犀牛的赔率是2赔3，那么对长颈鹿的赔率是多少？假设一切都是公正的，正如在趣题王国中一直保持的那样。

如果在2英里的赛跑中长颈鹿能超过犀牛1/8英里，在2英里的赛跑中犀牛能超过河马1/4英里，那么在2英里的赛跑中，长颈鹿能超过河马多少距离？

答案见：P293

83 分苹果问题

难易程度：★★★☆☆
完成情况：是□ 否□

大人总是希望差不多大小的孩子能经常在一起玩，他们认为这样对孩子有很多好处，能让他们很快适应环境，并且养成很多好习惯。

这天，8个小朋友聚到一起，彼得太太按下面的方法给他们分配32个苹果。安1个苹果、玛丽2个苹果、简3个苹果、凯特4个苹果。史密斯的苹果和他妹妹的同样多，布朗的苹果是他妹妹的两倍，琼斯的苹果是他妹妹的三倍，鲁宾逊的苹果是他妹妹的四倍。

那么，安、玛丽、简和凯特分别是谁的妹妹？

答案见：P293

第一章 代数、比例与概率

84 拔河趣题

难易程度：★★☆☆☆
完成情况：是□ 否□

一个晴朗的秋日午后，在空旷的麦场进行了一次有趣的拔河比赛，从而引出了一道思维趣题。

如图所示：四个壮小伙子正好同五个胖姑娘力量平衡，一个壮小伙子加上两个胖姑娘与一对苗条的双胞胎势均力敌。

那么，当一对苗条的双胞胎和三个胖姑娘对一个胖姑娘和四个壮小伙子时，哪一边会赢呢？

答案见：P293

| 85 | 三人分西瓜 | 难易程度：★★★☆☆ |
| | | 完成情况：是□ 否□ |

弗兰克和萨姆用48美分购买了一个西瓜，弗兰克出了30美分，而萨姆出了18美分。他们将按照出钱的比例来分西瓜。

他们"刺探"到比利会从此经过，所以他们"密谋"将1/3的西瓜以48美分的价格卖给比利。比利走后，他们两人平分了剩下的西瓜，可是，他们又该如何分配钱呢？

答案见：P293

| 86 | 骰子游戏 | 难易程度：★★★☆☆ |
| | | 完成情况：是□ 否□ |

据说，现代掷骰子游戏源自一个古老的印度游戏，其中还有一个这样的规则：

在这个游戏中有三个骰子，可以一群人轮流掷骰子，如果谁掷出的点数之和为7和11，那么他将成为赢家。

你可以分析下这个古老的游戏，然后告诉我掷骰子得出7或者11的概率为多少？

答案见：P293

07 股份分配

难易程度:★★★☆☆
完成情况:是□否□

这是一道日常生活中的实际问题,也特别值得我们深思:在一家名叫布朗&琼斯的老字号公司,布朗拥有的资本是琼斯的1.5倍。后来由于经济危机的影响,他们决定接受鲁宾逊入股。鲁宾逊向商行投入2 500美元成为新的合作者。

之后,布朗与琼斯两人将按比例分配这笔投资,分配完后,三人的股份正好相等。

布朗与琼斯怎样分配这2 500美元,最终每个人又分得了多少投资额呢?

答案见:P293

08 孩子分硬币

难易程度:★★☆☆☆
完成情况:是□否□

三个男孩捡到了一个鼓鼓的钱包,虽然身上拮据,几近"破产",男孩们还是迅速地将钱包归还了失主。失主是一个和蔼的老太太,当时正在街道上行走,因为她可以准确说出钱包里面有哪些东西,所以孩子们就把钱包归还给了她。

老太太为了奖励孩子们的诚实,将钱包中的一些零钱拿出来,给了孩子们。一共有6枚硬币,共58美分,但是不能均匀地分成三份,所以老太太给了最大的男孩一枚硬币,然后将剩下的均分给其他两个男孩。然后建议他们用全部钱去买爆竹玩,这样能分得更均匀。

虽然6个硬币有好多种搭配方式,但是我相信大家在猜出老妇人给最大孩子多少钱上不会遇到什么困难。

答案见:P293

美惠女神与缪斯

美惠女神同缪斯女神互送礼物的故事,可能同金字塔的历史一样久远。虽然我见过这个经典故事的不同版本,但是从未想过去分析或者阐述这则传说中包含着的数学谜题。

如果我用原来的希腊文写出故事,也许对我们的趣题爱好者来说意思会更清晰些,可惜手头没有,因此我只能给出其译文,当然会尽量保持原有的文字风格,它同一般趣题书上经常可以翻查得到的毫无意思的译文是有着很大差别的。

三位美惠女神在奥林匹亚山
仙家庭园里的林荫中散步,
采摘的花朵异香扑鼻,五彩缤纷,
粉红、白、蓝,还有大红,无奇不有。
她们邂逅九位缪斯,
后者拿着甜美的金苹果。
女神们赠送了玫瑰花,
缪斯们也以金苹果回赠。

结果她们手中的东西完全一样,故事就是如此叙述。倘若仙女们拿到的花果数目一样,请你告诉我她们每人拿到的数量!

为了把故事讲得更清楚起见,让我们假定每位美惠女神手中都持有四种不同颜色(粉红、白、大红、蓝)的玫瑰花,她们遇到了九位拿着金苹果的缪斯女神。每位美惠女神都送了一些玫瑰花给每位缪斯,而后者又回赠了女神们一些金苹果。互换礼品后,所有的女神每人手中拿着同样数量的金苹果和同样数量的红、白、蓝、粉红色的玫瑰花。不仅如此,每人手中金苹果的数量也正好等于手中玫瑰花的数量。

试问:满足这些条件的金苹果与玫瑰花数量各有多少?

答案见:P293

90 夫妻投资

难易程度:★★★☆☆
完成情况:是□否□

史密斯先生和他的妻子爱博尔太太准备在郊外购置一幢小别墅。史密斯先生说:"如果把你的钱拿出3/4给我,再加上我的钱,我们就可以买一栋价值为5 000美元的房子,而你剩下的钱还可以购买屋后的小树林和小溪。"

"绝对不行,"他的妻子爱博尔回答说,"如果把你的钱拿出2/3给我,再加上我自己的钱,我们就可以买下那栋房子,而你手头余下的钱,正好可以买下那片小树林和流淌不止的小溪。"

那么请问,史密斯和爱博尔各自有多少钱,小树林和小溪各值多少钱?

答案见:P294

91 进城购物

难易程度:★★★☆☆
完成情况:是□否□

鲁本大叔和辛西娅婶婶前几天进城购物。鲁本大叔花15美元买了一套西服和一顶帽子。辛西娅婶婶买了顶帽子,用去的钱和鲁本大叔买衣服的钱一样多,最后用剩下的钱买了一条裙子。

回来的路上,鲁本大叔一直抱怨说辛西娅婶婶的帽子太贵了,跟他的一套衣服一样贵。辛西娅婶婶发现鲁本大叔的帽子比她的裙子贵1美元。她认为,如果他们分配一下买帽子的钱,使她帽子价格是丈夫帽子的1.5倍,他们两人就花了一样多的钱。鲁本大叔不解地问:"那样的话我的帽子该是多少钱呢?"

读者朋友们知道答案吗?鲁本大叔和辛西娅婶婶一共花了多少钱呢?

答案见:P294

92 古怪的遗嘱

1803年，老船长约翰·史密斯在格洛斯特去世，这位公民将他贩卖奴隶与走私交易中赚来的不义之财留给了他的9位继承人，他们是：他的儿子、儿媳与孙子；女儿、女婿与外孙；前妻所生的儿子，他的老婆和孩子。一共是三家。

船长在遗嘱中规定，每个丈夫分得的钱要多于他的妻子。而每个妻子到手的钱都要比自己的孩子多。并且，每个丈夫与妻子所得的钱数之差应该等于每个妻子与其孩子分得的钱数之差。

所有的钱全部都是币值1美元的钞票，每个继承人都拿到一个纸口袋，其中装着一些密封的信封，而每只信封里的钱数等于这只纸口袋里的信封数。遗嘱里还写着："玛丽与萨拉拿到的钱正好等于汤姆与比尔拿到的钱，而内德、比尔与玛丽所拿到的钱数之和要比汉克多出299美元。为了照顾贫困的比尔一家，他们拿到的钱要比杰克一家多出三分之一。"

从图上不能看出九位继承人的年龄，但根据史密斯船长的遗嘱，我们聪明的解题者不难猜出每位继承人的姓氏以及所拿到的钱数。

答案见：P294

93 女儿们的年金

琼斯为他的三个女儿设置了一种年金，女儿们可以每年按各自的年龄比例分配年金。第一年，最大的女儿得到了所有年金的一半。第六年，玛塔得到的年金比第一年得到的少了1美元，菲比得到的比第一年少了1/7，玛丽安得到的年金是第一次的2倍。

请算一下，琼斯为女儿们设置的年金为多少？

答案见：P294

94 好心的女士

难易程度:★★★☆☆
完成情况:是□ 否□

一位好心的女士在路上遇到一个穷人,她把口袋里钱的一半加上1美分给了这个穷人。而她并不知道,这个穷人是美国基督教组织托钵僧协会的一名成员,他一边道谢,一边在女士的衣服上画了一个他们组织所规定的标记,意思是"一个好人"。

这样一来,这位好心的女士在路上就遇到了很多来向她乞讨的人。这位好心的女士将钱包中的一半又2美分给了第二个行乞者,碰见第三个乞丐时,她将剩下的一半又3美分给了他,最后发现自己只剩下1美分了。

读者朋友们,你知道这位女士的口袋里原来有多少钱吗?

答案见:P294

95 玛丽阿姨的花生

难易程度:★★★☆☆
完成情况:是□ 否□

玛丽阿姨带了一些花生到动物园,让孩子们喂给动物吃。她给了最大的孩子(男孩)1颗花生,然后把剩下的1/4也给了他。第二个是女孩,玛丽阿姨给了小女孩1颗,然后把剩下的1/4给了她。最后,玛丽阿姨用同样的方法给了第三个(男孩)和第四个(女孩)孩子花生。结果是,两个男孩得到的花生比两个女孩儿多100颗。

基于这些事实,请问玛丽阿姨最后给自己留了多少颗花生?

答案见:P294

96 奇怪的老太太

难易程度:★★★☆☆
完成情况:是□否□

由于一个怪异的老太太的奇特购货方式,皮特在做完这笔生意后就完全算不清自己的账目了。

一开始,老太太买了几根鞋带,鞋带4倍数的别针,鞋带8倍数的手绢。已知,每一件商品所花的美分数刚好等于她买进这种东西的件数。老太太共花了3.24美元,皮特现在搞不清楚老太太买了多少条手绢。

你能帮皮特算算老太太究竟买了多少块手绢吗?

答案见:P294

97 神奇的汉诺塔

难易程度:★★★☆☆
完成情况:是□否□

帕瓦勒给我讲述了一个有趣的谜题。故事是这样的:在贝拿勒斯有一座雄伟的巨塔,在塔的圆顶之下据说是世界的中心。该处放着一个铜盘,铜盘上有三根钻石针,每根针都粗如蜜蜂的身体。在这三根针上放着64个纯金的圆盘,最大的圆盘放在铜盘上,其他的彼此叠放一个比一个小,这就是所谓的婆罗门之塔。根据婆罗门亘古不变的律令,信徒要将圆盘从一根钻石针上转到另外一根钻石针上,并且每次只能移动一个圆盘,小的圆盘只能放在大的圆盘之上。如此,待所有64个圆盘都转移到另外一根钻石针上,灵塔、庙宇甚而婆罗门都会猝然倒塌,夷为平地,而且在一声惊雷巨响之后,世界将从此湮灭。

假设一个人每次移一个圆盘,需要搬2的54次方,即18 446 774 073 709 551 615。这个数字即使一个信徒不犯任何错误,每秒钟移动一个圆盘,那也需要几亿年才能完成。考虑到我们的谜题爱好者根本没有这么多时间,我们将圆盘的数目变成13。现在请问要完成13个圆盘的转移需要多少次变动?圆盘是摞在一起的,其他两个地方可以用来堆放圆盘,但是小的圆盘必须放在大的圆盘上面。

答案见:P294

98 奶牛买卖

难易程度:★★★☆☆
完成情况:是□否□

现在的农夫们都很有商业头脑,他们不再单纯地从事农业生产以满足自己的需要,他们学会了更多的经营技巧,并且待价而沽,获得更多收益。最近牛奶价格不断上升,农夫琼斯想借此机会把自己家中蓄养已久的奶牛卖掉。在找好买主后,他以210美元卖出两头奶牛。他在一头奶牛身上赚了10%,而在另一头奶牛身上却亏损了10%。不过总的算来,他还是赚了5%。

那么,聪明的读者,你知道这两头奶牛的进价各是多少吗?

答案见:P294

99 草地网球比赛

难易程度:★★★☆☆
完成情况:是□否□

一年一度的草地网球冠军赛按照淘汰赛方案进行。这样最后剩下的选手同上届冠军争夺本届冠军玩家。

已知,一共有16位玩家参赛,最后的玩家同上届冠军一决高下。很显然,能和上届冠军比赛的人必须连续赢5场比赛,这就产生了一道值得我们好好讨论一下的问题。

在比赛之前,如果每个选手实力相当,请问,每个人夺得冠军的概率为多少?

答案见:P294

100 小鸡换牲口

难易程度:★★★☆☆
完成情况:是□否□

在经济落后的年代,人们买卖都是靠以物易物,每种物品相对于其他的物品都有一个进行交换的数量规定,人们按照这些规定交换自己需要的物品。这种交换简单而有趣,经常能引出很多有意思的谜题。

一个农夫和他的妻子一起去赶集,他们想用家禽换一些牲口回来。根据当地的交换规则,85只小鸡可以换到一匹马和一头奶牛,5匹马的价格等于12头奶牛的价格。

妻子对丈夫说:"约翰,我们把选中的马加一倍带回来,这样这个冬天我们就有17头牲口了。"农夫说:"可是我觉得奶牛更能赚钱,假如把选中的奶牛再加一倍,我们就有19头牲口了,而且我们已有的鸡正好足够交换它们。"

在这个还未太开放的国度,人们对几何和数学一无所知。不过这对精打细算的夫妇对自己所养的鸡的数目倒是很清楚,对他们将拥有的马和牛也一清二楚。

请问:这对夫妇有多少只鸡?能买多少匹马,多少头奶牛?

答案见:P294

101 酒的折扣

难易程度：★★★☆☆
完成情况：是□ 否□

波旁夫人的管家约翰从商人那里买了一些酒，因为波旁夫人是老主顾，所以商人给她打了9.5折。

约翰要求必须得到账单总额的5%作为回扣，否则就拒绝收货。卖酒的商人灵机一动，就把这个问题迅速解决了。他的利润本来只有5%，所以他提高了账单上的价格，给夫人和管家各让5%。已知，如果管家不勒索的话，账单本来是882法郎。

请问，他们是怎样通过增加订单总价使每个人都得到5%的利润的？

答案见：P294

102 吉卜赛女巫

难易程度：★★☆☆☆
完成情况：是□ 否□

吉卜赛是一个很特别的民族，他们的文化很神秘，让人琢磨不透，也许这是他们保护自我的一种方式，也有很多吉卜赛人依靠这种神秘的文化谋生。

一位吉卜赛妇女勉强维持着朝不保夕的生活。这位吉卜赛妇女每占卜一次收费25美分。因为只有那些急着想知道自己前程的人，才容易哄骗上当，所以她的生意不是很好。

每当有人问她收入怎样时，她总抱怨算命业的每况愈下："上上周的时候，我赚到的钱不足3美元；上周是上上周的1/3；这周赚到的是上周的1/2不到。"

请问这位吉卜赛妇女三周共挣得多少钱？这个谜题可不难哦，仔细考虑一下，应该很快就有答案。

103　女速记员的薪水

难易程度：★★★☆☆
完成情况：是□ 否□

这是一道从日常生活中得来的有趣谜题，碰到这道题的人都觉得难以理解。

前几天，老板心情不错，所以就对速记员玛丽说：

"玛丽，你表现不错，兢兢业业，从来不想着那些无聊的假日，我现在决定将你的年薪每年提高100美元。从今天算起，明年你就能领到年薪600美元的工资，工资每周结算一次。后年就是700美元，再一下年为800美元，以此类推。总之，每年增加100美元。"

感激涕零的玛丽说道："老板，我心脏不太好，所以我希望工资变化不要这么快。刚才您说，从今天算起每年给我600美元。您能否在六个月之后将600美元增加25美元，以后，只要您对我的工作满意，就固定给我涨25美元。"老板想了想之后，会心一笑，他爽快地接受了玛丽的提议。他对这位忠诚的员工颇感满意。

老板向旁边的那几个男孩眨了眨眼，想让他们盘算一下，自己接受玛丽的提议是否是聪明之举？你能判断出来吗？

104 海蛇群

海蛇的数量近些年来出奇的多,在海滨胜地人们甚至看到了许多新的种类。南塔吉特岛上的船长们讲述的奇异故事还是像过去一样令人毛骨悚然,而如此古老的话题如今却令人感到分外新奇。

不可否认,柯达相机的出现唤醒了公众的头脑,人们开始把海蛇捕捞业放在了真正的商业基础之上。老水手们夸张的故事和专业人员貌似可靠的航海日记,如果没有一组照片来撑腰(佐证),就不再被大家认可了。下面讲述的故事更好地为我的这种说法做了有力的论据。

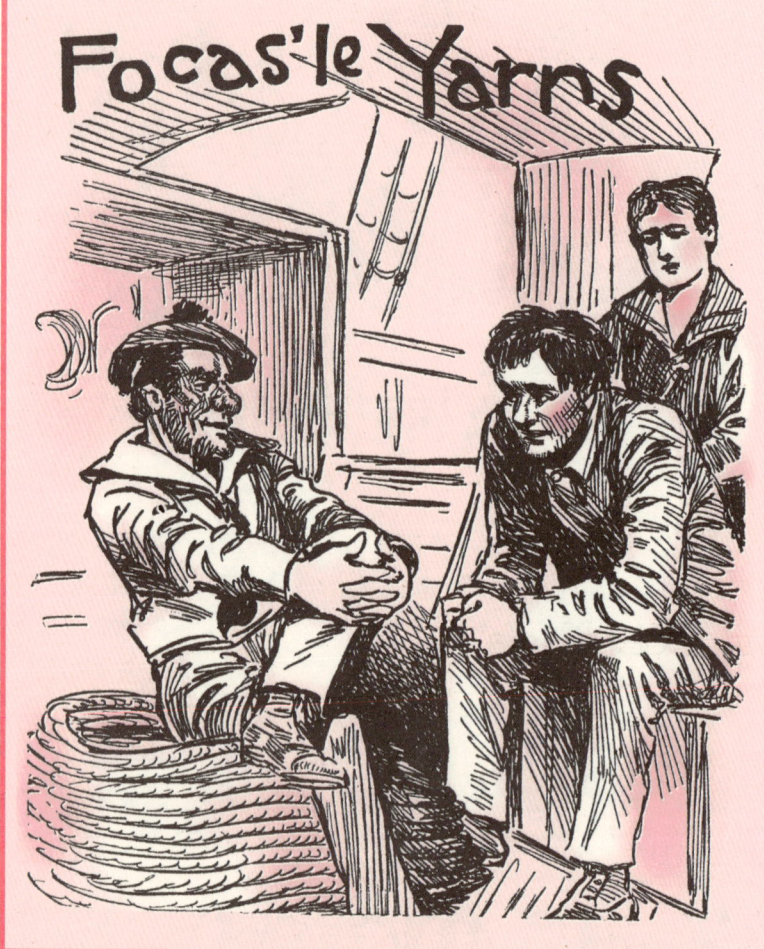

一位经验丰富的船长声称:当他们停泊在科尼埃兰沿海时,被一群海蛇所包围,这些海蛇中有许多是瞎子。

他回忆道:"它们中有3条看不见右边,3条看不见左边,3条能看见右边,3条能看见左边,3条左右两边都能看见,3条两只眼睛都瞎了。"就这样,这些话被正式写进了航海日记,并且船长正式发誓说:"我看到了18条海蛇。"

非常巧合的是,有一队摄影迷遇到了这群怪物,并用他们的相机拍摄下这群怪物的样子。他们用洗出的照片在某种程度上否定了船长的整个说法,并且把海蛇的数量减少到可能的最低限度。

根据上面给出的条件,你能不能判断出这群海蛇到底有多少条呢?

答案见:P295

105 史密斯的年龄

难易程度：★★★☆☆
完成情况：是□ 否□

史密斯先生是一名保险精算师，供职于一家人寿保险公司。他整天穿梭于殡仪馆与桌子之间，埋头计算各类保险期限，以至于他几乎没有时间去谈论或者憧憬些别的东西。有一天，他急匆匆地回到家里，给他的家人特别是他的太太，出了一道算术题。他太太算术很不好，经常受到史密斯先生的嘲笑。

题目被说出来之后，史密斯先生原本以为他提出的问题会引发家人的热烈讨论，结果正好相反，大家明显对解题缺乏兴趣。为了解除这种尴尬，史密斯先生夸口说，如果他的太太能够出一道与年龄或者日期相关的问题难住他，那么他将在下一周年内不再出题考他的家人。有趣的是，这天正好是2月29日，史密斯原本想要设定的期限是一整年，但由于2月29日并不是每年都有，所以史密斯先生不得不遵从他的字面承诺——即直到下一个2月29日到来的这段时间。

他太太出的题使史密斯先生立刻缄默不语。史密斯太太的题目是这样的："汤姆，假设我们第一次见面的时候，你的年纪是我年纪的3倍。现在，我的年纪正好是你当年的年纪。将来的某一天，当我的年纪是我如今年纪的3倍时，我们两个人的年纪加起来正好是100岁。那么，下一个2月29日来临的时候，你的年纪是多少？"

这个问题很有水准，它可没有看起来那么容易解决。读者朋友们，能不能告诉我史密斯先生的年纪呢？

答案见：P295

106 打靶问题

难易程度: ★★★☆☆
完成情况: 是□ 否□

我是一名业余射击爱好者,参加过多次射击比赛。由于对这个项目的极度痴迷,我不曾错过任何一场能够观看的正式比赛。

最近,我观看了在美国队和法国队之间进行的手枪射击比赛,觉得很有意思。最后,美国队是以4 889环比4 821环取得了胜利,美国队的表现再一次证明了他们在这个项目上的实力。这场比赛在大洋两岸同时进行,比赛结果通过电报传送过来,这正是该场比赛最大的亮点。

从比赛过程中,延伸出了一些非常有趣的问题,我想我们的谜题爱好者一定会感兴趣。一位射手6发子弹打了96环,当他仔细查看靶子时发现,他的6发子弹只打出了3个弹孔,也就是说,有3发子弹从前面已经打出的弹孔中穿了过去。靶子上标出了1至50环的标线。

现在,我想让我们的谜题爱好者告诉我,这位射手射出的96环是由哪些环构成的?

答案见: P295

107 分期付款

难易程度：★★★☆☆
完成情况：是□ 否□

为了说明有些人甚至不能使用基础算术来解决一些实际问题，我给大家介绍下面这个问题：

一位节俭的主妇买了价值75美元的家具来装点她的小公寓。因为采取的是分期付款的方式，所以她想知道她要支付多少利息。具体的支付条款如下：首付5美元，然后每月支付5美元，直到全部付清为止。但是假设她采取付现的方式，则可以节省10美元，也就是说这些家具只值65美元。这道问题是最常见的生活常识题目，可是有多少人可以解答这道家庭经济问题呢？

亲爱的谜题爱好者们，这个问题难倒你了吗？试试看吧。

答案见：P295

108 失踪的便士

难易程度：★★★☆☆
完成情况：是□ 否□

这个问题也曾被称作"修女的果园问题"。大约在半个世纪前的伦敦广为流传，甚至一些英国的数学家也解答不了。

问题是这样的：两名女子在市场上卖苹果，其中史密斯夫人因故要马上离开，于是她请琼斯夫人帮她把苹果卖掉。两个人的苹果数目同样多，但是琼斯夫人的苹果个头大一些，卖两个1便士，而史密斯夫人的苹果卖三个1便士。接受了史密斯夫人的请托后，琼斯夫人希望能更公平一些，于是她将两人的苹果合在了一起，2便士卖5个。

过了一天，史密斯夫人回来时，苹果已经全部卖完了，但是，她们分钱的时候发现少了7便士。这个苹果问题让数学家们迷惑了很长一段时间。

假如她们平均分配卖苹果的收入，一人一半，那么，琼斯夫人在这次不愉快的合作中损失了多少钱？这又是为什么呢？你知道她们每个人有多少苹果吗？

答案见：P295

109 珍妮的项链

难易程度：★★★☆☆
完成情况：是□ 否□

珍妮小姐到一家珠宝店买项链，她想要的款式店里没有，但是她又不想再到别的店里去看，于是，她买了图中所示的12条链子，她想把它们穿成一条100个环的项链。珠宝商告诉她，打开一个小环并再次接好需要15美分，打开一个大环并再次接好需要20美分。

请问，珍妮小姐最少需要花多少钱才可以接好自己想要的这条项链呢？

答案见：P296

110 波卡洪塔斯小姐的年纪

难易程度：★★☆☆☆
完成情况：是□ 否□

农夫史密斯每1.5年就生一个孩子，现在已经生了15个了。

他们的孩子中，波卡洪塔斯小姐是最大的，虽然她不愿意说出自己的年纪，不过她承认自己的年纪比小约翰的年纪高7倍，而小约翰是15个孩子中最小的一个。

如果你是人口普查官，你能算出波卡洪塔斯小姐的年纪吗？

答案见：P296

111 将错就错

难易程度：★★☆☆☆
完成情况：是□否□

一天，笨小子汤米问他的老师："如果5乘以6得33，那么20的一半是多少？"老师被他的问题搞得有点糊涂，想了想，还是不知道该怎么回答他。

这个假设的前提明显是错误的，但是如果按着汤米的思路算一算，亲爱的读者朋友们，你们知道答案吗？

答案见：P296

112 老姑娘多大了

难易程度：★★☆☆☆
完成情况：是□否□

又到了人口普查的日子，这对于人口审查员来说是一件既有快乐又有痛苦的事情，因为许多女士都不愿意很快地说出自己的年纪。

一天，一位人口审查员问一个老姑娘的年纪。"我的年龄，加上我的年龄的1/2，再加上我的年龄的1/3，再加上3乘以3，正好是3个20岁又10岁。"她坚持认为她这样回答是合理的。

这个问题不是很难，人口审查员经过一番推算，很容易知道了老姑娘的年龄，之后，他发现用3个20岁又10岁减去他自己的年龄，也能得出这位"老姑娘"的年纪。这一发现是多么有趣啊！

请问：他和她的年纪分别是多少？

答案见：P296

113 男孩的年龄

这是一道绝佳的年龄问题,我想年轻朋友肯定会喜欢。

据说一位古怪的老师想让几个年纪稍大的小学生上他办的班,于是承诺无论男生一方,还是女生一方,只要加起来的年纪是最大的就能每天获得一份奖品。

第一天仅有一男一女两个学生。因为男生的年纪是女生年纪的两倍,所以奖品就给了男生。

第二天,女生带来了她的姐姐,结果姐妹俩的年纪正好是男生的2倍,所以姐妹俩平分了奖品。

接下来的一天,男孩带来了他的一个哥哥。结果,两兄弟加起来的岁数正好是两姐妹的2倍,所以两兄弟"斩获"了那天的奖品。

第四天,两个女生又带来了她们的姐姐。结果三姐妹的年纪又是男生的2倍,她们赢得了奖品。

随着"比拼"的继续,这个班级终于人员满额了。但是我们的问题还没有解决呢!现在假设最后一位加入班级的女士的年龄是21岁,请问第一个男孩年纪多大?

这是一道简单而有趣的谜题,需要的是技巧,而非数学知识,只要方法得当就能迎刃而解。(提示:题目中的年龄精确到天)

答案见:P296

114 农夫连锁链

难易程度：★★★☆☆
完成情况：是□ 否□

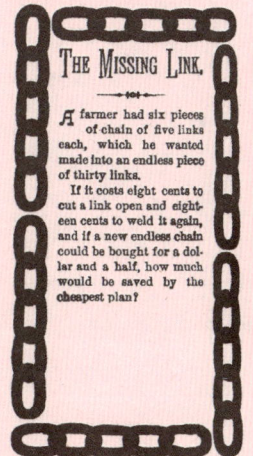

一个农夫有6条锁链，每条锁链都由5个小环组成，如左图所示。他想将这几条锁链连接成一条由30个圆环组成的环形锁链。

已知工人切开一个小环需要8美分，而重新焊接一个小环需要18美分，但花1.5美元就可以买到一条新的环形链条。

这个题目中，如果农夫采用最节约的方案，那么同买一条新锁链相比，他怎样连接才能省下最多的钱？可以省下多少钱？

答案见：P296

115 老板的年龄

难易程度：★★★☆☆
完成情况：是□ 否□

员工由于钦佩老板的风度和成就，就想通过交谈获得一些经验，但是他又担心自己已经过了创业的最好时期，于是他想通过侧面交流得到老板实际年龄的信息，从而推算老板的事业初创期。聪明的老板很快看透了员工的用意，他没有直接告诉员工答案。但是，他说："我生命的1/6岁月是在乡下度过的，那时候我还是一个小男孩。1/12的岁月我在纽约做白酒生意，1/7的岁月从政、过婚姻生活，5年后，我的儿子吉米出生。他在

4年前当选了市政委员会委员，当时他的年龄是我年龄的一半。"

那么请问：老板现在的年龄到底是多大？

答案见：P296

116 男孩几岁

吉米和父亲一起回乡下的老家，买票的时候，售票员询问吉米的年龄：

"这男孩有几岁了？"

这时，旁边的父亲发现竟然有人对他的家庭事务深感兴趣，顿时情绪高涨，他得意地回答：

"我儿子的年纪是我女儿年纪的5倍，我老婆的岁数是我儿子岁数的5倍，我的年龄为我老婆年龄的2倍，把我们所有人的年龄统统加到一起，正好是我母亲的年龄，今天她正要庆祝81岁生日。"

试问：那男孩几岁了？

答案见：P296

117 玛丽现在几岁了

爷爷的年纪大了，所以对小孙女的年龄记得就不是很清楚了，但是爷爷却又很清楚地记得他的两个小孙女之间的年龄差，听听爷爷是怎样描述的吧。看你是否够聪明根据爷爷的描述，猜猜孙女现在的年龄。

爷爷说："玛丽的年龄和安妮的年龄加在一起是44岁。玛丽的年龄是安妮过去某一时间年龄的两倍，那时候玛丽的年龄是安妮将来某个时间年龄的一半。到了将来某个时间，安妮的年龄将是玛丽过去当她的年龄是安妮年龄三倍时年龄的三倍。"

请问，玛丽现在几岁了？

答案见：P296

118 可爱的老太太

比蒂是个可爱的老婆婆,每天都乐呵呵的,对谁都面带微笑,她对自己的年龄非常敏感,如果有人问她年龄,她给人的答案总需要提问者动一番脑筋才能得到。

比如,40年前,如果有人问起她的年龄,她总是用下面这首打油诗来作答:"五乘以七乘以三,再加上我的年龄,再减去六乘以九加四,等于我年龄的

两倍减去二十。"

你能算出比蒂太太现在的年龄吗?

答案见:P297

119 妈妈的年龄

三口之家可能多了一份清静,同时,少了一份大家庭的热闹。这样,一些三个人一起玩的游戏,就能让家庭气氛更加融洽。

一天,一家三口围坐在桌旁,爸爸突然想到了一个谜题。他对家人说:"一家三口年龄之和为70岁。爸爸的年龄为儿子的6倍。当他们三人的年龄达到70岁的两倍时,爸爸的年龄将是儿子年龄的两倍。请问你们,妈妈现在的年龄是多少?"

亲爱的读者,你们知道妈妈的年龄吗?

答案见:P297

120 猜年龄 难易程度：★★☆☆☆ 完成情况：是□ 否□

要想准确猜出一个人的年龄，下面的方法是目前所知最简便而且屡试不爽的。

让那个要我们猜年龄的人做下面的计算：如果是一个出生在11月现年13周岁的女孩，先请她写下她出生的月份（11），乘以2，再加上5，所得的得数乘以50，再加上她的年龄，减去365，再加上115，然后说出得数。上面这个女孩给出的得数是1 113，所以我们可以看出，她的年龄是13岁（得数的后两位），生在11月（得数的前两位）。这对于100以内的年龄都是适用的。

在计算10岁以下的年龄的时候，年龄中的十位数字会以"0"显示，只要知道就可以了。

朋友们能说出其中的缘由吗？

答案见：P297

121 龙虾的价格 难易程度：★★★☆☆ 完成情况：是□ 否□

根据《备忘录与查询》上的相关记载，"和说出龙虾的主要成本一样难"这个词汇来源于众议院约翰·昆西·亚当斯和安德鲁·杰克逊就保护关税问题的苦苦争论。

在针对原材料主要价格进行征税的一场争论中，一位来自东部某州的代表质疑如何计算龙虾的主要成本。因为龙虾是东北重要的商贸产品。至此，这句话成为对贸易保护者进行讥讽的流行语。

如果有人逼问一名议员龙虾的价格，他只能回答说"龙虾的价格是变动不居的，不过当捕捞者捕获到值32先令的龙虾，他们可以得到6只龙虾的收入。"

如果这些议员能够算出"龙虾的主要成本"的话，可以说他们的数学还不赖。你能算出这个谜题的答案吗？

答案见：P297

122 弄虚作假

难易程度：★★★★★
完成情况：是□ 否□

在这个问题中，虽然我们专注于东方的商业贸易，但我们将问题加以简化，以美元和美分作为货币的计量单位。

骆驼的毛经常用来生产披肩和昂贵的小挂毯，这些骆驼毛通常由人们收集起来，再通过一个中间人卖给商人，大宗抑或小宗买卖都可通过该方式进行。为保证公平，中间人从来不为他自己购买货物。一旦有人表示想通过他收购骆驼毛的意愿，他就能找到那些愿意出卖骆驼毛的人。对于双方，他均收取2%的交易额作为佣金。也就是说，在整个交易过程中，他可赚取4%的交易额。还有其他的获利方式，尤其当买卖双方涉世未深、轻信他的鬼话的时候，他还可通过在秤上做手脚得到额外的收益。

我在这里出个题目，简单地说明一下交易中这种做手脚的方式。在收取货物的时候，他把货物放在秤的短臂上，这样货物的实际重量要比秤砣重1盎司；在出售货物时，他反其道而行之，将货物放在秤的长臂上，这样货物的实际重量要比秤砣轻1盎司。通过这种方式，他获得了25美元的收入。

只要获取了足够且明确的各个数据，这个问题事实上非常简单。但是，对于那些专业的账房先生而言，又显得很考验他们的智慧与脑力。请我们的读者准确地计算出他购买这批货物花的钱。

答案见：P297

123 马戏团见闻

这张照片说的是一个很简单但是很有趣的谜题,画面中充满了很多滑稽的人物。这张照片告诉我们如何通过归纳的方法得出物体的个数,而不需要往帐篷里面看看,或者用上什么代数知识。

从插图上看,哈利是去观赏一个马戏团的表演,但是性格谨慎的他,在花25美分买票之前,很想确定一下马戏团的表演是否值得他出的价钱。所以,他向门卫打听马、骑手和动物的数量。

门卫真有点感到难为情，因为虽然贴在外面的海报光鲜亮丽，但帐内的有趣玩意儿真有点少得可怜，所以他假装对那些新鲜玩意儿的准确数目并不清楚。但是，还是告诉哈利说，有马儿，英姿飒爽的骑手等，加起来一共有100条腿，36个头；此外，还有一批来自非洲丛林的珍稀动物，总共加起来有56个头和156条腿。

虽然这张图片展示的是演出的场面，但是我们更加关心的是谜题中的未知量。

所以，要问我们年轻的朋友们，在旁边帐内圆形表演场地的马儿、骑手和小丑数量分别是多少，从图中是压根看不清楚的。同时，通过一个检验聪明与否的巧妙测试，我们要问年轻的朋友左边的笼中有什么稀罕物？哪个是这场表演的招牌演员？如果能回答对最后这个问题，就能证明你当时是在马戏团内，对画中其他的角色也很感兴趣。

答案见：P297

124 格兰特将军的"小屠夫"

难易程度：★★☆☆☆
完成情况：是□ 否□

最近，在一次拍卖会上有人高价拍下了一幅格兰特将军的亲笔签名，这让我想起我手上还有一幅格兰特将军的签名，我为此感到非常骄傲，因为我一直相信这是格兰特将军的绝笔。

与这相关的故事还为我们留下了一个不错的题目，我为此对格兰特将军的数学天赋钦佩不已，因为有很多人压根脑子里

答案见：P297

就少数学这根筋。

关于这位伟人的运算天赋，我可以举出很多例子来，下面这个例子足以说明他对数字的能力。大家一定都还记得格兰特是如何进入西点军校的。而当年西点军校的数学教授安格奈尔曾经说："格兰特天生就和数学与马有着不解之缘。"

格兰特确实爱马，他甚至能一眼就断定马的优劣。我的故事得从约翰逊·里德骡马市场的艾克·里德所说的一件小事谈起，正是他从账本里给了我格兰特的签名，也就是现在大家看到的这个。格兰特将军在他最后一届总统任期内，一次下午驾车出去回来之后，半开玩笑半认真地告诉韦拉德饭店的沙德威克上校，他的马车在路上被一个屠夫的马车超过了，他的马似乎都惊得止步不前。他想知道那匹马是谁的，卖不卖。

马很快就被找到并买了下来。它的主人是一位老实本分的德国人，他要是知道买主是美国总统的话，非得要上双倍的价钱不可。

马是浅色的，正是格兰特最爱的那种。出于上面那件小事，他给马取名为"小屠夫"。几年之后，华尔街金融危机严重削弱了格兰特家族的财力，"小屠夫"和它的伙伴们被送进了约翰逊·里德骡马市场的拍卖行，一共才卖了493.68美元。里德先生遗憾地认为，如果让他说出马的主人是谁的话，他本可以卖上多一倍的价钱，但是格兰特将军没有允许他这样做。里德对格兰特将军说："你在小屠夫身上赚了12%，在另外一匹马上亏了10%，算起来你还是赚了2%。"我想请我们的趣题爱好者们告诉我，如果格兰特在一匹马上亏了10%而在另一匹马上赚了12%，加起来总共赚了2%的话，每一匹马买进和卖出价格分别是多少？

第二章
图形转换与拓扑奇趣

125. 学习的捷径

据史书记载，古希腊数学家和哲学家欧几里得（Euclid，公元前300年）曾经向托勒密国王提出讲解圆的分割问题，但是这位秉性粗暴的独裁者打断了他，冲着他吼道："我讨厌这些枯燥的课程，我不想费心去记那些没用的规则！"听到这些话后，欧几里得说："那么，就请陛下允许我辞去国王教师的职务，因为只有愚人才会以为学习数学有捷径可走。"

这时候，宫廷小丑比波突然插话："说的没错，欧几里得！"他挤到黑板前说，"我很荣幸能接手这个职务，接下来我要证明高深的高等数学原理也是可以用娃娃们都能理解和记忆的方法来讲解的。"

哲学家们说，快快乐乐学习到的东西终生难忘，但是知识不可能被硬塞进脑子里去。不能只让学生们死记硬背一些规则，一切东西都需要解释，让学生用自己的语言来形成规则。只会教授规则的老师更适合驯鹦鹉！

枯燥的数学问题如果以更灵活的方式呈现，就会变得更容易理解；如果从历史片段中搜寻例证，头脑中会对有价值的信息记忆更深刻。

数学，是学习的重要组成部分，是艺术和科学的根基，不但对于成功人士来说极其重要，对于培养清醒的头脑来说也是必不可少的。因此为人父母应该意识到及早培养孩子们对趣题之兴趣的重要性。

（1）"若陛下恩准，现在我就开始讲解圆的分割问题。为此，我想请教宫廷传令官汤米·里德尔斯，用一把小刀沿着直线切七刀，最多可以把一块德式薄饼分成几块？"比波说。

（2）"另外，我想再给悬在我们头上的达摩克利斯之剑的故事再点缀一点教义以让人们永生不忘。这是一个科学又实际的问题，这把利剑为什么要做成弯曲的形状？"

（3）"我还很高兴来提一下那个'笨人难过的桥'的问题，也就是我们敬仰的老前辈欧几里得先生著名的第47号命题；它证明了'斜边的平方等于两个直角边的平方之和'。我想请教第47号命题的作者，要围成一个某直角边为47根横杆那么长的直角三角形总共需要多少根同样长度的横杆呢？"

"宫廷小丑的47号命题"无可非议地证明：在这个奠定数学和几何基础的定理上面，很多杰出的数学家也还需要学习很多东西。

答案见：P298

126 瑞士国旗与正方形

难易程度：★★★☆☆
完成情况：是□ 否□

嘉丽·瑞茨小姐会玩一种很漂亮的把戏，其巧妙可以与贝蒂·罗斯一刀剪成一个五角星之巧妙相媲美。

当她的父亲问她对瑞士海军的旗帜有没有好的建议时，嘉丽小姐捡起一块红色墙纸的剩料（左手中的纸）并熟练地将它剪成了两片，这两片拼起来刚好形成了一个有着白色十字的瑞士国旗的图案，就像她左手拿着的那样。

你知道嘉利·瑞茨小姐是怎么裁剪的吗？

如果要把这个国旗剪开，拼成一个正方形，你知道怎么做吗？

答案见：P298

127 小马谜题

难易程度：★★★☆☆
完成情况：是□ 否□

这是一个刻在山上的巨大的白马的形状，大约有几百英尺长，位于海平面上方几千英尺的高度。所以远在大约十五英里以外，人们都可以很清楚地看见它。它的历史超过千年，据传说是埃塞尔雷德和阿尔弗雷德的士兵们在战胜丹麦人之后刻下的，因为白马是撒克逊人的象征。

它看起来就像是山一侧的雪堆，但实际上却是因为除掉了绿色的草皮而使下面的白色岩石裸露出来成了个白马的形状。

也正是因为这个我才对这个古老的历史大费周折，埃塞尔雷德和阿尔弗雷德总是受到那些小马谜题的出题者的诅咒显然是不公平的。

在这匹白马被彻底发现之后，这位州长半开玩笑地对我说："劳埃德，这应该是个不错的题材。"

很多题目都是来自于这样一个小小的想法：因为有了这样一个好材料，我若是未能把这个挑战转化成一个趣题岂不是很愚蠢。所以，我很快就用一把剪刀和一张纸做出了马的形状，并把它命名为"小马谜题"。

把原来的轮廓和部分的形状加以改进并不是件难事，而且我也确实在我后来

发表的版本中对此做出了修改，但是不管怎么说，我还是最喜欢原来的样子，所以我现在把它原样奉献给读者。

答案见：P298

128 印度花

难易程度：★★★☆☆
完成情况：是□ 否□

这是一个著名的印度花问题。印度花是力量、吉祥、平安和光明的象征，尤其受到僧人的追捧。

一名僧人将种子搁在帽子里，很快，帽子里就长出了一朵美丽的花，然后，他会叫你用这七张纸片拼成一个十字架。

这个问题难倒了不少谜题爱好者，亲爱的读者们，你们知道该如何拼吗？

答案见：P298

129 大饼之谜

难易程度: ★★★★☆
完成情况: 是□ 否□

为了说明数学可以用比较容易理解的方式来探讨,让我们来看看下面这个独特的分饼问题。

寄宿人员保护协会的人发现奥弗莱哈瑞提太太家的厨子把饼分的块数太多了,而这与内部细则的第五条相悖:"……饼只能用直线切6刀。"代表们因此倡议寄宿人员用取消租约以争取恢复待遇。

实际上,饼被分成大小不同的块已经是房东太太们的惯例,她们把带馅的厚点的部分分给交租及时的房客,而其他人只能享用那些边边角角了。

在房东太太的授意下,厨师把中间带馅的部分给了年轻的医生,因为他对房东太太生病的女儿照顾得无微不至。剩下的,厨师根据房客在房东太太心目中的重要程度来分配。

但我们今天不是借分饼来讲什么道德问题的,我们只是想知道厨师是怎样分饼的块数尽量多的。

聪明的读者朋友们,这个难题是这样的,如果用刀子以直线切6次,要求每两刀都相交,而且每两条线的交点不能重合的话,那么请问,最多能把这张大饼切成多少块?

答案见:P299

130 太极图

难易程度：★★★☆☆
完成情况：是□ 否□

THE MONAD PUZZLE

太极图为美国大北太平洋铁路公司成立时注册的正式标志。这个标志在公司的货车、债券、股票以及列车时刻表上随处可见。

我听到的最有意思的太极图故事是著名棒球制造商泰格先生讲的，他说他受太极图的启发设计出了两件套的棒球套。

东方学者们对太极图的解释非常多，并常常含有神秘色彩，以及广泛存在于自然界的阴阳之说，道家称其为"无极而太极"，而这是我们普通人最为熟悉的关于太极图的说法。

有人认为太极图里隐藏着深奥的数学原理，就像中国三千年前的古书 这样记载："无极生太极，太极生两仪，两仪生四象，四象生八卦。"

这里也有两道与太极图有关的题目：

（1）用一条连续的曲线分割太极图中的黑、白两部分（即"阴""阳"部分），使得整个圆被分切成大小形状一模一样的四部分。

（2）请将下面的马蹄铁平均划分成两块，使得到的东西能拼成一个太极图。

答案见：P299

131 无言的亚力克

难易程度：★★★★☆
完成情况：是□ 否□

任何一个在朋友们的聚会上出过趣题或者表演过戏法的人都熟悉亚力克，知道他习惯表现出或者试图表现出这样一种态度：在这个戏法被揭穿之前，他已经洞悉一切。假如他恰好看到过这道趣题，他就抢先说出答案，不让其他对此感兴趣的人得到尝试的机会。即使这个问题对他来说是新的，他也力图表明它和另外某个问题是多么的相似，而他能够轻易地证明另外那个问题比现在的问题好。他的表白常常使我们想起波斯人的谚语："不懂装懂招人厌"。有趣的是在下面这个例子中亚力克却哑口无言了。

哈里正要向他年轻的朋友们说明一道精巧的几何分割趣题，但他被了不起的亚力克无理地打断了。亚力克认为这不过是趣题爱好者们所熟悉的古老的僧帽趣题。这道趣题是我5年前出给大家的，要求找一种方法把这张纸分成形状和大小完全相同的四块。亚力克吵吵嚷嚷地要向在场的每个人讲解这道趣题。此时，哈里果断地说道："我的这道题目是要把这张纸分成尽可能少的块数，再拼成一个正方形。我自己刚好忘记了答案，碰巧这里有一位朋友出于好意自告奋勇来讲解，请吧。"

这道趣题可不像看上去那么容易，亚力克瞬间哑口无言。当然有无数的方式能够把这张纸分成许多块来达到目的，但是要以最少的块数来完成这件事，就没那么容易了。

读者朋友们，你能帮亚力克解决这个难题吗？

答案见：P299

第二章 图形转换与拓扑奇趣

132 切奶酪

难易程度：★★★★☆
完成情况：是□ 否□

一道好的趣题的主题可能是由我们所能碰到的任何事情，或者是偶然看到的小说引发的，但是利用这个主题恰当地构思出趣题的框架，可能需要花上相当多的时间进行研究。日常生活中一些奇特的事情使得我们有时感到迷惑，于是自然出现这样的想法："如果这件事情在没有被有意地赋予难度特点的时候，就以这种偶然的形式令我困惑，那么怎么样才能把它装点成真正的趣题形式来隐蔽其所涉及的原理，从而增加其难度呢？"

问题一定要轻松地提出，所以要用土话来帮助解释题目的条件，同时把它真正的难点以某种方式隐藏起来。关于这种方式，布雷特·哈特称为赋予整个故事以一种"天真而平淡"的简单性。

言归正传，按图上的直线把奶酪切6刀，最后最多能得到多少块？

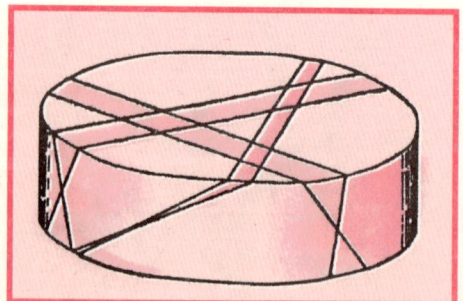

答案见：P299

133 "爱心"被单

难易程度：★★★☆☆
完成情况：是□否□

"爱心"组织的11位成员用拼被单来表达他们的爱心。每位成员捐献出一块至少含有一个方块的棉布片，每块棉布片都是正方形。将这些棉布块拼凑在一起，且尽量把每块都用上，因为如果谁的棉布块没有用到，那么她就将退出组织，因此需要仔细想想如何才能把所有大小不一的布块拼凑起来组成一个大被单。这个组织的组成人数最终将取决于大棉被中小正方形的数量。

请问，怎么将上图的棉被分成11块正方形？（要求每个小正方形至少含有一个格子）

答案见：P299

134 黑人太太拼被单

难易程度：★★★★☆
完成情况：是□否□

在前面我们已经做过一道拼被单的趣题了。说的是把 块13×13的布分成11个正方形。现在，作为这一主题的延续，这里我们再出一道拼被单的问题：

黑人区的太太们希望把11块正方形的布片拼凑在一张12×12的被单上，要求这11块正方形布片上的格子都不少于4个。你知道该怎么拼吗？

我的意思是每一块布必须有4个或者4个以上的格子，如果不设这个要求，那么就会出现两种答案。如果必须使用一块只有1个格子的布块，那又该怎么拼呢？读者朋友们可以试试看能不能找到这两个问题的答案。

答案见：P300

135 复活节的十字架

难易程度：★★★☆☆
完成情况：是□ 否□

（1）如果剪裁上图中的希腊十字架，怎样才能使剪出来的三部分拼成一个长是宽的两倍的长方形？还有一道题和上面这道题正好相反：把一个长方形剪开，拼凑成一个希腊十字架。你知道该怎么拼吗？知道了前面的答案也就有了后面这道题的答案，所以比前者要简单一些。

（2）将左边的十字图剪成四个部分，然后拼成一个正方形。

答案见：P300

136 木匠的正方形

难易程度：★★★☆☆
完成情况：是□ 否□

有这样一道经典趣题。一名在船上干活的木匠需要堵一个正方形的洞，他把一块9×16的木板锯成两块，拼成一个正方形。木匠的故事对我编制趣题有很大的启发。我发现，任何长宽比例的长方形都可以通过以下程序拼凑成一个正方形。

从底部开始把矩形划分成若干个方格，顶边空出一格，这样宽就比高长一些，沿着粗线将两块木板锯开后，两片木板恰好能够拼接。

解决木匠拼正方形的问题时我们就已经知道，必须将底边分割成小方格，长比高多一个方格，然后向上移动一个格，就能够再拼成一个完美的正方形。你知道木匠是怎样拼的吗？

答案见：P300

137 通往数学的捷径

难易程度：★★★☆☆
完成情况：是□ 否□

用一个不规则四边形分别拼出正方形、十字架、平行四边形、菱形、长方形三角形六种几何图形。不规则四边形指的是两边都不平行的四边形。这个问题最有趣的部分是我可以用右图的分法把四边形分成五部分，并用这五个部分构思出了五道精彩的趣题。

（1）利用这五个图形拼出一个正方形；
（2）利用这五个图形拼出一个十字架；
（3）利用这五个图形拼出一个平行四边形；
（4）利用这五个图形拼出一个长方形；
（5）利用这五个图形拼出一个三角形。

可以这样说，若你能解答这五道趣题，说明你对几何图形已经非常熟悉了。

答案见：P300

138　太太的地垫

难易程度：★★★☆☆
完成情况：是□ 否□

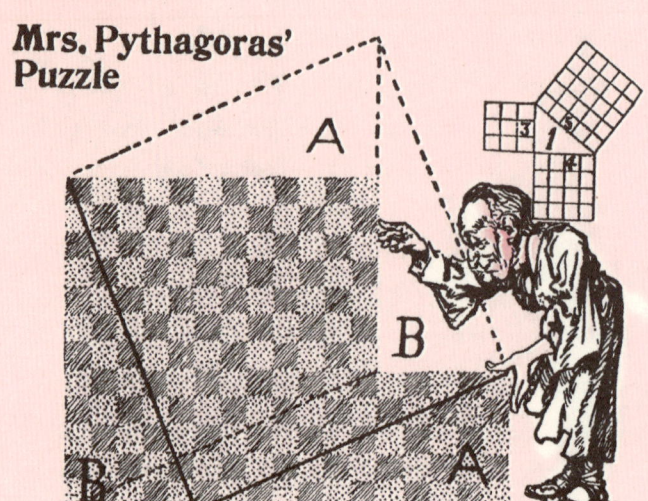

Mrs. Pythagoras' Puzzle

毕达哥拉斯太太问她的先生："如果把右图这块由两个正方形组成的垫子裁剪成一个正方形垫子，怎么裁剪才合适呢？"著名的哲学家毕达哥拉斯说："由于以直角三角形斜边为边长的正方形面积正好等于分别以两条直角边为边长的两个正方形的面积之和。因此我知道你想得到的正方形垫子的面积必须等于两个正方形垫子的面积之和。所以，正方形的边长必须和直角三角形的斜边相等。"有关这个定理的原理请参看上图中间的小图。小图中是一个直角三角形，高为3，左边的正方形面积为9。下面的正方形边长为4，面积为16。斜边为5，它所对应的正方形的面积为25，与前两个正方形的面积之和相等。

那么要把上图中大小两个正方形拼成一个更大的正方形，该怎么做呢？

答案见：P300

139　十字勋章传说

难易程度：★★★★☆
完成情况：是□ 否□

据说科西尼雕刻的蒂托·李维的半身像与米罗手下的维纳斯很相似。两个雕像都没有双臂，而且，要么是因为艺术修为不够，要么就是因为结构安排上的难度会发生冲突，雕刻家们至今依然束手无策，无法给他们装上双臂。

蒂托·李维是位勇敢的战士和历史学家，他创造了铁十字勋章。他的雕像后面还隐藏着一个神奇的传说，其中蕴涵着看似矛盾实则很有道理的意义，据说雕像必须没有双臂，这样才能构成雕像的完整性。

据说有一天，罗马始皇帝恺撒·奥古斯都驾战车出巡，看见因战争而变成独臂的老战士蒂托·李维正在向路人乞讨。恺撒便停下来问他为什么没有拿到十字勋章和军人抚恤金？

"伟大的恺撒啊！"蒂托·李维谦恭地答道，"我只不过是一名微不足道的战士而已，肯定会被人遗忘的。"恺撒立刻取下自己胸前的勋章，把它戴在了蒂托·李维身上。"如果你失去双臂的话，你将会再领到一枚新的勋章。"蒂托·李维听后猛地拔出了宝剑，毫不犹豫地把他的另一条手臂也斩断了！

我们不想刨根问底，讨论这个故事多么荒诞，因为既然他只有一只手，那么他用哪只手去砍掉他的"另一条手臂"呢？不过这是历史问题，不容我们在此置喙。我倒是对历史上起源于他的著名的维多利亚十字勋章感兴趣，这枚勋章和圣·安德鲁斯勋章的样式很有关系。

设计新的铁十字勋章时，李维确认了要采用对称的十字形式，而这个十字可以用一个正方形分成几块拼凑而成。

将这道题倒过来，便形成了一道连接各种古代标志和符号的命题，包括正方形、三角形、十字架、纳粹十字、单轴、新月形等。

题目便是：将一张正方形的纸分成最少块数，然后拼成如图中所示的圣安德鲁斯勋章那样的不规则形状。

答案见：P300

140 月牙和十字架

难易程度：★★★☆☆
完成情况：是□ 否□

　　人们对月亮有着与生俱来的崇拜，下面是一道关于如何将月牙形转换成希腊十字架的趣题，相信读者朋友们一定非常感兴趣。这个题中的女神真的很美，因为坐在月亮上，所以更加美好。

　　要求您将月牙切割开，拼接成一个希腊十字架。希腊十字架的形状请参见女神头顶上的十字架，要求尽量少切。

　　亲爱的读者们，你能准确地完成这个谜题吗？动手试一试应该可以完成的。

答案见：P301

141 摔碎的象棋盘

难易程度：★★★★☆
完成情况：是□ 否□

　　关于法国国王的历史故事中，有一个非常有趣的传说。话说有一天法国皇太子和勃艮第公爵一起下象棋，眼看就要被对方将死了，他为了救棋，就把棋盘砸向了公爵的脑袋，结果棋盘碎成了8块。象棋作家们常转引这个故事来证明赢棋并非单靠政治，也要靠谋略，从此国际象棋中便有了"王翼弃兵"的说法。

　　小时候我经常幻想将棋盘摔成8块，因为其中可能包含历史学家所忽略的元素，它们可以构成一个重要的问题。尤其是我发现，如何将摔碎的棋盘拼起来，并没有权威的参考书可以借鉴。将块数限制为8块并没有增加难度或扩大变化范围，反而让人可以随意发挥，不必顾忌历史的准确性。

下面我给智趣题爱好者们出一道适合夏日消暑的题：看看如何将8块碎片拼成一个完整的8×8格的棋盘。这道题很简单，玩这类题的时候需要掌握和遵守一个原则，也就是任意两块碎片都不能形状相同，除此之外别无他法。这道题解开之前，你会发现要实现目标是很困难的。

在纸上画一个8×8格的棋盘，然后将其裁成八块，看看怎样能裁成图中所示那样。

答案见：P301

142 马赛克拼图

难易程度：★★★☆☆
完成情况：是□ 否□

这并不是大家熟知的多米西欧威尼斯式马赛克，而是圭多罗马头像组合。这些头像原来是分成两块的，先后被人们所发现。1671年，人们将两组头像拼在一起，恢复成了原来的样子。图中由25个头像拼成了一个正方形。关于其拼接的可能性和这种拼法的正确性，社会上掀起了相当广泛的讨论。显然有人意外发现，两个正方形都有好几块头像，如上图所示，合起来则可拼成5×5块头像的正方形。

这是一道非常漂亮的题。跟数学题一样，所有谜题都可以逆向思考。所以，我们要倒过来问问题，请你把这块拼接图还原成前面描述的两个正方形。

这道题目和毕达哥拉斯的斜切法原理不尽相同，因为正如我们所知，按照斜线切割理论，两个正方形可以划分后再拼凑成一个大正方形，反之亦然。但在这道题目中，我们必须沿直线切割，不能损坏头像。顺便还要说一下，凡是掌握了毕达哥拉斯问题中所阐释的平方根定理的学生，都可以轻松地想到运用这个老理论来对付罗马古董并算出两个较小的正方形中应有多少个头像。这样便不必大费周章地进行大量实验工作了。

作为拼图题，这类需要用最少的块数拼出最佳答案的问题会极大地锻炼人的头脑。任何人都可能找到一种解决方案或发现有些头像放倒了。

答案见：P301

143 毕达哥拉斯的经典问题

难易程度：★★★☆☆
完成情况：是□ 否□

新闻媒体曾反复转载过罗杰斯教授的一番讨人喜欢的批评言论，他说："萨姆·劳埃德在鼓励发展高等数学方面作出的贡献远胜过全国所有高校的努力"，后面还加上了著名教授的支持言论。

数学令人望而生畏，因为有太多晦涩难懂、单调沉闷但却必须遵守的规则，即使做了充分的阐释，还是很少有人能掌握它们的意义，而且毕业后立刻就忘得一干二净了。但是，如果学生彻底地理解了某个原则就不会有困难存在了，因为即使是深奥难懂的计算方法，我们也只需要进行加减乘除运算。

教授机械学和高等数学的原则时，可借助简单的智趣题，从而缓解大家对枯燥术语的厌烦，给教学带来点乐趣，培养大家的幽默细胞。提出的问题要适当进行包装，让问题变得更容易理解并且可以得到正确的解。还有，可根据机械真理、历史事件或经典传说提出命题，从而拓宽学生的知识范围，这样便会不自觉地记住海量的信息，而且永远也不会遗忘。2400年前，毕达哥拉斯发现，如果利用一个直角三角形的三条边画三个正方形，则最大的正方形恰好等于两个较小的正方形的面积之和。他非常高兴自己证明了不论三角形多大，较大的正方形的面积始终等于两个较小的正方形的面积之和，于是他疯狂地捐献了所有财产。据传，甚至有人看到他曾向狗展示自己的发现。

我们的问题是这样的：拿一张像图中所示的两个正方形大小的纸，把纸裁成三块，怎样接能够正好构成一个正方形？

答案见：P301

144 赢格子游戏

难易程度：★★★★☆
完成情况：是□ 否□

这里有一个东方人爱玩的小游戏，它的玩法非常像著名的"五子棋"（五个棋子连成一条直线）。

如下图所示，一个日本女孩在黑板上写下了四排字，共16个字母。然后，她画了一条短横线连接A和B，把黑板传给一起玩的小伙伴。于是，对方画了条竖线连接E和A。现在，如果最先画线的玩家连接E和F，则另外一个玩家会连接B和F，这样就形成一个格子了，那么他就可以再玩一次。但是，他们都非常会玩，尽管来回玩了6次，但俩人都没有画出一个完整的格子。我们的规则是，如果有一方画了一个格子，她就可以再玩一次。假设如黑板上所示，有一方画线连接了D和H，另一方随后会连接H和L，那么，无论先玩的一方怎样画线，后玩的一方都可一口气画完9个格子。现在游戏已经进行到了一个非常关键的阶段，因为已经没有线可以画了。现在，坐着的小女孩必须动手，但是如果她画线连接M和N，则她的对手可在这个回合完成4个格子并获得资格再玩一次，但是她连接了H和L，于是便赢了这场游戏。

那么你认为接下来该怎么玩，还有你确定能赢多少个格子？

答案见：P302

145 选择位置

难易程度：★★★★☆
完成情况：是□ 否□

这里有个有趣的军事策略问题，但是放在普通的有64个方格的棋盘上解决会非常有利。

将16个人放在棋盘上，并保证任何方向上都不会有两个以上的人呈一条直线。并且，题规定，要先把两位军官安排在场地最中间（棋盘中央四个方格中的两格中）。因此，这道题的难度降低了，因为已经有个人安排好了。然后，我们只需要把其他人安排好，保证任意三个人不在同一条直线上便可。换句话说，16个人都安排好了后，从任意方向发射炮弹锤，最多会打中2个人。

这是一道非常巧妙和有趣的题，有点类似于一道著名的题：要在棋盘上安排8个"皇后"，但保证谁也无法占领谁。因此，很容易得出一个详尽的分析体系，可制定一个简单的计划将其纳入，但要掌握这种体系却非常需要耐心。

我们可尝试突发危机实验方法。这种详尽的实验分析理论广泛应用于搭建类和猜猜看类谜题中，可以很好地锻炼人的思维能力。首先将两位军官放在中间，然后制定一套详尽的分析方法，考虑安排14个人的所有组合变化，让同一试验位置不会出现第二次。

答案见：P302

146 杰克与肥皂箱

"小丑杰克"不仅是杂技界不朽的经典,同时,在谜题界也是一个长久不衰的话题。我这里又有一道关于小丑杰克的题目,需要大家来解答。

杰克必须用剪刀将图中的盒子剪开,然后再把它们拼凑成一个正方形。盒子的外部形状为一个剪掉了两个角的矩形,也就是一个不规则的六边形。

现在要求将它剪成两部分,再拼凑成一个正方形。

亲爱的谜题爱好者们,你们知道该怎样剪吗?

147 马车趣题

最近,我和朋友去乡间散步时,巧合碰到了他的儿子。他儿子正在驾驶一辆小马拉的马车。小马飞奔而过,突然,它来了一个急转弯,马车差点翻倒,他父亲吓了一跳。到家之后,父子两人就这辆马车的转弯安全问题展开了一场激烈的探讨。我们做了一个现实中的小实验,在这个过程中,我发现这样一道题目。

如图所示,你看到的是这位小伙子正在展现自己驾驭马车做圆周运动而不致翻车的能力。马车的两个车轮在车轴上保持5英尺的法定距离。且在外圈上运动的车轮转两圈,在内圈上运动的车轮就会转一圈。题目要求你计算一下,马车外侧轮子留下印迹的圆周长为多少?

148 拼正方形

难易程度：★★★☆☆
完成情况：是□ 否□

在车间中出现了这样一个难题，它能够充分展现手工和机械技能的优势。

一位木匠有一块上好的板材，如上图所示，这块板材的面积是81个最小的方块面积之和。也就是说，如果最小的方块代表1平方厘米，比之大些的方块将是16平方厘米，再大一些的就是64平方厘米，最后总和是81平方厘米。他想为他的窗户制作一个外形为正方形的9×9平方厘米的活动护窗，并且没有多余的木料，所以他必须好好利用这块板材。他需要将板材切割成尽量少数目的小块，并且这些小块合在一起能够正好拼成一个正方形。

随便看一眼这块板材，你将会对内布拉斯加州曾经大力推进的金、银和铜的定价有直观明了的感知。以16比1和64的比率，混合或融入青铜，最终价值是81。从数学的思考角度来看，你可以学到很多关于116、64、81等平方数之间关系的实验方法。这也是适用于平方数的谜题令人着迷的特色之一。

亲爱的读者朋友，在阅读本文后，请将板材切成最少数量的碎片，使这几块碎片正好可以拼成一个正方形。

答案见：P302

149 一弯新月

难易程度：★★★★☆
完成情况：是□ 否□

说到通过意志力治疗疾病的可能性，一位有名望的专科医生在最近给一个医药学报的投稿中说："我想说在瑞士，想象力的力量如此强大，人们会把他们发酸的黑面包通过使自己相信得到的是月亮上的奶酪切片而得到极大的享受。实际上，他们会做出切割空气的动作，就像小孩子们为想象中的遗产争吵一样。""然而，"他还说，"很容易看到，他们除了通过这样的错觉使体重增加这一点之外，实际上根本没有得到任何好处。"

我对于这个问题的医学部分没有什么兴趣，但是对从这些人身上升华出的一个古老谜题表示极大的关心。听任人们愚蠢地幻想，让我们来假想一下派对中一位专家级别的切奶酪者正在思索通过笔直的6刀把月亮分出最多的数目。

虽然这个狂野的晚餐派对不幸地被削减成为短暂的分食过程,在这之中将会把古老月亮最后的弦月月相当作盛宴享用,所以他们在极力充分享受这个臆想的过程。

如果这弯新月真的是绿色的奶酪做成的,那么亲爱的读者朋友,在阅读本文后,您认为通过笔直的六刀最多能把它分成多少块?

答案见: P303

150 十字军旗

难易程度: ★★★★☆
完成情况: 是□ 否□

我这里有一张有趣的11世纪插图,它讲述的是11世纪十字军东征中的一件事。这幅插图展示了基督教徒们高贵的军队没有在面对不可理喻的土耳其人时退缩。当一大队十字军攻下了土耳其人的城堡之后,他们把伊斯兰教战士推下城墙,当着对手的面改换了城墙上的旗号。

这个故事似乎告诉我们有一种简单的方法可以把穆罕默德的旗帜变成十字军的旗帜,出于这样的原因,我们在插图前景中放了一名伊斯兰教徒士兵,他在保护著名的土耳其军旗免受一名骑士攻击,在这名骑士的盾牌上可以看到十字军的十字架。

如图所示,土耳其人的旗帜是在一块黑布上剪出一个八角星和一个新月形的洞后再缝上白布做成的。请你画一张土耳其旗帜的

示意图，把有白色设计图样的部分单独剪下来，然后用最简便的方法，通过剪出尽可能少的块数，把土耳其的旗帜图样变形成盾牌上所示的十字军的白色十字架标志。

答案见：P303

151 环形蛇复原

难易程度：★★★★☆
完成情况：是□ 否□

本题为年轻的猜谜爱好者提供了一个很好的机会，不仅仅在于它能够将娱乐与教学联系在一起，更在于它对科学事业大有裨益。这就是环形蛇问题，一个争论不休的问题。

所谓环形蛇，指的是一种将尾巴衔在嘴里，盘旋成圆环的蛇。环形蛇在地面上爬行运动非常迅速，它的形貌和运动特征亦被许多自然学家描述记录。有一位大学教授声称，他曾经见过三条蛇头尾相连、相互衔接，形成一个大环。它们的运动风驰电掣，但一时之间，它们互相吞噬，环形蛇就宣告消失了。这在科学界引起了轩然大波，圈内议论纷纷。人们并没有质疑蛇类相互吞噬的问题，他们所怀疑的是自然界是否真的存在所谓的环形蛇。

一位自然科学家曾经踏遍千山万水，到处寻找该物种。结果，他找到了一条石化的环形蛇，正如描述中所说的那样头尾相衔。这个发现证明了环形蛇的存在，也给他带来了巨大的成功和莫大的荣誉。他用锯子小心翼翼地将蛇化石切成10段，用棉花包裹起来带回了家。但是，当他尝试着复原这10节蛇段时，他却发现无论如何头尾都不能再相连了。这使得他深受打击。

数学家们宣称，他们找到了362 882

种不同方法，可将蛇的各段拼接起来且头尾不相连。怀疑论者进一步声称，数学家的结论证实了自然界根本不可能存在环形蛇。

这位自然科学家几乎绝望，他向青年才俊们求助，希望人们画一个草图出来，将环形蛇复原。你知道怎样复原吗？

答案见：P303

152 工匠的困扰

难易程度：★★★★☆
完成情况：是□ 否□

学习几何的学生一定会觉得这个问题虽然基础，但还是挺有趣的，因为他们可以通过实验的方法来解决这个问题。当然，用纯理论的数学方法也能得到正确解，并且该解法与著名的欧几里得《几何原本》中所提到的第47个问题非常接近和相像。

有一位工匠，他有一块长方形的木板，长为1米，宽为0.5米，并且木板缺了一个角。本题要求读者将木板切割成最少块，最终将其拼装成一块正方形作为桌面。如图所示，该木板所缺部分的切痕与矩形的长成15度的夹角。但是，一旦您能够正确解答该题，您就会发现，即使是其他角度值，该题仍然能用相同的方法求解——这也正是本题最值得注意的地方。

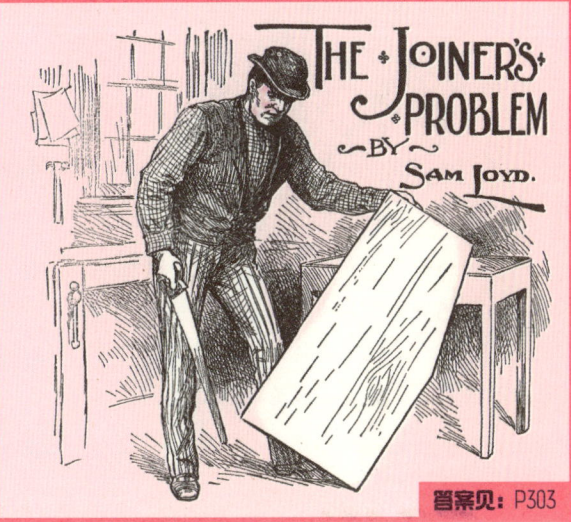

答案见：P303

153 聪明的护士

难易程度：★★★★☆
完成情况：是□ 否□

在整个趣题王国和几何学领域，等臂十字由于它本身独特的形状以及和正方形、平行四边形以及其他对称图形的特殊关系，总是显得最具魅力和科学价值。有一类众所周知的题目：要求利用尽可能少的裁剪次数，将一个等臂十字转化成正方形。但是，在我们下面这道题目中，要求有了变化。

从前，有一个蓝衣少年在战争中负伤。幸运的是，一位忠诚体贴的红十字会少女对他施救使他重返人间并得以痊愈。出院前，少年想要得到少女臂上的红十字标志作为纪念。少女很善良，她能够理解少年的心意，于是取出了一把剪刀，在几下娴熟的剪裁后，红十字标志就化成了几片碎片，并且这些碎片正好能天衣无缝

地拼凑成两个相同形状的红十字标志。这样，既能满足蓝衣少年的愿望，同时也能让自己不至于没有了红十字的标志。这个故事很平常，但是却很美好。

亲爱的读者，你知道如何将四臂相等的十字剪裁成最少的碎片，并将它们拼装成两个相同形状的十字吗？

答案见：P304

154 "马蹄铁"谜题

难易程度：★★★★☆
完成情况：是□否□

这道谜题是为了缅怀关于"金色马蹄铁"的鬼怪传说的。题目要求用两刀将马蹄铁分成7块，且每块之中有一个钉孔。然后想办法将它们用彩带挂在7个小孩的脖子上作为护身符。

假设第一刀分成的块可以重叠起来，这样第二刀的时候又可以对这些块进行切割。但是切口要求笔直，不能有弯曲。在最近的一次马术表演上，我用

这道谜题去问一个聪明的小骑师。他用纸做了一个马蹄铁，然后第一刀将其分成三块。然后将其重叠在一起，第二刀又将其分成六块。所以，问题是如何得到这第7块。显然这个谜题不简单。

也许对于有些人来说，这个题目不算难，但也是需要动一番脑筋的。

答案见：P304

155 封闭的轿子

难易程度：★★★☆☆
完成情况：是口否口

在"花都"待了大半辈子的一位作家这样说："说起中国的交通方式，我们马上会想到坐在轿子中晃悠悠地四处游走的情景；轿子不但比马车要舒服，也比马车要快。"

"这种轿子是由藤条编制而成的，很容易让你想到那些中国的谜题箱。那种谜题箱是由色彩缤纷的编织材料制成的，由于编织精细，人们很难发现不同的部分是如何编结在一起的。"

这些话很容易引出一个独特的谜题：为了防雨，这种轿子被编成一个封闭的"箱子"，但即使你仔细地检查轿子却不一定能发现这些不同部分的结合点。

现在请你将这个轿子分成尽可能少的部分，然后再将它们拼合成一个正方形，这样轿夫看上去就像是在抬着一个封闭的箱子了。

答案见：P304

第二章 图形转换与拓扑奇趣

156 狗头姜饼

难易程度：★★★☆☆
完成情况：是□ 否□

有一个关于切割的实际问题，这个问题可难住了我们不少小谜题爱好者，因为这个问题用通常的算术知识根本就解不了，但其实这是一道简单的操作题。

你瞧，图多收到了一块狗头姜饼的礼物。送礼的人告诉她说，她必须将这块狗头姜饼平均地分成两份，和弟弟一人一半，要不然就不能吃掉它。为了公平起见，图多思考着如何将这块狗头姜饼分成大小和形状相等的两块。最终，图多想出了分割的方法，并且愉快地和弟弟一起分享了这块狗头姜饼。

我聪明的谜题爱好者啊，你知道图多是如何将这块狗头姜饼分成形状相同的两块的吗？

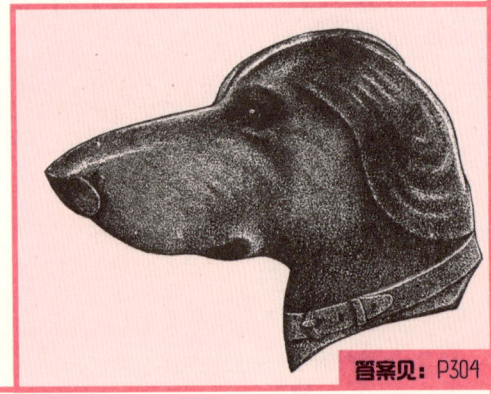

答案见：P304

157 新星的诞生

难易程度：★★★★☆
完成情况：是□ 否□

ASTRONOMORERS（天文学家）这个英文单词可以构成"no more stars"（没有新星）。这里我们需要说一下，使用这相同的11个字母可以根据回文构词法构成一个更加合适的词。

插图中讲述的是博学的教授——天文学家，正在向他的兄弟们讲述他的新发现。他已经画出来15颗不同等级的星星的位置。现在，正在说明他新发现的星星在天空中的位置。新星是这些星星中最大的一颗。

请你画出这颗新星，它比其他任何一颗都大，并且不会碰到其他星星，也不会和其他星星相交。

这个古怪的谜题是根据一位法国天文学家宣称发现了一颗新一等星改编而来的。他说科学家一致认为没有新星存在，是没有科学根据的。一个聪明的小谜题爱好者发现：根据回文构词法，

答案见：P305

158 硬币游戏

难易程度：★★★☆☆
完成情况：是□ 否□

哈利和他的妹妹苏珊正在解决一个硬币趣题，这类谜题这几天在小朋友当中相当流行。他们想解出来之后在小伙伴面前炫耀一下。

题目是这样的：如图所示，将10枚硬币摆放在桌子上，这样一共是3排，每排4个硬币。接下来需要做的是，如何只改变2枚硬币的位置，将其变成5排，每排有4个硬币。这个题目比较难，已经好几天过去了，小朋友中还没有人能解开。哈利和苏珊也跟这个题较了好几天劲了。他们试了很多方法，都没能成功，哈利有点泄气，苏珊却坚持要把它搞定。

这个题目实际上并没有那么难，只是他们陷入了固有的思维模式，聪明的读

者，你想到了吗？开动下脑筋吧，只能移动2枚硬币哦！

答案见：P305

159 谜题王国的三角旗

难易程度：★★★☆☆
完成情况：是□ 否□

图中后半部分的画面是，谜题王国的国王正在向英格玛公主解释"丛林算术"：一只猴子，一只鳄鱼还有一头大象可以换一顶帽子。一只猴子，一只鳄鱼还有一头大象的价值相乘的得数同样是一顶帽子的价值。不过这些内容和我们今天的谜题没有什么关系，说这些只是想让大家了解一下谜题王国以物易物的古老交易方式。我们今天的重点在图片前半部分的三角形旗帜上。

我们的问题是这样的，如何将三角形的旗帜分为三块，然后拼成一个正方形？

答案见：P305

160 大象与小孩

难易程度：★★★☆☆
完成情况：是□ 否□

在开发智力的一系列游戏中，老师和家长们还是比较倾向于益智趣题，所以这里给了一道小朋友们可以开动脑筋的题目，这道题目可以让孩子们充分发挥自己的想象力来给出最佳答案。

在各种杂技表演中大象都担任着很重要的角色，因为它们通常都比较温和，所以和观众的互动也比较多，相信不少人都有过和大象"亲密接触"的经历。但是这并不能排除大象的危险性，毕竟它们是有兽性的。有时候发难起来人是无法抗拒的。我们下面的这个谜题就是在一次杂技表演中发生的突然状况，大象的突然发难，让在场的人们措手不及。

问题如图所示：若是大象后腿上的链子断了，会发生什么事情呢？这里有两种可能：第一种，大象可能压在一个小男孩身上；第二种，大象吞下小男孩。

现在小朋友们可以试着动手，把图片剪成两半，再拼起来，最后得到的结果可能就是最佳答案。

答案见：P305

161 红十字女孩

这是一个有趣的裁剪谜题,据说是一位红十字会小姑娘想出来的,当时她正在"山姆大叔"(美国政府的别称)的救护队中工作。可以肯定地说,这位聪明睿智的小志愿者是贝特西·罗斯的直系后代。因为能够熟练地一剪刀剪成一颗五角星,贝特西被人们永久铭记。现在的问题是,因为军队里面制作护士佩戴的红十字袖章的红色法兰绒严重短缺,必须厉行节约,所以请你拿出一张正方形的纸,将其剪成五条,不能有丁点浪费,五条剪下来的纸可以拼凑在一起,组成大小相等的两个希腊式十字架。

答案见:P305

162 老锯新齿

基本上每个谜题的编制都会存在一定的问题。比如,一个木匠有一块圆形的木板,他想将其变成两个椭圆的桌面,中间要有洞。谜题就是将圆形的木板分割成最少的块数,能将它们拼成两个椭圆。但是,因为椭圆的形状没有给出,所以这个问题普遍被认为过于刁钻,条件不够充分。

现在,将问题反过来,然后反向进行

解决，术语也应该进行改变，这样才能编制出时新的、经得起推敲的谜题，这也是我在编制谜题过程中十分有意义的心得。所以，这个问题就变成了：将两个椭圆分割成尽可能少的块数，这些块数能够彼此拼合，形成一块圆形，就像桌面一样，中间也没有洞。

当然，只要你喜欢，你可以按照之前的题目，拿出一个正圆，将其分割成尽可能少的块数，彼此拼合，然后形成如图中所示的两个椭圆。但是，记住重点在"最少"。

答案见：P306

163　拉斯克的棋盘

难易程度：★★★☆☆
完成情况：是□否□

心灵手巧的小木匠，圣诞节收到了一件礼物——一套木匠工具。他迫不及待地想一展身手，准备为拉斯克博士做一个精致的棋盘。拉斯克博士不仅是世界国际象棋冠军，还是伟大的数学家和谜题家，不过哈利还是怀疑他是否能打败我们的谜题爱好者——将一个国际象棋棋盘分成大小、形状不等的小块，最多可以分成多少块？

我们可以沿着一条线将棋盘分成8个正方形的，7个正方形的，乃至6个、5个、4个、3个、2个、1个。还可以锯成具有2个白正方形或者2个黑正方形的弯曲块。如此等等，不一而足。不过仅有64个正方形。拉斯克博士将蒙上眼睛来挑战这个问题，所以说不定他会不经意间漏掉某种类型的木块哦！

答案见：P306

164 小丑的表演

难易程度：★★☆☆☆
完成情况：是□ 否□

小丑是国外杂技艺术中不可或缺的组成部分，他们的存在让杂技充满了趣味，带给观众更多欢乐。

图中的小丑为了吸引观众，在耍玩了5个三角形纸板之后，又接着把其中一块纸板劈成两半，并将6块纸板放在盒子上（这些纸板是五个正直角三角形，假设它们高为30厘米，底边为60厘米）。他对观众说，他能将这6块纸板拼成一个正方形。其实他已经很熟悉这个戏法的规则，这件事对他来说非常容易，但是观众却对这个感到很好奇。他很快拼出了正方形，赢得了台下观众的一片掌声。

这是一道老式的谜题，虽然不是很难，但是对于人们掌握此类题目的规则大有裨益。亲爱的谜题爱好者们，你是不是也跃跃欲试呢？你可以随意在一张纸上剪下这样五个类似的三角形，然后如何剪开一块，让这六块纸板拼成一个正方形，就看你的喽。

答案见：P306

165 美国星条旗

难易程度：★★☆☆☆
完成情况：是□ 否□

这是一个有趣的谜题，是根据西班牙—美国战争结束之际发生的一件事情改编而来。一艘突破敌军封锁线的船只被地方抓获，船只的桅杆上正飘扬着代表美国的13横条旗。事实上，并非所有的世人都知道美国国旗最初只有13横条。

据1794年1月7日的一期《议会期刊》上记载，议会通过了一项决议决定增加两根横条和两颗星，因为佛蒙特州和肯塔基州正式加入联邦。马萨诸塞州的古德西先生认为"小事一桩，没有必要大张旗鼓，惊动议会"。同样来自马萨诸塞州的莱曼先生则将其曲解为"要尽量逢迎新加入的州"。马萨诸塞州的撒切尔先生斥之为"无聊透顶"。肯塔基州的格林纳普先生认为"意义重大，有必要告知世界，我们国家有两个新的成员"。不过新泽西州的布迪诺特建议"应该礼遇佛蒙特州和肯塔基州"，所以议案得以通过。在1794年1月13日，政府宣布从1795年5月1日之后，美国的旗帜上应该有15根横条和15颗星星。

但是，23年之后的1817年12月，纽约州的文多弗先生提出以下议案，并得到了通过：

"根据法令，自明年7月4日起，美利坚合众国的国旗应该改成13根红白相间的横条，联邦则用22颗蓝底白星代表。法令还规定，新州加入联邦之后就自动在联邦的旗帜上加上一颗星，且自下一年的7月4日生效"。

该引人关注的谜题即是如何在不浪费材料的前提下，将15根横条变成13根横条。

答案见：P306

166 鹅之谜题

难易程度：★★★☆☆
完成情况：是□ 否□

你肯定听说过那个富有哲理的关于鹅的故事。故事说的是，有一只鹅一直想弄清楚自己从哪里来，是先有蛋还是先有鹅，并且为此惶惶不可终日，直到自己的脸上长出了鹅特有的黑色，才停止了担忧。

这里，你要解决的问题就是：将图中鹅形状的纸片分成三块，拼成一个鹅蛋；或者将图中的鹅蛋分割，拼成一只鹅。完成这个恼人的问题是需要一点点小智慧的，你知道怎么剪裁和拼接吗？

答案见：P306

167 外套做的棋盘

难易程度: ★★★☆☆
完成情况: 是☐ 否☐

迷糊王拜访达克镇幼儿园,看见约翰教授正犯难,一伙黑人小孩居然擅自用他的外套做了一个棋盘!他非常生气,吩咐跳棋俱乐部冠军将外套补好,否则后果很严重。这是一道很简单的问题。现在,约翰教授邀请你和所有班级成员以及跳棋俱乐部的会员,帮忙替换掉中间的8块。

第二个谜题是,汤姆和英格玛公主在黑板上又发现了一个问题:数字1、2、3、4、5、6、7、8、9、0用字母A、B、C、D、E、F、G、H、I、J表示。你能找到每个字母分别代表哪个数字吗?请用数字替换掉字母,并算出最后的得数。

答案见:P307

168 摆鸡蛋的学问

难易程度: ★★★☆☆
完成情况: 是☐ 否☐

班伯克教授曾经研发出了无籽橘子和无核苹果,还证明了无花果可以在蓟上栽培,美洲豹只要在某些地方躺下,就能改变其身上斑点的颜色。

班伯克教授喜欢同家禽开开"玩笑"。最近他培育了一种"无巢"母鸡,这些母鸡会自动将蛋下在盒子中,这可就省下了包装和清点的功夫了。每只母鸡都会数好自己下的鸡蛋,不在同一方向(包括上下,左右以及对角线)上的鸡蛋不超过两只。这是一款很有趣的游戏，在某种程度上限制或者说统一了母鸡的"工作"，母鸡显示出了比鹅更高的智商，因为鹅是无论如何都教不会这项技艺的。

你能告诉我，在右图6×6的盒子中最多可以放多少鸡蛋吗？母鸡已经在对角线上下了两个鸡蛋了，所以不能再在对角线上下鸡蛋了。

答案见：P307

169 波比小姐的羊圈

难易程度：★★★☆☆
完成情况：是□否□

话说从前有一个小波比小姐，她在谜题王国的山上饲养了一群牲畜。她的一位追求者送了一只小羊羔给她，这只小羊羔的毛如金子般熠熠生辉。波比小姐非常喜欢这只小羊羔。波比小姐本来就有两只宠物羊羔，她把它们关在分开的羊栏中，每个羊栏都用4根横杆围起来（如图所示）。现在她想让这只漂亮的小羊羔和其他两只羊羔生活在一起，但是又不想他们生活在一个羊圈里。她想用8根横杆围成三个彼此相连又彼此独立的羊圈（其中的四根横杆每根的长度是另外四根每根长度的2倍）。这个问题可是有点难度的哦。

我们的问题就是，如何放置这8根横杆（可以用纸带来辅助思考），制作3个面积相等又彼此相连的正方形羊圈呢？

答案见：P307

170 海军上将的问题

难易程度：★★★☆☆
完成情况：是□ 否□

瑞士海军上将——英格玛公主的追求者，邀请各路聪明人士来帮助英格玛公主解答下面的难题。

第一题：怎样用最少的步骤分隔瑞士国旗，要求块数尽量少，最后能拼成一个正方形。这是各位才子展露才智和绝技的好机会，因为虽然每个人都可以将国旗分成12块甚至更多，并且拼成正方形，但是最好的答案要求将国旗分成最少的块数。

之后，这位瑞士海军上将另一道著名的题目献给了瑞士海军：用瑞士军刀切5次的话，最多能将一块瑞士干酪分成多少块？

海军上将最后出的一道谜题与棋盘分割有关。据汤姆说这道题目难倒了世界国际象棋冠军拉斯科。当然，要解决这个谜题，你不需要懂得国际象棋。问题很简单：如何分割棋盘，使任何两块面积都不相同，其中最小的那块只有一个方格，最大的那块有8个或者12个方格。最多能把棋盘分成几块呢？

答案见：P307

第二章 图形转换与拓扑奇趣

117

171 四橡树之争

四橡树镇的名字来自一位早期开拓者的故事。故事说的是:早年在这个地方有一个人,占有大片的土地,准备留给四个儿子。这个人规定:必须将这块地按照这四棵古老的橡树的位置分成相等的四块,这四棵橡树就作为永远的界标。这也就是"四橡树"这个名称的来源。四个儿子无法将这块地分成四块,因为这四棵树压根就没能给他们任何提示。四兄弟各不相让,于是对簿公堂。家财全部在这著名的"四橡树之争"中浪费殆尽。告诉我这则故事的那个人说这应该是一道好谜题的素材。说这些背景故事看上去多余,不过我想说的是,在"人生旅途"中,只要我们打开聪慧的眼睛,多听听别人的故事,我们就能从生活琐事中找寻到谜题的灵感。

我对这个故事做了一些修改,以使其成为一道简洁的谜题。按照原本的故事,这片地有7000英亩之大;那四棵橡树,每棵大约相距1英里,是重要的界标。

插图画的是一块正方形的田地,其中有四棵古橡树,排成一列,均等相隔,穿过田地的中央。这份资财是父亲留给四个儿子的,他让他们将这块地分成形状和大小相等的四块,每块地上应有一棵树。由于这道题目不需要当场作答,经过思考,得出答案不难。但是可以很肯定地说,并非每个人都能找到最佳的答案。

这是一则古怪的谜题:想要将这块田地分成形状、大小相等的四块,而且要让每块田地上都有一棵树,你会怎么做?

172 "红"黑桃谜题

难易度：★★★★☆
完成情况：是□ 否□

在最近访问新奥尔良市的惠斯特国际象棋俱乐部过程中，我注意到了主接待室的窗外贴着一种古怪的红色黑桃。这种设计原本出自德累斯顿，仿照天主教教堂窗花风格，由无数彩色玻璃拼成以达到想要的风格。

关于图案的颜色为什么不协调，没有人给出过答案，也从来没人质问过。人们将其看作一种错误，起初备受争议，后来慢慢为人接受，不仅仅因为其为"红色"黑桃的新颖性，更因为人们认识到黑色的黑桃会让房间看起来太暗。

偶然听说这原来是制造者犯的错误，因为本来红心A才是俱乐部的标志。我仔细观察了下窗户，原来黑桃是由三块构成的，我马上就发现如果对这三块重新进行排列，可以形成原来的红心图形。

俱乐部的成员开始虽然不喜欢，但是渐渐习惯了这种特殊的图案，以至于大家不同意换掉它。年轻的谜题爱好者们：你能不能找到最好的将黑桃分割成三块的方法，然后再把它重新排列成一个完美的红心A。

答案见：P308

173 古希腊标志

难易程度：★★★☆☆
完成情况：是□ 否□

在看过最近考古挖掘出来的一些古希腊非凡的遗迹照片之后，其中反复出现的"圆圈"和"三角形"让我印象深刻。我不想深究学者们写就的汗牛充栋的研究专著，只想关注这些古怪的数学或者谜题特性。

图中的这种符号常常出现在雕刻的纪念碑上，有点像印章或者署名，让人想起著名的穆罕默德谜题。和许多古代谜题一样，这种符号是由实线画出的，每条线穿过两次。不过如果我们请你也用一条连续不断的线画出图中的图形，仅要求使用实线画图且尽量

少转弯，这就变成了此类谜题中一道可遇不可求的最佳谜题。现在就将这道谜题献给谜题爱好者们。

答案见：P308

174 希腊十字架

难易程度：★★★★☆
完成情况：是□ 否□

分割谜题通常都比较考验人的发散思维，还有抽象思维以及对图形的理解。这是一道有趣的分割谜题，根据一道著名的希腊十字架谜题改编而来。

我们将这道题目反其道而行之，就会变得更加复杂。在这道谜题中，你要将一个正方形变成一个十字架，而不是将十字架变成正方形。这当然不容易，因为没有"角度"和"棱角"可以帮助你。

这道谜题的要求是：请将正方形切割成四块，再将其拼合成一块完美的希腊十字架。

答案见：P308

175 中国"枷"谜题

难易程度：★★★☆☆
完成情况：是□ 否□

图中所示的"枷"是套在犯人脖子上和手臂上的一种木制刑具，是由一块正方形木板制成的，可以分拆为两块。和所有的数学谜题一样，这道题目可以从两个方向解决，既可以用一个正方形制作成一个"枷"，也可以拆分一个"枷"，然后将其拼成一个正方形。

现在拿出一张正方形的纸，将其剪成两半（不能浪费一点），然后拼成一个长方形的"枷"，中间要留"孔"，以备锁住犯人的脖子和手腕。上面已经说过了，组成"枷"的两部分可以重新拼回一个正方形，三个"孔"都要重新合上。在准确的位置上弄出这三个"孔"，需要你的耐性和技巧。

答案见：P308

176 无穷链条

难易程度：★★★★☆
完成情况：是□ 否□

Sam Loyd's Endless Chain Puzzle.

这道谜题让这位法国小铁匠绞尽了脑汁。她收到了一个盒子，里面装着13条铁链。这个小铁匠要将它们修好，然后再装在这个小盒子中。问题不是让你将这些铁链接起来或者焊起来，而是弄清楚铁链装在盒子中应该是什么样子。现在不妨拿出13条如图所示那样的铁链，然后看看应该如何放置，才能看起来好似修理过。

这个问题必须亲手做一做才能有思路，不要期望这么看看就能知道怎么放哦！

答案见：P309

177 一分为二

难易程度：★★★☆☆
完成情况：是□ 否□

图中的丈夫正在同妻子商量，怎样把缝好的正方形被子裁剪成两条较小的正方形被子。由于被子是按照棋盘格子的模式做成的，所以裁剪只能沿着垂直线和横线来进行。最后，妻子按照丈夫的意见裁剪，做成了两条较小的被子。这让她对丈夫的智慧更加敬佩。

我们的谜题是这样的：

把被子裁剪成块数为最少的几块，把它们缝制成两条较小的正方形被子。亲爱的读者，你知道怎么裁剪吗？

答案见：P309

178 姜饼谜题

难易程度：★★★★☆
完成情况：是□ 否□

为了说明谜题王国的人们和其他地方的人一样精明，都想买到价廉物美的东西，我们出一个姜饼谜题。姜饼一般都是奇形怪状的，由很多小正方形组成，每块小正方形卖1便士。

在谜题王国有一道关于姜饼的谜题，买家只要能将姜饼沿着直线切成两块，然后拼成一个8×8的正方形就能免费获得整块姜饼。很多小孩都想得到，但是不是每个小孩都那么幸运。

有个聪明的孩子是个谜题爱好者，他靠自己的智慧得到了很大一块姜饼（如图所示）。不过，亲爱的读者朋友们，这可不是一道简单的谜题。

你知道这个聪明的孩子是怎样分割姜饼的吗？如果你知道答案，说明你也是个很聪明的人呢！如果去到谜题王国也一定能得到免费的姜饼。

答案见：P309

179 鸡变"蛋"

难易程度: ★★★☆☆
完成情况: 是□ 否□

这是一只远离家乡的珍贵小鸡的独白。我飞出笼子想做的事情:在后院作威作福,搞得鸡飞狗跳!不和母鸡谈情说爱,同人住在一起。像父亲乌斯特那样威风凛凛,啼鸣报晓。像一只成年的公鸡那样争勇好斗,趾高气扬。成为煽动家中的一员,去砸店和抵制孵化器。

这只小鸡可不是一只省事的小鸡,看起来要挑起动物世界的大战呢。

图片让我想起了孔夫子的一句话:先有鸡还是先有蛋?显然,这个哲学问题太难解了。

我这里倒有一个同此图片相关的谜

题。亲爱的谜题爱好者们,你们知道如何将这只鸡分成两半,然后拼成一个蛋吗?

答案见:P309

180 邮递员的困惑

难易程度: ★★★★☆
完成情况: 是□ 否□

邮递员彼得负责63个邮箱的信件。他的前任习惯从一个邮箱P点出发前往每一个邮箱,然后再返回中间的邮局,走这条路线一共需要转19次弯。但是聪明的彼得却没有按照前任的习惯去走,他重新找了一条更便捷的路线,不再需要转那么多次弯。彼得注意到:正方形的邮箱和其他邮箱不在一条直线上。

这个谜题实际上就是希望你在图中标出一条从邮局到每个邮箱,然后再回到起点的最短路线。

答案见:P309

181 分割棋盘

难易程度:★★★★☆
完成情况:是□ 否□

这是一道有趣的棋盘谜题,要解决它颇需技巧和耐性。

图中男孩收到了一块棋盘作为礼物,棋盘由四块形状和大小完全一样的木块组成。我们分别用数字1、2、3、4来表示。男孩将这四块木板进行组装,做成了一块完整的棋盘,每个数字的排列如图所示。

现在的要求是,将男孩的工作反过来,将棋盘分成四块,每块都完全一样,而且在每块木板上有数字1、2、3、4中的一个,该怎么做?

答案见:P310

182 普利姆索尔标志

难易程度:★★★☆☆
完成情况:是□ 否□

著名的议员,人称"水手之友"的萨缪尔·普利姆索尔先生,经过15年的争取,终于建议英国政府在每个插着英国国旗的船只上安装"普利姆索尔标志"(即吃水标)。这个标志安装在船只的最大吃水线上。如果一艘船只载货太多超过了这根吃水线,就会罚以重款。

在一次伟大的议会演讲中,普利姆索尔先生证实有超过500人因为使用破旧船只出海而被逮捕和监禁。他说,销毁那些不适合继续服役的船只势在必行。他认为,发生事故,除了破船之外,还有1000艘船只因为超载而沉入海底,那么,如果使用普利姆索尔标志的话,就能够有效地防止因船只超载而导致的下沉问题。普利姆索尔标志的组成通常包含两个部分。其实普利姆索尔先生原本的设计应该是如图所示的那样。这些信息都是我从普利姆索尔先生尚在世的兄弟那里获知的。

这里有一道关于普利姆索尔标志的趣题。普利姆索尔先生的兄弟也是一位著名的谜题专家,不过说来也怪,他居然从来没有见到过这道和普利姆索尔标志相关的谜题:请从一端开始,用尽可能少的笔画,画出这个著名的标志。请你们试一试吧。

答案见:P310

183 堂吉诃德的风车

难易程度: ★★★☆☆
完成情况: 是□ 否□

堂吉诃德因为"大战风车"的丰功伟绩,不仅被普通人熟知,连谜题王国里的人也对他非常熟悉。他经常被谜题王国请去讲他的远行故事,他自己也经常去谜题王国做客。

一天,汤米告诉迷糊王和美丽的英格玛公主,堂吉诃德想展示一下被他一招击败的"风车怪兽"的模型。

这里包含着一道非常有意思的谜题。堂吉诃德展示了它的模型,并且出了一道谜题给大家。堂吉诃德要求大家把风车分成9块,然后再将其拼成一个正方形。这是一种对于我们学好几何很有启迪意义的独特方法。迷糊王和英格玛公主对这个谜题都表现出了极其浓厚的兴趣,他们专注地考虑解答的方法,甚至没有感觉到桑丘在被侍卫们当球一样抛举。

亲爱的谜题爱好者们,你们知道这个风车模型拼成正方形的样子吗?

答案见:P310

184 执事太太的零布头

难易程度：★★★☆☆
完成情况：是□ 否□

这是毕达哥拉斯经典的"两个正方形组合"问题的姊妹问题——执事太太的零布头问题。这道谜题是"笨人难过桥"问题的进一步延伸。

话说美国一个小镇上的基督教公会执事怀特太太从一家材料零售店买了一块油布，热心的店家看到店里还有很多零料，于是额外赠送了一块小三角形零布头儿。现在执事太太正在通过执事先生的帮助，将这两块油布重新裁剪，以拼成一个较大的正方形布料。

要做成这件事，其中包含了一条简单而有趣的集合原理，不过即使你读到大学也不一定能学到。只有把图中的正方形剪成三块，而把三角形剪成两块才能办到。你知道具体如何操作吗？

答案见：P310

185 丢失的五角星

难易程度：★★☆☆☆
完成情况：是□ 否□

这是一道跟天文学有关的题目，本来是出给小朋友们的，借此开发他们的智力，考查他们的观察力。虽然这道题是出给孩子们的，但是大人们也可能会感觉很难，甚至不一定找得出答案。

这里没有任何相关的提示和描述，只能靠你的思维和眼力来发现，也许转换一个角度，很快就能找到答案。

现在看看，你需要多久才能在左边错综复杂的图案中找到那颗完美的五角星。

答案见：P310

186 波斯地毯

难易程度：★★★☆☆
完成情况：是□ 否□

波斯地毯的一大特色是其染料从天然植物和矿石中提取，染色经久不褪不变，以抽象的植物、阿拉伯文字和几何图案进行构图。

我们的问题和波斯地毯的历史没有一点关系，我们的问题是：如何把图中两个人所持的波斯地毯分成形状大小相同的两块而不破坏每一小块图案？

答案见：P310

187 拼圆形

难易程度：★★★☆☆
完成情况：是□ 否□

艾姆贝里教授在一次无意的举动中，发现了这样一个事实：如图所示的碎片可以拼凑成一个圆形。

显然，艾姆贝里教授是费了很多精力才把这个圆拼好的，因为，要拼好这个圆形并不像看起来那样容易。我相信我们的谜题爱好者都是有钻研精神的，那就请大家动动手，看看谁能比较快地把这个圆形拼出来吧。

答案见：P311

188　能干的小木匠

难易程度：★★★★☆
完成情况：是□ 否□

在解决切割的问题之前，需要准备好一把剪刀和一张纸。这类谜题对年轻的朋友有一种特殊的吸引力。虽然解决这些问题会给人带来快乐，但是，切割问题总是会被认为就像幼儿园小朋友的手工课和图形课一般毫无价值。这张插图的寓意不言而自明。

读者不难想象发生了什么事：这两个少年在阁楼上找到了一个古旧的工具箱，他们的母亲正在参加午后会议，这天可能是礼拜四，他们的父亲可能整天在外。此外，还有很多明显的特点，比如，当孩子们将狗屋的门钉牢之后，以后那条大狗就可以从这扇小门进出了。不过，这些都无关痛痒。

我们还是快点切入这个谜题的正题吧！如何将正方形的餐桌面切割成最少的块，才能拼在一起封住这个狗舍那敞开的门呢？

这个谜题可以通过谜题解法猜测得出，干净利落，无须赘述。不过，问题的解决还是要根据一些科学道理的，这对于酷爱数学知识的人们来说，可能会比较有趣味。

那么亲爱的谜题爱好者们，谁能告诉我这个题目的原理呢？谁又能给我一个非常直观的答案呢？

答案见：P311

189 大象拼图

难易程度：★★☆☆☆
完成情况：是□ 否□

大象是群居性动物，以家族为单位，由雌象做首领，每天活动的时间、行动的路线，觅食的地点，栖息的场所等均听雌象指挥。在哺乳动物中，最长寿的动物是大象，据说它能活六十到七十岁。大象是一种很憨厚的动物，而且脾气也很温顺，但是一旦大象发怒了，后果则不堪设想。他们奔跑时，会产生巨大的"轰轰"声。

图中的大象现在是一种静止的姿态，你知道怎样挪动切割好的部分，才能让这只大象变成奔跑的样子吗？

答案见：P311

190 优等生简妮的趣题

难易程度：★★★★☆
完成情况：是□ 否□

简妮是学校最聪慧的女孩，每门功课都非常优秀。

一天，简妮碰到了乔伊，她给乔伊演示了一个有趣的趣题题目。简妮在墙上画了6个小圆圈，她说："我这样摆放这些圆圈，你只能看到两条穿过3个圆圈的直线，现在请你拿起一个圆圈，然后把它放在另外一个地方，使我们能看到四条穿过3个圆圈的直线。"

只要将一个圆圈移动位置就能把两条线变成四条线。你知道该怎么移动吗？

答案见：P311

第三章
思维、推理与字谜

191 军事战术

难易程度：★★★★☆
完成情况：是□ 否□

许多人都记得温菲尔德·斯科特将军对陆军部长斯坦顿说的那一番不寻常的话所引起的轰动，他说："尽管我们有20名指挥官指挥一个师的士兵开进一个公园，但是他们之中没有一个完全知道让士兵再出来的战术！"这番话被看作是对我们所谓的节日阅兵部队的严厉批评。

我以前就知道斯科特将军是一位老练的国际象棋棋手，现在我又想起一件事，我曾经编了一道奇妙的国际象棋趣题，打算一有机会就送给他，这道题说的就是派部队进出公园的战术问题。

军事战术对于我们普通人来说有点遥远，但是我们可以转换一下思路，脱离开这个沉重的问题，而把它想成是一个简单的进出问题。

这道题并不需要国际象棋的知识，因为它是一道纯粹而简单的趣题。但是为了便于说明，请允许我把这个公园变成类似于国际象棋棋盘的方格。请说明部队从一个门进入，经过每一个方格，并且穿过中间的凯旋门，然后从另一个大门出去，应该怎么选择路线才能尽可能少转弯？要记住每一步都必须像国际象棋中的车那样走，而且走过的方格不能重复。

在纸上画一个8×8一共64个方格的图，然后以所示的两个门作为起点和终点，试着用铅笔划过每一个方格，并通过中间的拱门。可以肯定地说，你得尝试数次才能找出尽可能短的路线。答案很有意思，你答对以后就能感觉到。

答案见：P312

192 找名字之一

难易程度：★★★☆☆
完成情况：是□ 否□

孩子们的创造力是无限的，只要我们的老师懂得欣赏。

孩子们把组成他们名字的字母做成了一个长方形的卡片趣题并把它拿给他们的老师。你可以从任何地方开始沿着方格一个接一个地走，也可以走斜线，看你能找到多少个名字。

例如从N竖着开始，你可以找到NANCY，等你把全部名字都找出来的时候你就知道在趣题王国的这个地方有多少人在上学啦。

答案见：P312

193 彗星的轨迹

难易程度：★★★★☆
完成情况：是□ 否□

这是一道为了说明哈克莱彗星的不规则运动轨迹而设计的天文学趣题。

题目如下：彗星从中间的白色小星星开始移动，经过星座里每一颗黑色星星，最后到达白色大星星所在的位置。

按照这种移动方式，彗星至少需要直线移动多少步才能完成题目的要求？

答案见：P312

194 野猪逃跑

难易程度：★★★★☆
完成情况：是□ 否□

这里有一道谜题与前面的军事战术问题类似，只不过这道题的主角是一头野猪，而不是人类。

果园的门敞开着，野猪跑进园里偷吃了所有64堆西红柿后逃跑了，野猪并没有碰到中间的黑色栅栏，它一共转了21次直角弯。这里可以肯定的是，野猪可以不用像图中给出的路线那样转弯多次。

亲爱的读者们，你们知道如果野猪要逃跑的话最少得转多少个弯吗？

答案见：P312

195 猴子爬窗

难易程度：★★★☆☆
完成情况：是□ 否□

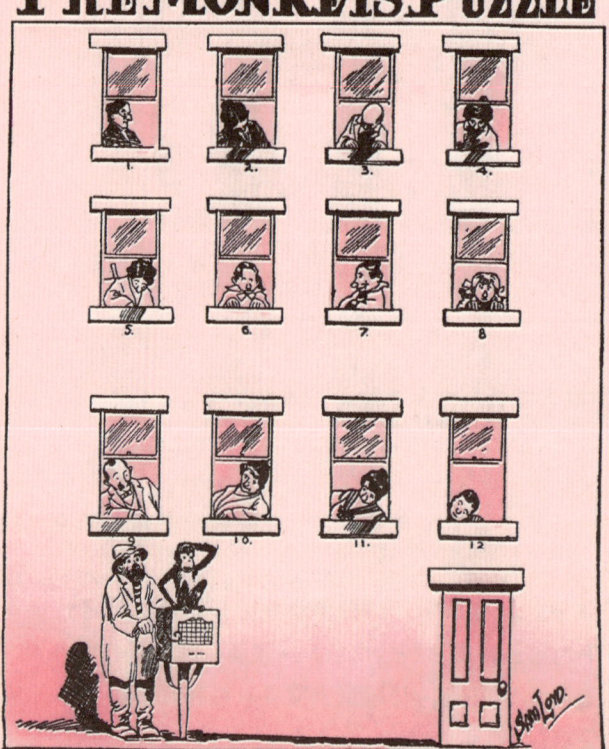

杂耍艺人驯养的猴子都很聪明，它们不仅会表演，还会讨巧卖好，帮主人挣更多的钱。

卖艺人牵着他的猴子来到一幢居民楼下，非要为楼上的观众们表演，楼上住户受不了他的软磨硬泡，只得向他妥协。

卖艺人在表演完后派猴子到楼上去要赏钱，然后再回到主人的身边。

你能找出一条路线让猴子从现在的位置出发，走最短的路线，最后回到它主人的肩膀上吗？

答案见：P312

196 邻居修路

难易程度：★★★☆☆
完成情况：是□ 否□

早先的中国，大多数人都住在四合院里，一个院子里有很多人居住，他们用自己的勤劳和质朴维系相互之间的关系，互相关照，互相爱护。

我们这个谜题讲的是一个院子里住着三户人家。大房子的主人要修一条直通院子大门的路（大门在图的正下方）。左边的人家要修一条路通向右边的小门。右边的人家要修一条路通向左边的小门。他们都希望自己修的这条路不与其他路有交点，于是几家商议，最后，聪明的大房子主人想出了最佳的修路路线。

亲爱的读者们，你知道他们是怎么修的吗？如果三条路都不能与其他路交叉，该怎么修这三条路呢？

答案见：P312

197 日本水雷阵

难易程度：★★★★☆
完成情况：是□ 否□

在第二次世界大战期间，日本人凭借自己在海军方面的优势，非常嚣张。

下图是日本军队在阿瑟港布下的水雷阵。我们的一艘军舰要从左面最下方到达左面最上方，并且只能转弯一次。这样的话，就要求我们从底线开始画一条直线，滑到中间某个地方停下，再从这里开始画另一条直线，连接到图的左上角。

亲爱的读者们，要怎么走才能顺利通过水雷阵而不碰到任意一颗水雷呢？

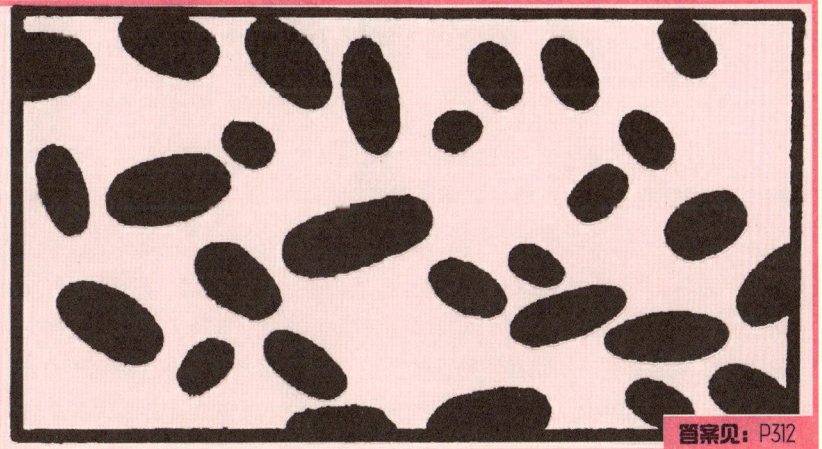

答案见：P312

198 找名字之二

难易程度：★★★☆☆
完成情况：是□ 否□

趣题王国的孩子非常快乐，他们每天都生活在欢声笑语和鸟语花香中，他们聪明、单纯并且善良。

下图是"趣题王国"的孩子们在圣诞节送给老师的拼花被。在这里你能够找到所有男孩的名字。这个应该不难，只要你稍微用下心，一定能找出来。

找名字的规则是，从任何一个字母开始，下一个字母的位置必须与之相邻，现在，看看你一共能找到多少个名字。

答案见：P313

199 巡警的路线

难易程度：★★★★☆
完成情况：是□ 否□

自从加入巡警队伍那天起，有个问题始终困扰着克兰西。他担负着整个社区的巡逻任务，路线的起点就是图上指挥棒所指的地方。上面要求，他在每次转弯之前所经过的每个大街小巷的房屋数目都必须是奇数，而且，同一段路线不得重复通过。他画了一张路线地图，想找到最好的方案，趣题爱好者们可以帮他出出主意。

图中的虚线代表他一直在执行的巡逻路线。这条路线途经28座房屋，图上已经用白色标出。你能否帮助克兰西找到一条路线，既能满足上面的要求，又能使所经过房屋的数目尽可能多？自然，同前面的路线一样，起点还是应该落在指挥棒所指的地点。

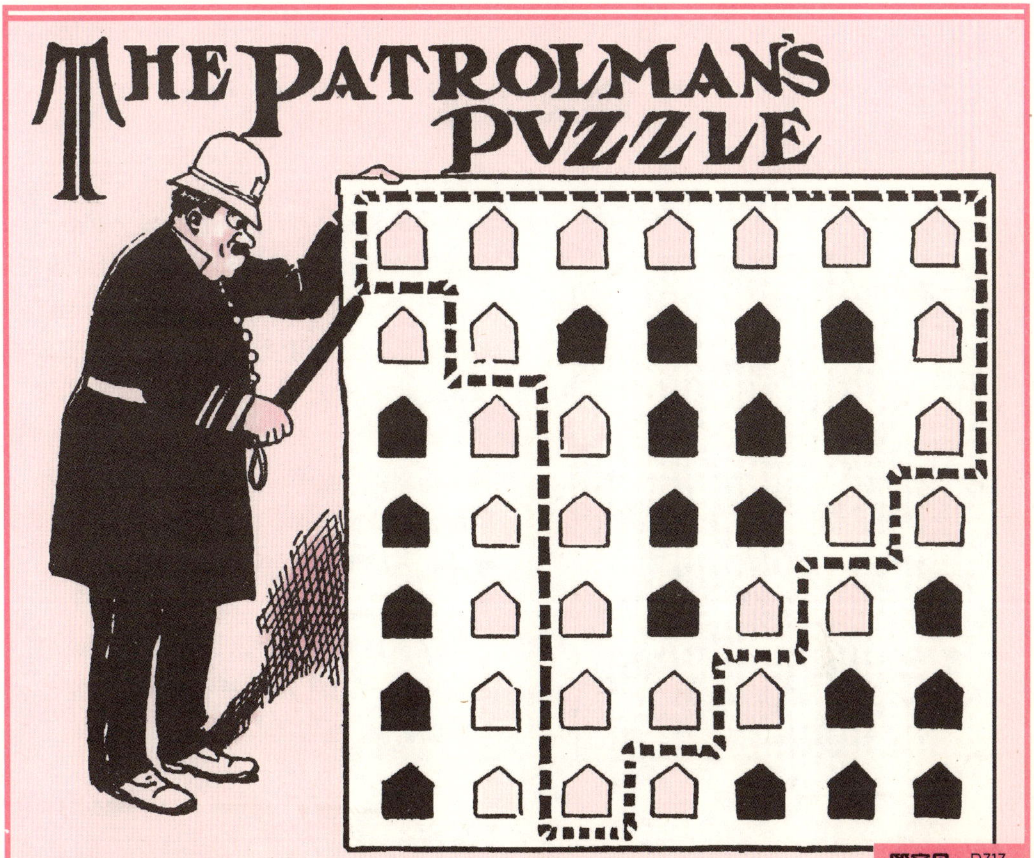

THE PATROLMAN'S PUZZLE

200 司令的难题

难易程度：★★★☆☆
完成情况：是□ 否□

舰艇的驾驶员这个职位真的不是那么容易胜任的，因为不光要懂舰艇，还要懂天文、地理、物理甚至数学。舰艇的驾驶员遇到了难题，这个题目对于经验丰富的老驾驶员来说很简单，但对我们的新学员来说确实是个不小的难题。

学员正在演示在只转弯七次的情况下，怎样驾驶军舰从五个圆环中心穿过，而后再回到起点。然而，司令告诉他的学员，运用海军战略，不必转弯七次也可以完成一次往返。

亲爱的读者们，你们知道最少需要转弯几次吗？

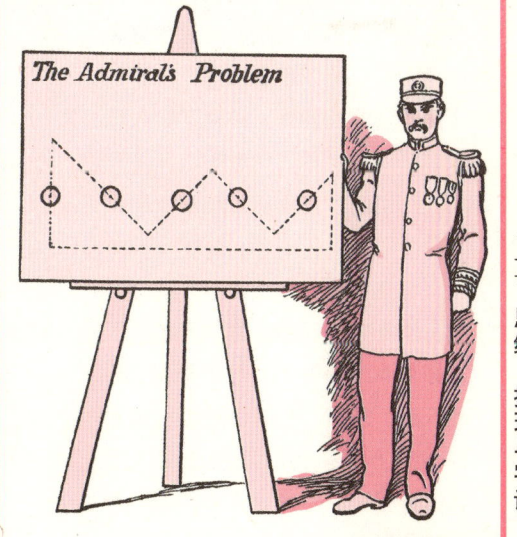

201 趣题公园

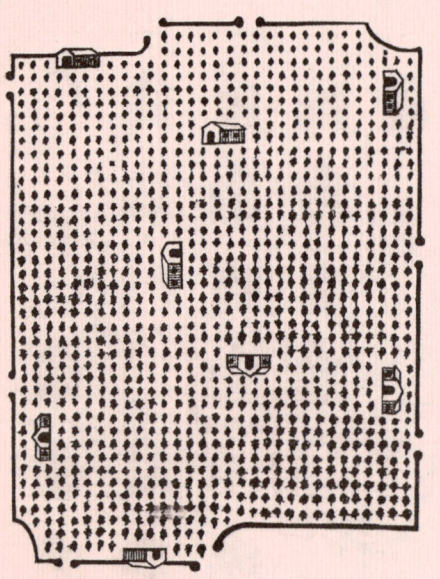

趣题公园住着八户人家,每一家出入公园的私家出口在家门正对面,并且他们只能通过一条树林中的私家小路通向各自的私家出口。任何两户人家的小路都没有交叉,也没有任何一家曾经撞见过他的邻居,因此他们一直和睦相处。其中几条小路要拐很多弯,不过,他们每人都随身携带房东给他们的地图,上面标注了出门的路线,而房东是一个趣题爱好者,所以,他们不必担心会迷路。

这里就有一张地图,你能在上面标出每间房子的家门到对面公园大门的路线吗?请记住,路线不能够交叉。

答案见:P313

202 克朗代克归来

伟大的数学家欧拉找到了一个解决迷宫问题的万能法,趣题爱好者都知道,这主要依靠反向思维。不过,下面这道迷宫趣题正是为了打败欧拉的方法而设计的。在成千上万的题目中,欧拉的方法唯一不能解决的题目可能就是这一个。

如图所示,从图正中央的心形开始,沿直线走三步,方向不限,正如右图的女士所讲的,可以是东、南、西、北、东南、西南、西北和东北随意一个方向。在沿直线走过三步之后,你就到达了一个方格,下一步按照方格里的数字进行,数字是多少,

你就可以沿任意方向再沿直线走几步，照此方法，严格按照数字显示走下去，直到方

格中的数字可以将你带到边界外一步的位置。你想想要怎么走才能做到？

答案见：P313

203 枕套谜语

难易程度：★★★☆☆
完成情况：是□ 否□

枕头是一种睡眠工具，为了保护颈部的正常生理弯曲，维持人们睡眠时正常的生理活动，人们睡眠时必须用枕头。枕头一般由枕芯和枕套两个部分构成。由于它非常常用，人们都喜欢对它做一些装饰，不同的装饰也被赋予了不同的含义。

我们现在看到的这个枕套有一些特别，从图的左上角开始，打乱顺序的24个英文字母能够组成一句有预言性质的成语。

亲爱的读者朋友们，你能把这句有预言性质的成语写下来吗？

答案见：P313

204 决不说谎

"乔治·华盛顿！"他母亲怒气冲冲地咆哮道，"你知道的，你父亲是杆老烟枪，不把烟吸完他是不肯走的。他今天早上在桌上留下了一盒烟，然后就去村里买一些所需的工具。可是等他回来的时候，桌上的香烟少了一半。他去跟左邻右舍谈这件事，当他再次回来的时候，桌上的香烟又少了一半。他随后去富兰克林家要了些杂醇油，用来润滑他正在修理的口哨，可是这时，他发现香烟又少了一半！你父亲冲我抱怨了一通，好像是我抽光了他的烟一样！乔治，现在只剩下最后一根烟了，你居然告诉我你没有碰过一支烟？"

华盛顿是个诚实的孩子："妈妈，剩下的最后那支烟就是我没有碰过的那支，

这是千真万确的事实。"

如今，您已经熟悉了这个故事，那么从这个小小的轶事中，您能否判断，在那个时期人们通常往烟盒中装几支烟呢？

答案见：P313

205 互换黑白子

借此机会，我提请大家注意在欧洲十分流行的一种好玩的单人跳棋游戏的由来。这是一项属于英国的发明，因为它是由一位英国海员发明的。这位海员在斯塔滕岛的"海员避风港"生活了40年。

这位老海员能以极快的速度用小刀削出棋盘和棋子，卖给来访者。他经常以此换得一点点外快，用他自己的话来说这是"烟钱"。这游戏后来传到伦敦，并以"英国的十六子棋"的名称风行一时，但始终没有在大洋彼岸受到注意。

这个游戏的目标是，用最少的步数互换黑子和白子所占的位置。一个棋子可以从一个方格走到相邻的空格，也可以跳过一个相邻的棋子（不管是白是黑）而到达一个空格。只允许沿着格子的排列方向走（如同国际象棋中的车）；不许像在西洋跳棋中那样走向对顶的格子。

据一位目击者说,这位老海员对他的这项专长很满意,他经常向购买者提供一种以最少的步数完成游戏的走法。然而,他的走法弄错了,或者这种技巧已经失传。也许这个世界从他那个时代以来发展了,因为在英国的趣题书以及数学著作中作为最短步骤而给出的方法都是有缺陷的,步数还可以减少。

答案见:P313

206 玉米地里的乌鸦

难易程度:★★★★☆
完成情况:是□ 否□

一位知名的鸟类学家描述了鸟类的习性和聪颖。他看见一群乌鸦停在一块地里,各自按照它们制定的战术散开。这些鸟就像军队的岗哨一样相互之间保持着视线通畅,并在危险将要来临时通过信号通知整个鸟群。我们先不管鸟群通过什么神奇的无线电方式联系。我根据鸟类学家的描述发明了下面这道岗哨部署趣题。

我们用跳棋盘上的64个点代表玉米地里的64堆玉米芽。问题是怎么将8只乌鸦放在这些点上,且没有任意两只以上乌鸦在同一行内或是在同一条斜线上。只有这样,持枪巡逻的农夫才不会一枪打死两只乌鸦。这道趣题和我以前出过的一道题目相似。那一道题目是将8个王后放在棋盘上,让其互不侵犯。这道题目有了些改进,答案是唯一的,而之前的题目有12种解答方法。

答案见:P314

207　萨米的素描本

难易程度：★★☆☆☆
完成情况：是□ 否□

　　萨米在农场里住了几天,他的素描本里画满了有趣的东西。这里有一幅被他称之为《牧场的静物》的画。第二眼看上去却能让你感受到画中景物的动感,里面的动物正在站起身来。由于这是初级绘画课程,请你素描一幅萨米看到的同样的画面。细思量之下,我摘录了他信中描述这幅画的文字:

　　"我要说的是,我到达这里之后的第一件事就是去仓院。我发现人们常说的马和牛从来不趴下睡觉的说法是错的。我在它们趴在仓院里的时候给它们照了张相发给你看。我观察了它们很长一段时间,除了母牛嘴里好像嚼着什么东西之外,它们一动没动。为了确信马没有死,我朝它们'嘘'了一声,结果它们全都慌慌张张站了起来。"

　　你还记得那个著名的魔术师哈丁是如何利用他的记忆力在看过一个商店的橱窗一分钟之后凭记忆说出他所能想起来的东西吗?他说,大多数人在世上走一遭却注意不到任何事。你注意到我画中的月亮了吗?它盈亏的方式不对!月亮总是朝左倾斜的。我画这个月亮是为了取笑娜丽——她写了一首诗,诗中说到"月亮后面毛茸茸的云彩"。谁见过云彩在月亮后面的!月亮总是在云彩后面才对,但是最后我发现我把她气坏啦。

　　星期天的时候史密斯家的男孩来玩,我问他孔雀(译者注:peacock可以泛指孔雀,但是此处指雄孔雀)能下多少蛋。他数了数那一窝小孔雀说"10个。"我告诉他说雄孔雀是位绅士,只有雌孔雀(peahens)才会下蛋呢。同样的道理你也可以问一只公鸡会下多少蛋?但是史密斯家的男孩是城里孩子,他可不知道这么多。

　　你有没有看见那只正在看着狗的小鸡?你也许会问我是怎么知道它看的是一只狗呢?因为猫的尾巴上是不会有白尖的。如果一只猫身上有黑毛的话,它的尾巴就应该是黑的;而如果狗身上有白毛的话,它的尾巴尖就一定是白的。你从来没有见过小鸡在月光下漫步吧,你更不可能看到带着距铁的母鸡!(译者注:距铁通常是绑在斗鸡脚上的,而斗鸡没有母鸡)你觉得如何呢?

答案见:P314

图说世界趣味谜题

208　马牛起身的区别

难易程度：★★☆☆☆
完成情况：是□否□

一天，我问一些朋友知不知道马和牛起身的区别。他们都很茫然，这个问题其实很简单，但是正因为它简单、平常，所以很多人都没有关注过，或者说是没有留意过，相信即使经常和马、牛待在一起的人也不会留意这个事情。

这是我画的马和牛起来时候的情景，估计大家看过之后都会有疑问，我只能说马和牛的祖先在很早很早之前一定是这样

起来的，所有其他的小马小牛就效仿了它们的父母才会这样。那你能不能告诉大家马牛起身的区别呢？

答案见：P314

209　司令的部署

难易程度：★★★★☆
完成情况：是□否□

这张插图展示的是司令官正在赶制战斗信号，以供那些不熟悉海军信号代码的战舰使用。这些信号相当于当年美国对西班牙战争中的"记住缅因州"的口号。

图中的司令官正在地图上部署舰队进攻计划，他们将根据计划击溃敌方炮舰中的小舰艇。意图待他们全面出击的时候将其一举歼灭。

从大战舰所在地开始，画出一条连续的航线，使军舰沿着这条航线打击到所有63只敌军战舰，移动最少"步骤"之后（用直线数目最少），回到出发地。

答案见：P314

210 有文化的窃贼

难易程度：★★★☆☆
完成情况：是□ 否□

THE LITERARY BURGLARS

保险箱的原理在某种程度上说就是通常我们所说的密码锁的原理，这个原理本质上说非常简单。密码锁实际上也就是个字码组合的趣题，它的保险系数完全看字码组合的难度，也就是人们猜中正确字码组合的可能性大小。

只有很少的人了解密码锁的构造原理，但大家可能都非常想了解一下密码锁简单的内部工作原理：

我们来看一下世上第一把密码锁的结构，尽管这种结构在近年来已经有数以千计的专利并且大大改善，但它的原理依旧。我在改进密码锁的过程中已经有了多个专利，但是像银行家那样有大量现金锁在保险柜里的一些人，一旦了解了这个原理之后会感到非常恐慌。有的人可能用上一个月也解决不了这个问题，而实际上密码锁完全可以在1到20分钟之内破解。有好几次我被请去开保险箱的密码锁，甚至都没用15分钟的时间。

1867年巴黎博览会上我非常幸运地用了不到半个小时就打开了三个法式保险箱的密码锁，然而那个时候法式保险箱根本毫无用处。

我们来看看图中那两个窃贼一直在捣鼓的密码锁的内部构造吧：

每个外面的拨号盘都连接着里面的圆盘开关，圆盘开关上有一个缺口，只有当这个缺口正好对着弯曲的锁簧的时候锁才有可能被打开。只有当三个圆盘的缺口同时处于正确的位置时，中间的扳手才能转动。而通常情况下，我们只有在知道密码锁的密码设置的时候才能做到这一点。如果每个拨号盘上有10个字码，窃贼完全有可能在十五分钟之内打开密码锁，因为10×10×10只给出了1000种可能的组合，所以大约只要试上500次左右就能碰上正确的组合。

细心的读者朋友们，你们能准确说出这个密码锁的密码吗？

答案见：P314

图说世界趣味谜题

211 自行车旅行

佳途协会已经为改善乡下的路况做出了如此大的努力，媒体人士倡议说应该做点什么来向广大车友宣传一下。不管将崎岖的拐角修成圆润的转弯是出于有心还是无意，也不清楚是否为了劝导那些在沿途撒地板钉的讨厌鬼，让他们去沿途撒播花种，这个倡议还是得到了大多数人的认可，有人还画出了漂亮的地图，这恰巧成了我们今天看到的这道趣题。

地图上有宾夕法尼亚州的23个主要城市，它们之间通过漂亮的自行车车道相连。问题非常简单，从费城开始夏季旅行，最终到达伊犁，沿途必须经过每一个城市，且不能重复路过任何一条道路，请你找出满足所有这些条件的路线。

读者可以通过城市的编号来标明你选择的路线。在这个旅程中，并不要求像往常那样走"尽可能短的路线"，只要能够到达目的地。

答案见：P314

212 手表指北针

常识性的问题大都是在生活的点滴中积累获取的，但是又有很多人，往往忽视这些东西，他们总认为书上得到的才可能是有用的、科学的，或者认为，生活中常见的那些已经完全被自己掌握，并且可以做到熟练运用，根本就不再需要花时间去关注。

我曾经遇到了一位美国朋友，我问他北方在哪边，他立刻拿出他的表。我很好奇："你在你的手表上装了指北针吗？"他回答说，"所有表都可以用作指北针。"我请教他怎么把手表当指北针用。当这位美国朋友得知我不知道这个方法时非常吃惊，他觉得我忽视了一个尽人皆知的生活常识。

后来我也遇到了很多没听过这个方法的人，故此我推断，忽视常识这事儿是很平常的。请问，当你们拿出自己的手表时，是否能够通过手表指针的指向来判定哪个方向是北呢？

答案见：P315

213 猪圈问题

难易程度：★★★☆☆
完成情况：是☐ 否☐

常常有人问我是如何想出那么多智力趣题的，是灵机一动计上心来还是长时间绞尽脑汁的结果？我一般这样回答："和其他发明创造一样，都是两者共同作用的结果。"不过，题目的框架往往来自一个偶然的机会。我用一个故事来说明这一点。

一天，我骑车到郊外出游，遇到了一位性情和善的爱尔兰人。他的苹果园和清澈的泉水，使得那小小棚屋成了疲乏自行车"朝圣者"一个真正的"麦加圣地。"主人的个性独特，说起俏皮话来舌头不打滚，谁都要甘拜下风，我们中间很少有人能比他机灵。我对他说，我和他也许很有缘分，因为大家都是要依靠pen（英语中既表示笔又表示猪圈）来谋生的。这时候他一本正经地问我：

"你知道为什么爱尔兰人总喜欢在自己住房的窗户下面建猪圈吗？"在我列举了各种各样的解释之后，他神秘兮兮地向我附耳低语（但是这种声音恐怕在一两公里以外都能听得到）道："造在那里的目的是要把猪圈住呗！"他不让我把这个理由告诉其他人，以免被别人耻笑。在回家的途中，当大家想起爱尔兰人的这个"机密"时，不止一人从自行车上笑着摔倒下来。

所发生的这一切给我灵感，我因此设计出了下面的趣题：如果这个爱尔兰人有21头猪，他想把它们圈在一个矩形的猪圈里，并且在这个猪圈内部用篱笆隔成4个小猪舍，使每个猪舍里都有偶数对猪再加上一头猪。请问，这种猪圈该怎么建呢？

答案见：P315

214 彼得的椒盐卷饼

难易程度：★★★☆☆
完成情况：是□ 否□

这里有一个小型画线题，那些喜欢挑战难度不大的题目的人不妨一试。

彼得陈拿了一个维也纳椒盐卷饼（如图所示），让他的小伙伴们猜他用一刀能把它切成多少块。这种把戏估计我们小时候都玩过，因为孩子总是容易对别人的东西产生一种好奇心，并且进行探究。这样的举动一下子就能引爆一帮孩子的热情，让他们都行动起来。

假设图中是一个货真价实的椒盐卷饼，请你画一条直线，把这个卷饼切成尽可能多的块。

答案见：P315

215 秃鹰湾打野鸭

难易程度：★★★★☆
完成情况：是□ 否□

秃鹰湾周围的居民对这个题目很熟悉。打野鸭子是这里人们的主要活动之一。然而，猎人们在打野鸭子的过程中会遇到很多的难题，每个难题都需要进行认

真思考，趣题爱好者们一定比我更熟知这些题目。这里先提一道符合我风格的简单题目。

题目是这样的：能够一枪打下多只野鸭子肯定是需要高超技艺的，要做到这一点就必须把几只野鸭子排列在一条直线上。据我观察，野鸭子常常成两列飞行，每一列有一只野鸭子负责，如图所示。可以看出，有4只野鸭子的线共有3条。

现在，我瞄准射击就可以一枪打下来。我可以很快打下一只，或者两只也有可能。但是，我想要一下子打下四只，要么一只也不打，这让我有了下面这个有趣的发现。随着烟雾散去，我睁开眼睛，发现有四只野鸭子的线有5条，而且只有极少的几只野鸭子改变了位置。

上图有10只野鸭子，有四只野鸭子的线有3条，这时候，要改变几只野鸭子的位置，让上图有四只野鸭子的线达到5条，那么至少要改变几只野鸭子的位置，并且要怎么改呢？

答案见：P315

216 摆杯子游戏

难易程度：★★★☆☆
完成情况：是□否□

这道趣题供各位茶余饭后娱乐之用，这样的娱乐应该是比较高雅的吧，既开动了脑筋，又有助于消化食物。

图中四位男士应该也是酒足饭饱之后进行娱乐呢。题目需要8个酒杯，其中4个是空杯子，4个装了一些酒，拿起相邻的两个杯子，变换杯子的位置，最后令空杯子和有酒的杯子间隔排列。表演者的娴熟技术和敏捷的动作是这个游戏的关键。表演者必须迅速移动，一点也不能犹豫，不然观众一看就知道你是怎样移动的，这个表演就不精彩了。

你知道要怎么移动这些杯子吗？

答案见：P315

217 "袋鼠"坦克

难易程度：★★★☆☆
完成情况：是□ 否□

上面的图片显示的是"袋鼠"坦克的样子，看起来和别的坦克没什么区别，实际上也确实是这样，我们的谜题和坦克本身没有什么关系。

下面的图案是"袋鼠"坦克的履带形状。请你挑选一个由12个字母组成的单词，将字母依顺序放在上面一排白色圆圈内，一个圆圈放一个字母，然后一次向下移动一个字母，在可能时，也可跳过一个字母向下移动，最终将所有字母顺序排列到最下面的一排。

请你想想放哪12个字母比较合适，最少需要移动多少次。

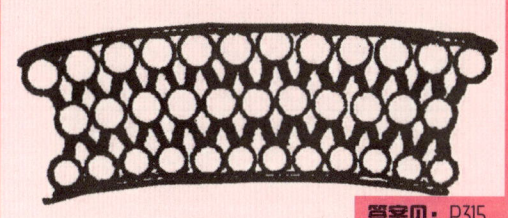

答案见：P315

218 分羊问题

难易程度：★★★☆☆
完成情况：是□ 否□

波比小姐养了7只绵羊，前段时间弄丢了一只，因为她把羊都关在一起，没数清楚，丢在羊圈外面一只。经过一番寻找，波比小姐在离家不远处的草滩上找到了她的羊。但是波比小姐害怕绵羊因为自己的疏忽再次丢失，于是想通过分割羊圈的方法把它们分别关在不同的小羊圈以使自己更清楚羊的状况，可是她只有3根木栏。

请大家来帮她出主意：如何用三根木栏把图中的7只羊分开，使得每个小羊圈里只有1只绵羊？

答案见：P315

219 手语

难易程度：★★★★☆
完成情况：是□ 否□

让孩子们在头脑清晰且乐于接受的时候学学这些富有知识性的图片吧，这样他们对此的记忆会比较深刻持久。让他们慢慢地吸收并扎根在头脑里，而不是强迫他们记忆。

我记起了我在年轻时学到的很多东西，这些东西在目前根本不可能习得，除非付出艰苦的努力。我曾经去过圣安娜教堂，在那里葛朗特牧师用手语对一些聋哑人布道。他教给我用一只手来做手势，这远比用两只手的那种更为可取，我对此记忆异常深刻，从来不曾忘掉。

想想吧，它们在我的脑子里已经有六十多年了，直到此时我才有机会拿它一试身手。我突然有了一个绝妙的想法，这里的字母表还是原来的样子，就

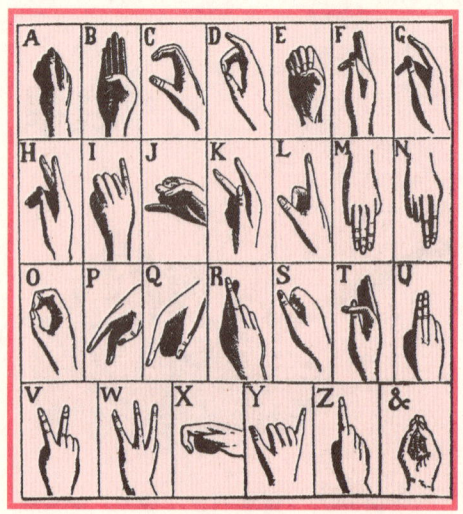

像那个终生致力于残障儿童教育的慈善家给我的时候一样。接下来我要用它们来讲一个故事，这样我所有的朋友就会得到他们终生难忘的重要一课了。

答案见：P315

220 法律问题

难易程度：★★★☆☆
完成情况：是□ 否□

有一个想要向法庭主张自己地产权的人问哪一个州有法律能够阻止他的祖父不娶其遗孀的姊妹。他说自己是否有权继承一个古老的农场完全取决于这个问题的结果，虽然那里现在已经是高楼林立，人口密集。

这个问题一度在趣题界流传，它的答案非常巧妙，因为人们通常认为一个人只有在已经辞世的情况下才会使他的妻子成为他的"遗孀"，那么一个死了的人怎么可能再娶呢？

这个人到底能不能获得农场的继承权呢？

答案见：P316

221 失踪的修女

难易程度：★★★☆☆
完成情况：是□ 否□

战争中，不幸的修女们总是无故失踪，为了隐瞒善良的院长，聪明的修女总是想办法安排房间的人数，以防院长发现修女失踪的事实。

上图的修道院是一幢三层方形建筑。上面两层的每一面都有6个窗子，每层有8

第三章 思维、推理与字谜

个房间，全部用作修女们的卧室。顶层每个房间的窗都比第二层房间的多，住在顶层的人数比住在第二层的人数多1倍。修道院院长是一个严格刻板人，她严格遵循着修道院创始人立下的规矩，坚持要把修女们分开安排，让每个房间都有人住，顶层的人数是第二层的两倍，且修道院每一个侧面的6个房间的总人数必须刚好是11个。当然，这个问题只涉及建筑物的上两层，完全不必考虑它的底层。

后来发生了一场战争，法国军队经过这里之后，修道院里的9个年轻修女无端失踪了。大家坚信是法国军队掠走了她们。为了不使院长伤心，发现这个不幸的修女在寻找失踪修女的同时，还要设法加以掩盖。

她发现，可以通过重新调整每个房间修女人数将真相隐瞒。所以，她们一起调整了房间。院长晚上绕着修道院巡视时会看到每个房间都有人住，每一面的总人数都是11人，而且顶层的人数还是第二层人数的两倍。她没有发现有9个修女已经失踪了。

请问各位谜题爱好者们，修道院里的修女是如何安排房间的？

答案见：P316

222 妙窃宝石

难易程度：★★★☆☆
完成情况：是□ 否□

杜马斯的小说中讲述了Paubourg街的一个珠宝商圣奥诺尔。多年的犯罪生涯中，他曾偷窃过很多地位显赫女士的宝石。他的作案手法通常是用假的换走真的宝石或更换宝石的位置。这样她们就不会注意到了。

为了展示这个狡猾小偷的作案手法，我们来看看下面这枚镶嵌有25颗宝石的老别针。别针的主人习惯从上往下、从中间往两边数，所以每一行每一列都是13颗宝石。

这位女士把这个宝贵的首饰送到了我们提到的臭名昭著的罪犯手中进行维修并告知了如何数宝石的数量。取首饰时，这位彬彬有礼的罪犯告诉他东西和原来是一样的。后来的很多年里，她一直按照原来的方法清点宝石，总发现宝石的数量和以前一样，每行每列都是13颗，不多也不少。但实际上，有两颗最好的宝石被偷走了。这位看似淳朴老实的盗贼是怎样掩盖他的罪行的呢？

这里画了幅图，表示了镶嵌有25颗钻石的别针送到珠宝商那儿维修时的样子。

答案见：P316

223 灯塔谜题

所有夏季驱车到泽西海岸度假的外地游客都熟悉位于瞭望点的古老灯塔的难题,对于这个问题,总是在一年的各个季节里存在多种多样的回答。在这座灯塔的遗址,或者更准确地说是遗骸之处,这座灯塔曾经服务了超过半个世纪的时间,遗骸目前矗立在一块伸入海中的岩石上,也快要解体了。旁边所衬的插图是从一张大约15年前的草图上取下来的,其中所提供的数据和信息都仅是依照这座灯塔现在的状况推想出来的。这张图,和与之有关的史实一样,都是从一位已96岁高龄的老人那里获得的,他回忆中灯塔建立的时候他还是个非常年幼的小男孩。整个国家都向他的这一盛举表达了敬意,在灯塔附近地区的绝大部分人几乎都相信老灯塔比圣经中的巴别塔还要再高一点。

现在除了一根大概60英尺高的烧焦的棍子(或者说是杆子)什么都不剩了,因为楼梯都在二十多年前的一场火灾中毁了。图片资料和这个郡的史料都显示,灯塔本来有300英尺高。当我们想起几乎一个世纪以来纽约城中一个人目所能及的高度极限,就是"与三一教堂的尖顶同高"的时候,我们会发现300英尺是一个非常了不得的高度了,因为高度上三一教堂几乎和老灯塔势均力敌。

灯塔中央由精巧地钉在一起的庞大柱子所支撑,带铁制扶手的螺旋式楼梯绕圆柱4圈,就像插图中所画的那样。每一级台阶都有一个扶手或是做栏杆用的尖桩,这些尖桩间都相距一英尺,一个人需要走多少级台阶才能到达塔顶的问题应该真的很容易才对,然而绘制这幅图画的胡夫船长说过,"我从来没有听说他们那些城市来的伙计当中有哪个人能算出正确的答案。"到达塔顶平台正好是300英尺的高度，阶梯环绕圆柱四圈，正如插图中所示，其直径为35英尺10.5英寸，从中可以轻易计算出周长，所以告诉我们那里有多少级台阶进或需要多少根尖桩吧。

答案见：P317

224 果树嫁接

难易程度：★★★★☆
完成情况：是□ 否□

我曾经认识一位古怪的老园丁，他有按秘密编码布置自己的果树幼苗的习惯，因此，除了他没有人能准确知道果园中各个品种果树的具体方位。他对此提供的理由是他在从事实验性嫁接的工作，因此很担心让参观者甚至他自己手下人偷走自己这门手艺。

他连续不断地发明设计新的隐藏实验嫁接树种的方法，事实上，他过去习惯把与秘密有关的图标和线索收起来，甚至故意让自己都找不到，通过这样的方式来看他果树嫁接实验的进展是否显著到泄露其品种的程度。

我最后一次看到他的时候，他刚刚布置好房子旁边的60棵树苗，就如旁边图中所示的一样，值得一提的是，这60棵树苗是人们所知的榅桲木，不同品种的水果会在上面进行嫁接。他总是有一种一次性布置10棵同种树苗的狂热，会把它们按某种秘密的机制分散种植在果园各处，这个系统的模式中，需要把10棵树种成5行，有一列要有4棵。把10棵树种成5行，有一列有4棵这样的摆放方式的确是个谜团，然而这种摆放技术中更为困难的是，每一组树苗都不会和其他不同品种的树苗相冲突。

园丁在引入不同品种的一组树苗的时候总能够保证这个原则被顺利实行，还曾请我把这件事情写成谜题。来看看我们的猜谜专家们能不能够帮他解开这个谜团。

这个问题就是在如图所示的果园中，能放多少组不同的果树。每种果树必须是10棵，安排的方式必须是把10棵树种成5行，有一列有4棵。

我在这里提出四种水果的名字，桃子、梨子、柿子和梅子，希望大家能够发现安排四组果树的可行办法。

在思考你的答案的时候，可以在一张白纸上制一张图表，用点来代表果树，再在每棵果树上用水果的名字做上标记，也可以通过在图中的果树下面写上水果的名字来展示你的答案。当然，在呈现四种果树的分组的时候，只需要把60棵果树当中的40棵表示出来——图中的60棵果树只是表示其中选出的40棵可能被放置的位置。

答案见：P317

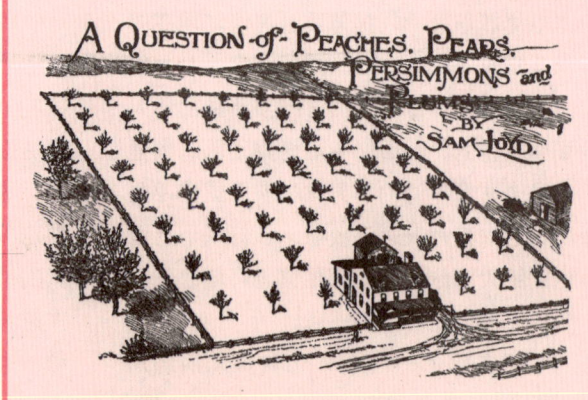

225 配电盘问题

难易程度：★★★★☆
完成情况：是□ 否□

配电盘。

问题是要寻找由B点，经过正方形的中心到达A点的最短路线。小正方形边长为1英寸，每两个小正方形之间相隔2英寸。从这些数据中我们可以得知，每当电线改变方向时，必须在小方格的角上绕一圈，而这道工序要消耗1

我得知两个电工发明了一种配电盘。为了将所有的接触点连在一起，两人在采用"何种拉铜线方式"的问题上发生了很大的分歧。这是一种精细活，涉及上百个接触点，但是考虑到64个点足以阐明我们的问题，所以我在这里选择了一个8×8的

英寸电线（不准沿对角线进行连接）。

你可以画一个相类似的8×8正方形，注意正方形只能从一个方向穿过。然后记下你拉的电线的长度或者记下你需要的电线长度。

答案见：P318

226 棕色小奶罐

难易程度：★★★☆☆
完成情况：是□ 否□

以前字谜游戏非常时兴的时候，许多人绞尽脑汁醉心于设计回文，也就是顺过去和倒着念都是一样的词语或者句子。回文的英文说法是"palindrome"，该词起源于希腊语，其中"palin"的意思是"向后"，"drome"的意思是"奔跑"。有很多回文词，比如level，eve和gig等。但是，人们最大的兴趣在于构建回文句，例如亚

当对夏娃的那句流传千古的问候 "Madam, I'm Adam.（女士，我是亚当。）"，再比如这句话"Name no one man."。这些回文名句往往来源于古时候，很多由拉丁文或者法语写成。有一个著名的回文句据传由拿破仑大帝创作而成：有一天，有人问拿破仑能否向全欧洲发号施令，他的回答是"J'etais en etat de le faire avant on m'emporte a l'ile d'Elbe",译成英文就是大名鼎鼎的 "Able was I ere I saw Elba."(被流放到Elba岛之前我无所不能。)

在很早的时候,我曾经在一个组织中提出过以下这个回文题目,这道题目非常考验青年读者的耐心和解谜技巧。如图所示,罐体的外围有一圈大写字母"R",请从"R"开始沿着各条分支进入中心符号"&"再回到字母"R",依次读出词组"red、rum & murder",要求路径不重复。请保持头脑清醒不受干扰,试问一共有多少种阅读方式?

答案见:P318

227 夫妇搬家

难易程度:★★★★☆
完成情况:是☐ 否☐

一对将要搬家的夫妻需要把他们的东西搬进一套六居室的舒适新居。他们总共有五件大家具:床、桌子、沙发、冰箱和写字台。这些家具很大,一个房间只能放一件。然而搬运工把冰箱和床放错了房间。现在,夫妻二人已经花了几个小时,希望能够找到对调这两件大家具的方法。

丈夫在桌上画出了一张屋子的平面图,并用五样小东西来代表需要搬动位置的大家具,他把小东西分别放在几个小格子内。威士忌酒瓶代表床,硬毛刷子代表冰箱。现在要求将酒瓶和刷子的位置对调,但每次只能有一样东西搬进空房间。当然,这道题目的答案多种多样,但富兰克林有一句名言:搬三次家相当于遭受一场火灾。所以,请你用最简捷的方法完成酒瓶和刷子的对调。

答案见:P318

228 雏菊游戏

难易程度：★★★☆☆
完成情况：是□ 否□

人们经常问我趣题的来源，其实我的很多趣题来自对瑞士趣题的改编，从瑞士国旗到阿尔卑斯山玫瑰，皆如此。

1865年夏天，我参加旅行团在瑞士阿尔卑斯山区从阿尔特多夫到弗吕伦之间游览当地的风景名胜。劳顿了一天之后，我们坐下休息。这时我们遇到一个正在采雏菊的农村小女孩儿。为了逗这个孩子，我告诉她怎样通过采摘花瓣来预卜她未来的婚姻状况，看看她的丈夫会是干什么的，是富人、穷人、乞丐还是小偷？她说这种游戏在农村很流行，不过游戏规则稍有不同。这个游戏要由两个人一起玩，每人轮流随意摘取一片花瓣或者两片相邻的花瓣。按照这种方法玩下去，直到摘完，摘到最后那一片的人就是胜者，把光秃秃的花枝留给对方。他们将这个花枝形象地叫做"老姑娘"，当然得到"老姑娘"的一方就是输家。使我们大感意外的是，这个不到10岁的小姑娘居然击败我们整个旅行团。无论谁先摘，胜者始终是她。直到回到卢塞恩我才弄明白游戏的技巧。

如图所示，图中有一朵13片花瓣的雏菊，两人轮流在花瓣上做一点小标记，一人一次在一片花瓣或相邻的两片花瓣上做记号。最后一个做记号的人就是赢家，而另一方只得收下"老姑娘"，承认失败。趣题爱好者们，你们知道谁一定能获胜吗？是先做记号的人还是后做记号的人呢？要怎么做才能获胜呢？

答案见：P318

229 哪一位付钱

难易程度: ★★★☆☆
完成情况: 是□ 否□

三个人开始打一局有15个球的台球。按照这个台球厅的惯例,输者必须付这一局的钱。1号台球手是个行家,他应允2号和3号可以合起来同他比较击入袋中的球数。正当他们要开始的时候,第四个人进来并加入。他是个外人,不接受任何额外条件,按照平等的标准同另外三人进行比赛。

积分架上显示出这一局中每人打进的球数。随后发生了关于谁是输者的争论。

这道趣题是要求说明,根据约定的条件,应该由哪一位台球手付这一局的钱?这个问题不像看起来那么简单,它曾被提交给最近一次台球锦标赛的选手们,结果没有哪两位选手能达成一致的意见。到底谁应该付这局的钱?为什么?

答案见:P318

230 早期铁路

难易程度: ★★★★★
完成情况: 是□ 否□

早期的铁路上,有一节车头带着四节车厢和另一节带着三节车厢的车头相遇了。该如何借助侧线使两列火车都通过(侧线的长度只能容纳一节车头或者一节车厢)?

没有绳索、杆子或者临时转辙器可以使用,而且车厢不能连接在车头的前面。在解答中车头每倒退一次算作移动一次,车头必须来回多少次才能达到目的?

答案见:P318

231 火海逃生

难易程度：★★★☆☆
完成情况：是□ 否□

火海逃生的发明人、获得专利权的宾克斯，声称全世界的每个卧室都应该准备这种逃生器。宾克斯火灾逃生器的原理非常简单，是在滑轮两边用绳索吊着两个大篮子，一个篮子放下去的时候，另一个篮子就会升上来，如果在其中的一个篮子里放一件东西作为平衡物，则另一个较重的物体就可以放在另外的篮子里往下运。

图中画出了一家夏季度假旅馆和安装在墙外的宾克斯火灾逃生器。假如两只篮子里都放有重物，为了安全起见，每次降下的东西重量之差不可以超过30磅。一天深夜，旅馆突

· 第三章 思维、推理与字谜

然发生火灾，除了守夜人和他的家属之外，所有的旅客全都安全脱险。当守夜人一家被叫醒时，除了窗外的那个宾克斯升降装置可以利用之外，其他的通路都被火堵死了。已知守夜人、他的胖夫人、狗和婴儿加起来一共重390磅，其中守夜人体重90磅，他的胖夫人重210磅，狗重60磅，婴儿重30磅。但是狗和婴儿如果没有守夜人或者他夫人的帮助，不会独自爬进或者爬出篮子。怎样才能让他们尽快安全逃生呢？

答案见：P319

232 教授与和平大会

难易程度：★★★★☆
完成情况：是□ 否□

"即使和平大会会加剧欧洲各种势力之间的冲突"，布朗加登教授说："它仍然是在正确方向上的一步举措，因为这场大会让人们开始思考，而这也是我们所追求的目标。"

在这个启蒙的年代，如果两个国家间的某项事务能够通过仲裁解决，去发动战争的话就不是一般的愚蠢。汇总两个争执不断的国家的战争资源是一道简单的计算题，只要清点男人、枪和金融资源的数目，然后对弱者说："你会挨揍的，因为你只有200万男人，300门大炮，5亿美金，美金你还是付给游走在国际间的仲裁委员会吧。"

布朗加登教授说，他在观察哈勒姆的山羊的时候发现了仲裁的真谛和普适的平静。一只大山羊和一只小山羊将会和睦地生活在一起，因为他们没什么好争的，但是两只差不多大小的山羊一旦相遇，就会引发争夺领导权的问题，然后两只当中比较蠢的一只会被杀掉。有的时候，争端会像《基尔肯尼猫》的悲剧一样结束：

曾经有两只基尔肯尼猫/每只都觉得另一只太多余/所以它们争吵，吐口水，抓挠，最后打了起来/直到最后，除了它们的指甲，和它们的尾巴末梢/两只猫，一只都没有了。

我曾经目击过两只山羊之间的生死对决，其中展现了动物们令人叫绝的睿智，同时也给我们带来了一个漂亮的数学问题，一个普通出谜人应该愿意去思考这个问题。我的一个邻居有一只山羊，它在若干次与岩石的对抗中都是无可争议的冠军，不过那时有个倒霉的人带来一只比它还要重3磅的山羊。原来那只山羊重54磅，新来的山羊重57磅，由于山羊很懂事，知道不要超出它自己的量级去打架，他们从没因体重之争打过架，无论从哪个角度看，他们开始时过得很和睦。但是体型较小的家伙暗暗制定了一个策略。他驻守在一条很陡峭的小径的顶端，以对手不能忍受的方式对另一只山羊大声辱骂，所以另一只山羊沿山坡怒冲上来，撞到占优势向下俯冲的这只小山羊。很悲哀的是，两只山羊都在剧烈的撞击中丧生了。

现在我们来说说这个问题当中一个令人感到好奇的特点，乔治·阿伯柯龙比在山羊之争的问题上做了很有意义的工作，他说道："通过反复试验，我已经发现能够破坏山羊头盖骨的一次重击的强度与30磅物体下落20英尺的冲量相等，这样的重击会导致山羊死亡。"我认可这一来自科学家的了不起的计算过程和结果，但我想问问大家：两只山羊相遇时导致对方头盖骨遭破坏的相对速度是多少呢？

答案见：P319

233　零字谜

难易程度：★★★☆☆
完成情况：是□否□

看了这幅插图的读者朋友们可不要以为图中所绘的小朋友衔着烟嘴，正在吞云吐雾。这其实是一个谜语的谜面，其中蕴涵着知识和智慧的炫目火焰。

根据报纸的记载，一群智慧超群的女教师为使学生体会到学习的乐趣，在黑板上抄写了一系列字谜。其中一题如图中所示，共计11个阿拉伯数字0，要求在其中添加六条直线，使之成为一句话，而这句话正是图中小男孩对狗所说的话。

据说，有一些头脑愚钝的牧师从来没有听说过该字谜，他们甚至将它和另一个他们所熟悉的古老字谜弄混了。那个字谜要求将"mad dog"（疯狗）倒过来念，即"god dam"（去死吧，上帝）。牧师们自然很愤怒，他们将这些女教师告上法庭，使她们丢掉了饭碗。

答案见：P320

234 圣诞节的火鸡

难易程度：★★☆☆☆
完成情况：是□否□

这是一个为青年才俊准备的漂亮谜题。这只雄火鸡让欢乐的圣诞老人在原野边开始了一场愉快的追逐，在他被追上之前，圣诞老人已经在雪地上留下了一串足迹。从图中可以看出，在他们到达现在的位置之前，是从右下角过来的，并且圣诞老人陪着火鸡已经兜了几圈了。现在，雄火鸡看上去快要束手就擒了。

请年轻人们仔细研究一下画面，指出图中某些不合实际的现象，并请加以详细说明，要知道，画家也不是没有过错的。

答案见：P320

235 复活节的鸡蛋

难易程度：★★★★☆
完成情况：是□否□

前几天，我们的一座办公大楼整个陷入了混乱状态，因为大家都在讨论一个老生常谈的问题，这个问题已经有了近一个世纪了。理发师弗兰克通常被人们称为"精于算计的理发师"，他将这个问题告诉了一位人寿保险经纪人。这位经纪人觉得自己在数学方面不够精通，如果没有外人的帮助，他无法解决这个问题。于是，他把理发店中的每一个人都拉入了讨论。一时之间，大家都开始讨论这个问题，整幢大楼都议论纷纷。弗兰克总结后认为，人们关于此题的解答有两种，理发师、律师、医生和牧师们的答案相近，他们和商人们各执一词，争论不休。到后来，弗兰克甚至都能从人们对此题的回答中辨别出每个人的职业。

题目是这样的：在复活节的晚宴上，出席者不停歇地享用了十打鸡蛋。侍者第一次上了30个鸡蛋，宾客们一分钟吃掉3个，花了10分钟的时间。接下来，侍者又上了30个鸡蛋，这次宾客们一分钟吃两个，花了15分钟时间。最后，侍者一口气上了60个鸡蛋。这一次，宾客们前一分钟吃3个，后一分钟吃两个，交替反复。也就是说平均下来，两分钟吃5个鸡蛋。

"不要把你的脑力消耗在此题的数学方面"，弗兰克说，"我的问题是，假如原先的宾客中只有一半数量出席，那么照此方式，需要多久才能把这120个鸡蛋吃完？"

答案见：P320

236　爱丽丝梦游仙境

难易程度：★★★☆☆
完成情况：是□否□

当我们再次回顾《爱丽丝梦游仙境》的时候，我们能很快回想起爱丽丝和她的那只常露齿嬉笑的猫的那些令人印象深刻的经历。那只猫能够迅速消失在稀薄的空气中，但是它那令人难以抵制的微笑却留存了下来。当然，每个人都不会忘记国王的那位行刑官所面临的窘境，他居然被命令去砍下一只猫的头，并且这只猫还没有躯干！行刑官的困惑与迷茫和一位爱尔兰人极其相似，后者被要求将一头大象从鼻子处斩首。当爱丽丝首次遇到这只猫科动物时，她想弄清楚它究竟属于那个物种。在仙境中，他们俩总是通过写信的方式互问互答，于是她写出了她心中的困惑。但是，在仙境中的阅读方式往往是上下或者左右颠倒的，所以她写下的问题如图所示。

这使得读者的阅读能够任意开始和任意结束，就仿佛他们也置身仙境一般。然而，正如路易斯·卡罗忘记告诉大家为什么仙境中的桌子形状像乌鸦一样，他也没能回答这个谜语中的一个主要问题——图中有多少种方式能够读出这个问题"Was it a cat I saw（我看到的是一个猫吗）"呢？

答案见：P320

237 飞翔的小鸟

难易程度：★★★★☆
完成情况：是□否□

这里有一个有赖于自然哲学法则和众所周知的常识性机械定律的不寻常的小问题。当中并没有什么陷阱，据我所知也没有任何必要向鸟尾巴上撒盐，并且我也不知道我是否比其他任何人更有资格回答这个问题。来自普林斯顿学院的一个简单的疑问让我想到："一只重1盎司的小鸟飞进只有一个小开口的盒子里，然后在里面一圈一圈不休息地飞来飞去，它会增加还是减少这个盒子的重量？"

我认为它和一系列富有教益的问题相关，这一系列问题会被所有对自然和机械科学感兴趣的人提到和回答。我会愉快地面对任何向我开火的主张且给出我自己的看法，并像班级里的其他人一样，为自己在争论中站错队负责。

答案见：P320

238 邦尼兔在哪儿

难易程度：★★☆☆☆
完成情况：是□ 否□

能在黑夜里观看四周其他的动物，因此，野兔就代表着那黑夜中一轮皎洁的明月。再加上复活节日子的计算是以春天月圆为基准，于是就将春天繁殖力强的野兔视为复活节的一个象征。这习俗传入美国后，美国人还为兔子取了一个可爱的名字，叫它复活节的邦尼兔呢！

上面这幅图中，藏了一只邦尼兔，但是就现在的情形是看不出来的。亲爱的读者们，请把右图沿着虚线剪下来，并和左图拼合在一起，看看邦尼兔在哪里？

我们中国的读者对这道谜题理解起来可能会有一些困难，所以我先给大家介绍一下邦尼兔的来历吧。依据欧洲古老的传说，野兔是一种终日不闭眼的动物，它们

答案见：P321

239 杂货店老板

难易程度：★★★☆☆
完成情况：是□ 否□

杂货店的老板是个半路出家的趣题爱好者，他故意在黑板上用字母代表数码。

如图所示，不同的字母代表不同的数码。那条水平线上面的各个单词所代表的数字相加，和为all wool（全羊毛制品）。本题要求正确地把所有的字母变为数码。

可以略作提示：老板的翻译码基于两个关键词，每个词由五个字母组成。他只要把一个词写在另一个词的后面，然后按顺序给每个字母标上所代表的数码，从1~9，最后那个字母标上0，就好了。

答案见：P321

240 生病的外甥

难易程度：★★☆☆☆
完成情况：是□否□

有一个奇怪的关于亲属关系的小问题，它有一个引人发笑的答案。

鲁本大叔到一个大城市去看望他的姐姐玛丽·安。他们一起沿着城市的街道向前走，来到了一个小旅馆前。

"我们待会再走吧，"鲁本对他姐姐说，"我想停留一会儿，问候一下我的一个生病的外甥，他就住在这个旅店。"

"好吧，"玛丽·安说，"你看，像我就刚好没有什么让人操心的外甥，我得赶紧回家。下午我还能继续观光。"

谜题爱好者们，玛丽·安和那个神秘的外甥是什么关系？

答案见：P321

241 调车问题

难易程度：★★★★★
完成情况：是□否□

这是一道同铁路相关的实际问题，以此说明日常事务的繁琐性。这道谜题是根据铁路发展早期的历史进行改编的，那时铁路才刚刚出现。在铁路双线出现之前，使用的还是平台。不过，在这里我无意再

回忆我们祖父辈的往事。这道谜题是一位女士提供给我的，故事基于她所说的"前几天"发生的亲身经历。故事是这样的：

"我刚到达站台，那是火车的必经之路，这时旅客们发现'特别快车'抛锚

了。列车长告诉我,大烟囱太热崩溃了,而该处又缺乏水源,没有办法使蒸汽机正常运转。"

正在这时,另一列从韦巴克开来的火车从远方驶来。所以,此刻必须想出一个办法,使它绕过抛锚的快车。图中那四段分别标有A、B、C、D标记的铁道只能容纳一节车厢或一节机车。当然抛锚的机车已经不能自己开走,而必须像普通车厢一样,用别的机车推或拉走。普通车厢可以单独进行推拉,也可以好多节一次性推拉。牵引的机车可以用其前端拉车,就像平时用其后端拉车那样。

问题要求我们用最有效的办法,让从韦巴克开来的列车通过抛锚车子所在的位置,它开过去之后,抛锚车子完全按照老样子停放在铁路线上,朝向也不改变。所谓最有效的办法,我们的意思是指来自韦巴克的机车需要转换运动方向的次数为最小。在解决这个趣题时,可把铁轨画在纸上,再用厚纸板剪出一些筹码,来代表机车与普通车厢。

答案见:P321

242 哥伦比亚鸡蛋

难易程度:★★★☆☆
完成情况:是□ 否□

赌徒们的下注总是非常鲁莽。其中就提到了一种在布上搁鸡蛋的游戏。这可能是哥伦比亚鸡蛋故事的正确解法,不过这则故事的寓意之于那个疯狂的年代似乎又有些过于温和。我发现其中包含了一种非常有趣的原则,现在呈现给读者,权当对

15世纪的一种独特的缅怀。

因为这道谜题和其他普通的谜题不同，它需要的是思维创见，而不是某种实验方法。实际上，不需要实际的操作，我们的谜题爱好者只需要用聪明才智，说出解决该问题最佳的原理和原则。聪明的谜题爱好者，大概看看这张图，就已经能猜得答案了。

这是一个很简单的游戏：两个对手轮流在一张餐巾上放鸡蛋，谁放下最后一只鸡蛋，谁就是赢家。鸡蛋一旦放下，就不能移动，也不能同其他鸡蛋接触。但是鸡蛋的大小，或者餐巾的大小，以及鸡蛋之间的距离都不重要。所以看上去，谁能放下这最后一颗鸡蛋完全要靠运气。不过，如伟大的航海家哥伦布所说："如果有人告诉过你之后，你会发现这是世界上最简单的事情。"

答案见：P321

243　金字塔谜题

难易程度：★★★☆☆
完成情况：是□否□

这道谜题简明而颇具趣味，他源自我亲身经历的一次惊心动魄的冒险。当时我正在攀爬金字塔。

如图所示，导游腰挎宝剑，只要有狮子挡住我们的去路，导游就可以挥剑将其杀死。我们还事先约定好了，但凡我们有所捕获，那狮子皮归我所有。我们正跃跃欲试地想爬上基奥普斯中那座较小的金字塔，这时一头寄居在这附近的狮子进入我们的视线，我二话不说急忙将行李放在金字塔顶部的安全处，然后三步并两步，情急之下居然一跃跨过了5层台阶。导游跨过了6层台阶，狮子则跨过了7层台阶。当时情形错综复杂，看看这张插图你就知道了。不管怎么测量，任何一方都无法达到顶部。不过，尽管下端的台阶看不清楚，这些信息还是足以让你算出金字塔的准确高度。

我顺便说一下，当我将我的随身物品安置在安全地方的时候，我吩咐那个导游去剥下狮子的皮。我想那个无赖的导游肯定也私藏了相等的狮子皮，因为我再也没有见到过他。

答案见：P322

2、44 "好运"谜题

难易程度：★★★★☆
完成情况：是□ 否□

我们的"好运"谜题来源于一个商业趣闻。这是好几年前，我在荒芜、粗犷的西部偶得的一则商业趣闻。当时，我作为一个进步的青年，一心想寻找发家致富的方法。当地有一个富豪，靠五金生意发了大财，我于是向他取经，他告诉我："成功的关键在于，选择一样名产，持之以恒，假以时日，直到成为该行当里面的销售王。"

我告诉他我只有70美分,所以不知道如何靠这点钱发财,这就是我的"谜题"。他告诉我这个"谜题"不错,建议我将一生奉献到这些"谜题"上,任何时候都不要自我膨胀,以为自己可以找到更好的行当发光发热。

为了向我证明他的理论,他告诉我很多年前,有一个裁缝办了一个裁缝店,他在门前放了一个金制的马掌幸运物,店铺专营裤子(Pants)。5年之后,他退休了,那时已经身价百万。这时来了一个酒商,盘下了裁缝的店面,他只改动了一个字母,将石竹花(Pinks)作为商店的主打产品。如此又来了花商、珠宝商、铅匠、药商、速记员、泥瓦匠、丧事承办人、杂货商、造船商,一直到现在的钉子商。每个人在上家的基础上,都只换动一个字母。我现在已经忘记了其中的一些行当,但是我们的谜题爱好者聪明绝顶,帮我解决了这个问题,以至于我最后不得不为最好的答案准备一份奖品。我后来听说亚伯拉罕·林肯接手了这家商店,在这之前,这家店已经六易其主了,每个掌柜离开的时候都名利双收。

谁能找出每次变动一个字母的顺序?

答案见:P322

245 智斗"调皮鸡"

难易程度:★★★☆☆
完成情况:是□ 否□

就恶作剧的嬉戏，或者农民口中的"气死人不偿命的顽固"来说，我从来没有见过有能够和两只顽固的鸡匹敌的事情。无论你怎么赶它们，无论你怎么引诱它们，这两只鸡就是不离开菜园子。它们不跑，也不乱飞，只是左躲右闪，紧贴驱赶他们的人，就是不让他们抓住。抓鸡的人好几次都差点抓住它们，可还是被它们给溜掉了。抓鸡人只好悻悻地作罢，这时这两只鸡尾随着，紧跟抓鸡人的脚步之后，发出鄙夷和不屑的叫声。

现在新泽西的农场已经成为城市人们避暑的胜地，赶鸡也成为一项时尚运动。在菜园中，总是准备着两只宠物鸡，等着人们来一显身手，看是否能成功抓住他们。

一块菜地被分成64个正方形的小块，每个正方形小块之间由玉米堆隔开。现在让我们假设他们在玩一个游戏，在玉米堆之间从一个正方形移至另一个正方形，可以上下移动，也可以左右移动。

每一方轮流玩。首先农夫和农妇每人各移动一步，然后两只鸡各移动一步。如此轮流，直到能够将"鸡"逼到无路可走。请问这需要多少步？

画出一张包含49个玉米堆的草图，然后在上面描绘出如何以最少的"步"将鸡抓住。

答案见：P322

246 聪明的巴格达商人

难易程度：★★★★★
完成情况：是□ 否□

毫无疑问，这个故事无人不晓，说的是一个人带着一桶蜂蜜去卖，随身携带一个5夸脱和3夸脱的大水罐。碰见了一个客人，这个客人想买4夸脱的蜂蜜。这个例子是把弄量器的好机会，而且没有陷阱，也不会陷入诡辩。不过我们现在要解决的是另外一个问题，请看下面的内容：

巴格达的一个商人专门做朝圣者的生意。这些朝圣者常常穿越沙漠而来。这个商人曾经就碰见这么一个棘手的问题：一个沙漠商队的领头来找他，他想买一些酒和水。说着在商人的面前放下3个10加仑的器皿，然后告诉商人说："将3加仑的酒放在第一个器皿中，在第二个器皿中装3加仑的水，然后在第三个桶中装水和酒各3加仑，最后给13头骆驼每头喂3加仑的水"。

根据东方的惯例，本谜题中出售的水和酒，都是以偶数计量的，所以这个商人只备有2加仑和4加仑的容器，只能依靠这两个容器来解决这道刁钻的难题。然而，这个商人没有借助任何窍门和工具，也没有使用非一般计量问题的策略，他成功地

按照客人需要的量，将水从大桶（63加仑）中取出来，将酒从小桶（32+1/2加仑）里面取出来，一滴都没有洒掉。

如果我们将液体从一个容器移到另外一个容器称为一次"操作"，完成这个难题最少需要多少次"操作"？这个谜题被称为"最棘手的酒和水"问题。

答案见：P322

247　戈尔迪之结

难易程度：★★★★☆
完成情况：是□ 否□

毫无疑问，现在想要为可怜的戈尔迪昭雪已经为时晚矣。不过，作为铁杆的谜题爱好者，我们可以对亚历山大大帝专横的手段嗤之以鼻，作为一个参赛者，居然既当选手又当裁判，将奖赏赏给自己的解法，而他的解法又那么荒诞不经，真是有失公允。亚历山大大帝开创了一种罪恶的先例，是谜题流氓的始作俑者，一直流毒至今。 现今，我还总是能找到"亚历山大"的徒子徒孙，他们根据自己的偏见解题，又靠剽窃他人的答案斩获奖品。

戈尔迪是未谙世事的乡下小伙，靠过人的聪颖天资他成为弗里吉亚国的君王，在历史上被称为"耕童君王"。人们传说，当他获得权杖的时候，他将以前的耕田用具用一个结悬系在梁柱上，这就是历史上著名的"戈尔迪之结"。因为打结的方式太古怪，没有人能打开这个结。于是，有神谕宣称，如果谁能打开这个结，不论出生、阶层，都该继任该国皇帝。

据说亚历山大大帝多次尝试去解开这个结，但是都无功而返，不过这倒是激起了他更强的成功欲望，于是他拔剑出鞘，斩断绳索，大声叫道："这才是获得成功的最简单方法。"那些熟悉这个故事及其可鄙结局的人们，居然在克服困难取得了成功之后，也故作姿态，得意扬扬地说道："我砍断了戈尔迪之结了！"

按照研究这个历史事件的历史学家和所有的文学家的观点，这种解谜方法光明正大，无可指摘。所以，他们还精准而详细地写道，很多人都尝试着去图解这个谜题，而且也创造出许多此类稀奇古怪、错综复杂的绳结。我想知道，如果解题人也效仿亚历山大大帝的方法，斩断他们的绳结，他们是否会满意这个回答。

在讲述这个故事的时候，我主要依据百科全书中的记载，而且忠于其中的记载。所有的记载都认为绳索打得太紧，压根找不到绳子的头；还有耕田的工具悬系在神庙的U形钉上。我同意拉提默的推论：农具是分开悬系的。我也认同其对修枝剪的论述，认为修枝剪是需要特别说明的。可以断言，在解决这把剪刀的纠纷中，所有的谜题爱好者都向其好友寻求过帮助。

这道谜题是为夏日出游特别设计的，无论是在海滨还是在高山胜地都颇受欢迎。只要有耐心，坚持不懈，潜心钻研，都能迎刃而解。解决这个问题的时候，需要身处一个僻静的角落。"远离那群心浮气躁的人群。"找一根长约一码的绳索，将绳子的两头系在一起，让其变成一个没有头的绳结。随便找把剪刀，将绳子弄成如图所示那样，只是不要将绳索系在U型钉上，而是将其往外一扔，像一根项链一样，越过一个坐在便利地方年轻女士的头顶，她一定能帮助你成功解开这把剪刀，让你成为亚洲的"国王"。

答案见：P323

248 探究"八进制"

难易程度：★★☆☆☆
完成情况：是□否□

想让常人用非传统的思维解决某个简单的问题是非常难的，所以此处我们来审视一下我们都熟知的记数系统。7、20和100加起来的得数是127，对于大多数人来说简直是不言自明的。可以说，大多数人都不会对此有所怀疑。人们总是将127理解为一个100，两个10和7个单位。在他们眼中，每一列都可以累计到9，如果超过9，就应该向列的左边进位。人们如此思考，是因为这是理所当然的事情，如果人类是如传说中那样起源于猴子，它们只有四根手指，我们也就没有那多余的一根手指，那样的话，我们可能会使用八进制进行计算。

从数学的角度，可以说较之其他进位制，十进制并非无懈可击。甚至就某种用途而言，七进制（从1数到7）更优。在这种记法中，66表示的是6个7和6个单位，所以如果再加上1, 66则应变成100，而实际上100只相当于十进制中的49。

你可以看到，在第一列上1加6等于7，所以我们应该在第一列写上0，然后向左进一位，这样第二列上的6又变成了7，所以我们又在第二列上写上0，往第三列进一位，这就变成了100。相同的道理，222代表的是2个单位，2个7，以及2个49也就是114。

假设八进制是我们"四指祖先"流行的一种计数方法，他们只数到8，对9和10一无所知，那么你如何表示1906年，以表示耶稣基督出生之后过了1906年。这是一个非常有趣的问题，可以让我们打破定向思维，更深层次了解数字的原则。

答案见：P323

249 数字问题

难易程度：★★★★☆
完成情况：是□ 否□

所有的谜题爱好者都知道那个基督徒和土耳其人的故事，说的是一伙基督徒和土耳其人共30人在海中遭遇风暴，船长如何决定将其中一半的乘客投入海中以挽救船只的故事。船长是一个处事公道，从不偏袒的人，他让乘客站成一个圈，每数到13，第十三个就被挑出来，直到凑够15人。在这群乘客中，有一个基督徒，他是一个数学家，而且是一个虔诚的人，所以他想这肯定是上帝派他来拯救他的子民，惩戒那些异教分子的。于是，他用一种特殊的方法来对这30个人进行安排，照这样数下去，第13个人就必然是土耳其人。

　　这个谜题主要取决于如何排列。那么让我们分别拿出15个白色棋子和15个黑色棋子排成一个圈，然后轮圈地数，每数到13就取出来，这样所有的黑色棋子就会全部移除。为了解决这个谜题，你只需要将30个棋子围成一个圈，然后轮圈进行数，每数到第13个棋子就取出来，直到移除了15个棋子。然后再将空出的地方换成15个黑色的人，和15个白色的人，这样我们就肯定知道基督徒和土耳其人是如何排列的。

　　一天，5个男孩和5个女孩，在从学校回家的路上，捡到了5便士。"钱"其实是一个小女孩捡到的，但是汤米宣称当时他们在一起，所以这"捡到"的东西应该是属于大家的。有人给汤米讲过"基督徒和土耳其人"的故事，所以他想可以通过分钱来验证下这个故事的真实性，因为很显然这十个人中只有五个人能分到钱。于是，他将同伴排成一个圈（如图所示），然后告诉女孩们他们是基督徒，男孩子是"土耳其人"。汤米都已经安排好了，这样从某个点开始数，数到13，所有的女孩子都会被数出来。

　　这个谜题和古老的"基督徒和土耳其人"的谜题不一样，因为你要猜从哪个人开始数，以及最少数到几，可以将男孩数出来，让女孩留下。从上面那个没戴帽子的女孩开始，往右数，这样第13个人就一定是女孩，但是这个谜题是要让大家思考，汤米用了哪个数字来取代13，从而将奖品给男孩子。当然，当一个人被数出来之后，他应该往后退一步，在下一轮重新数数中就不再作数，所以应该从下一个人开始。

答案见：P323

250　巧铺电线

难易程度：★★★★☆
完成情况：是□否□

　　这道谜题说的是在最近的一次预选会上，组织者雇佣了一名电工在大厅的后背安装发音器，发音器由前门的按钮控制。这样管理者可以告诉那些喋喋不休的演讲者应何时停止。

　　工人和组织者就需要的电线长度展开了激烈的争论。最后他们来询问我，我发现其中所涉及的问题，谜题爱好者们一定能够解决。

　　大厅宽度为12英尺，高度也是12英尺，长度为30英尺。同时，如图所示，电线应该贴墙而行，穿过天花板和地板，经过在后墙天花板3英尺远的发音器，到离地3英尺高的按钮，也就是在前面墙壁的中央，靠近门。

墙的厚度以及单线或者双线的问题不考虑。请问如何安装电线才能达到使用最短电线的要求。

答案见：P324

251 分牲口

难易程度：★★★☆☆
完成情况：是□ 否□

这个故事说的是一个大牧场主，知道自己年事已高、时日不多了，所以就把几个儿子召集起来，告诉他们，在他有生之年，他想把自己饲养的牲口分给他们。"你，约翰"，他对老大说，"你能照看好多少牛，就领走多少。你妻子南希可以获得剩下的1/9。"又对老二说："萨姆，你可以得到的牛比约翰多1头，因为是他先挑选的；你的妻子可以得到剩下的1/9。"对老三，牧场主也如此说，因为比较肥的牛已经被挑走了，所以分给他的头数比萨姆要多1头，给他妻子的，也是剩下的1/9。对于下面的儿子们，牧场主也如此行事，直到牛被分完。

然后，他又说道："因为马的价钱是牛的价钱的两倍，所以我打算通过分

割马的头数，让每家获得的牲口价值大体相等。"

现在，我们的小牧场主要发挥他们的聪明才智，想一想每家应该分到多少牛？多少马？我很乐于尝试一下如何去分配这些牛和马，因为虽然看上去很简单，但这个谜题不仅需要数学知识，更加需要一些巧妙的思考。

答案见：P324

252 瓦工的问题

难易程度：★★★☆☆
完成情况：是□ 否□

有一个男孩总是自以为是，他觉得自己很聪明，世上的事情没有他不知道的。他不知道天外有天，人外有人的道理，终于在一次和瓦工的对阵中惨然落败。

有一天，他向一个瓦工发难："如果一块砖的重量是另一块砖的3/4和一磅的3/4，请问这块砖多重？"这个瓦工没有回答他的问题而是说："每个人都应各安其位；你的专长在数学，我的专长在梯子上。所以，如果你能正确回答我的问题，我才会同意去猜一猜你的谜题。"男孩爽快地答应下来。瓦工接着说："你说说爬上这把梯子，再爬下来，再爬上去，也就是在地面两次，在梯子的每一层两次，在梯子顶部两次，至少需要几步？记住每一步的高度必须相等，每一步都代表一次。"这下男孩犯了难，从此以后再也不敢炫耀自己的聪明了。

这个谜题中不存在陷阱和双关语句，是一个非常好的题目。不过，我敢肯定地说，年轻的朋友们必须亲身实践好几次才能得出正确的答案。因为最好的谜题都是来源于实践的。

答案见：P324

253　夏日旅人

本谜题是关于一伙不和的郊游者如何乘同一艘船，在不翻船的前提下，渡过河流的问题。在具体讲这个有趣谜题之前，我想先说一个故事。

我想所有的谜题爱好者，无论老少，都对那个技艺精湛的船夫有所了解：他必须将一只狐狸，一只鹅，还有一些玉米运过河，可是船太小了，仅能容纳两个人坐进去。

这个故事还有一个德文版本；说的是一个农民，有一只狼，一只山羊，还有一只番茄罐；他必须想方设法将这些东西运过河去。因为山羊是狼的"美食"，而山羊又天生爱吃番茄。青少年对我们耳熟能详的这两个故事非常感兴趣。通过解决这种问题，可以训练我们没有得到充分利用的记忆能力和推理能力。

对于训练有素的解谜人来说，解决这种问题轻而易举；但是，对于那些初次涉猎的谜题爱好者来说，要求计算船需要来回几次，他马上就会意识到这个谜题是多么耗费心力。

我想对这两个故事都很熟悉的读者，可能会灵机一动将这两个故事融为一体，那么就会出现一种很有趣的情景。对于一些很简单的题目，我有时就会采用这种"伎俩"，让它们搅和在一起，成为一道名副其实的"拦路虎"。

对于有些无法用语言说清的细节，我们可以借助插图。从图中我们可以得知，这道题中的这伙游客是在野外聚餐回来的途中碰见了一条河流，眼下只有一条小船，一次只能载两个人，而且女士都不会划船。黑人丈夫和另外两位男士有很深的矛盾，他的妻子也和另外两位女士有很深的矛盾。黑人丈夫坚决不肯与另外两位男士一起过河，他的妻子也坚决不肯和另外两位女士一起过河。那么男士们应该如何操作，才能让交恶的两方不一起过河，也不待在同一边岸上呢？此题还有一个奇怪的要求，就是一个男士不能同时和两个女士待在同一边岸上。

此题需要回答的是使用这艘两人乘坐的小船，必须来回多少次，才能将所有的人运送至对岸。即使有能力回答这个问题，但如果不借助笔和纸，能立即回答出这个问题的人也是千里挑一。

答案见：P324

254 虎斑狗和健将猫

难易程度：★★★☆☆
完成情况：是□ 否□

这个谜题是我从算术教科书中找到的。先不要急着翻书去找答案，也不要去问你的老师，因为他或者她已经根深蒂固地接受了现存的答案。所以，你诚心讨教的结果，只是让你错上加错。

这个谜题说的是，虎斑狗和健将猫比赛，路程是从一棵树到树桩，再从树桩跑回这棵树。总路程大概225英尺。虎斑狗每跳跃一次越过的距离为5英尺，健将猫是3英尺。但是健将猫跳跃5次的时间，虎斑狗只能跳跃3次。

现在，亲爱的读者们，你们认为比赛谁赢谁输？

答案见：P324

Tabby and Sport
By Sam Loyd.

255 全城戒严令

难易程度：★★☆☆☆
完成情况：是□ 否□

"回文"是指那些顺读和倒读都相同的单词和句子，例如level、eve、gig等，它们从左到右或者从右到左的读法都相同。还有个例子，亚当欢迎夏娃时说：

"Madame, I'm Adam",还有这个句子:"Name noon man"。回文的历史悠久,在现在常被人引用的拉丁语与法语箴言中也有着一些经典的例子。

这是一个在星光剧场附近偶得的小政治趣题。孩子们举着的牌子上的戒严令写着:"所有未持有组织旗号的游行队伍将被驱散(starcomedynit)",但是孩子们的游行队伍却让路人发笑,你知道为什么吗?

答案见:P324

256　亨利·乔治的趣题

难易程度:★★★☆☆
完成情况:是□ 否□

在我们时代的名人之中,他们之所以誉满天下,要么是因为他们不畏艰险、吃苦耐劳的精神,要么是因为他们勤奋努力、战胜困难而立下的伟业。晚年的亨利·乔治可谓其中名副其实的佼佼者。在乔治主要的研究领域中,著有《进步与贫穷》一书。随后,只要有所争论他都必引述其中的词句,而且总是无往而不胜。在我们经常讨论单一税(single taxation)相关的问题时,虽然我们不免惊讶于他推翻他人无法回答的质疑时的坦然,但我还是坚信,后辈之中无一人能继承他的衣钵。

有段时间,我们常常在新闻俱乐部碰碰头,乔治先生一直用政治经济学中的难题来为难我。我也不甘示弱,给他出了道谜题,这道谜题千变万化,暗藏玄机。

这道谜题是根据古老的星星谜题(old star puzzle)改编而来的。星星谜题就是在星星的位置放上棋子,规则如下:拿起一个棋子,将其放在1号位置,然后跳跃一次(和国际象棋一样),可以向前至3

号位置，或者向后至12号位置；然后再放第二个，比方说在2号位置，然后跳至该行的4号位置或者13号位置，如此直至所有的位置上都布满了棋子。一枚棋子一旦移动过之后，它就不能再动，而别的棋子（在移动之前或之后）也不能放到已经被一枚棋子所占据的位置上。

亨利·乔治的创意是，挑选一个由十二个字母组成的单词，在每枚棋子上书写一个字母，然后按照常规，从单词的第一个字母开始，按照顺序把棋子放到图上，要求在字母都放到图形上之后，看看你至少需要走多少步才能将这个单词拼写完整。

这道谜题虽然很简单，但是这种谜题有助于我们理解词形和词义，因为字母的不同排列会形成不同的单词。

亨利·乔治对此趣题大感兴趣，他用模棱两可的话来恭维我，说它是"我发明的最奥妙的东西"，并且很快解决了这个难题。你能否找到一个很好的、由12个字母组成的英语单词来满足这些要求呢？

答案见：P324

257　所罗门神庙之谜

难易程度：★★★★☆
完成情况：是□否□

据民间传闻和《圣经》记载，所罗门神庙是有史以来最雄伟的建筑物。神庙筑于巴勒斯坦的摩利亚山上。由于建筑师和工匠巧夺天工的设计，这座庞然大物般的建筑物的各个部分，乃至细节成功拼拢起来之时，都听不到锤子、锯子和凿子的任何声响。

所有的石块打磨是在采石场完成的，石块比例完美、大小精确，可以轻易地放进需要的位置，不需要使用任何工具，也不会产生任何噪音。一块块大理石，其中有些体积庞大，靠着牛群从神庙所在地拉到方圆一英里之外的地方。然后，再靠人力，沿着陡峭的山路，搬运到高达880码的庙宇水平面上。

由于庙宇的主体是由一块块一碗尺大小（即18英寸）的正方形大理石建成的，所以这些正方形大理石每块重632磅，这些足以说明当时挑夫的气力和耐力。

从这座庙宇的古画中，我们可以看到这些巨石是由三个人抬着搬运的。如果古人在这点上是精准而科学的，那么这就引出了一个很有趣的谜题，并且值得我们深思。

走在前面的挑夫手握担架，离大理石约36英寸。我要问的是，后面两个挑夫应离大理石多远，才能使得每个挑夫分配的重量相等。

这张启发我想出这个谜题的古画，画出了三个人的正确位置，这对解决这个问题也有启发意义。所以任何对谜题痴迷的人都会在脑子里面盘算一下，以确定大理石的重量是否平均地分配了。不过为了隐藏该谜题的难度，我变换了这三个人的位置（如图所示），所以要解决这个问题，可能需要费点脑力。

答案见：P324

258 步兵训练

难易程度：★★★☆☆
完成情况：是□ 否□

这是一堂军事战术课程，从中我们可以看到"无敌将军"就像伟大的拿破仑一样，在年少时就显示出了早熟的军事天才。

还不到十岁的时候，他就操练一帮市井顽童，教他们如何使用武器，而且开创了著名的"成双成对列队法"，可是这种队列总是让"军校的学生"感到迷惑不已，难以掌握。

在这种队列中，士兵要保持举枪敬礼的姿势，士兵与红十字护士交替站立。然后要求每次只移动相邻的两人，将四个士兵同四个红十字护士分隔开，但仍像原来一样，八个人排成一排。

这项任务要求：指挥官按照士兵帽子上的字母进行指挥，每次移动两个人，如此4步之后（他们之间顺序不能颠倒），所谓一步，是相邻两个孩子一起挪动到其他位置，使男孩与女孩彼此分开。你知道该怎样完成这个任务吗？

答案见：P325

图说世界趣味谜题

259 台球问题

难易程度：★★★☆☆
完成情况：是□否□

阿普费·鲍姆教授前几天和朋友布鲁门·施泰因一起玩台球。在100分中，教授让朋友20分。这时古格尔黑姆走进来，建议来一场3人200分游戏，布鲁门·施泰因让他25分。

于是接下来的讨论就围绕着教授应该让古格尔黑姆多少分。后来居然两个专业玩家、一个谜题家兼数学家都解决不了这道简单的问题：A让B20分，B让C25分，那么在一场200分的游戏中A应该让C多少分。

读者朋友们，你们知道这个谜题的答案吗？如果知道，那你们也可以成为谜题专家喽！

答案见：P325

260 木球瓶游戏

难易程度：★★★☆☆
完成情况：是□ 否□

古代丹麦有一种滚球游戏，据说现代保龄球运动就是由此演化而来。玩这种游戏的时候，将13根木球瓶在地上排成一行，然后用一只球猛击其中一根木球瓶或相邻的两根木球瓶。由于击球者距离木球瓶极近，玩这种游戏无须什么特殊技巧，可随心所欲地击倒任一木球瓶或相邻的两根木球瓶。比赛者轮流击球，谁击倒最后一根木球瓶，谁就是赢家。

假定选手使用某种技巧，可以随心所欲地击倒任何一根木球瓶。因为根据传统规则，如果选手没有击中，那么就输了比赛。所以，假定选手可以随心所欲地击倒一根或者两根相邻的木球瓶，如此轮番上阵，每次击倒一根木球瓶，那么，瑞普·凡·温克尔的问题也就迎刃而解了。

同瑞普·凡·温克尔进行比赛的是一位身材矮小的山中之人，他刚刚击倒了第2号木球瓶。瑞普应该在22种可能性中做出抉择：要么击倒12根木球瓶中的一根，要么把球向10个空当中的任一个投去，以使一次同时击倒两根相邻的木球瓶。假定比赛双方都能随便击倒其中一根或相邻的一对木球瓶，而且双方都是足智多谋的游戏老手。为了赢得这一局，瑞普应该怎么做才好呢？

答案见：P325

261　14～15谜题

难易程度：★★★★☆
完成情况：是□否□

谜题界的老谜题爱好者一定还记得在20世纪70年代初期，我出的一道关于可移动方块小盒子的题目如何让整个世界疯狂，这就是著名的14~15谜题。15个方块按照顺序排列在正方形之中，只有14和15两字数字是颠倒的（如上方插图所示）。这道谜题就是左右移动方块，一次只能移动一块，最后要求14和15的位置对换。

当初，谁第一个解出这道题就能获得1000美元的奖金，虽然有数千人宣称自己成功解出了该题，可是没有一个人真正解决了问题。

人们为这道题目神魂颠倒，甚至生出了很多荒唐的故事。其中一个说的是一个店家过度沉溺于解题，居然忘记打开店铺做生意。还有传说一个著名的传教士某个冬夜站在路灯下一宿，只为回想出自己以前想到的解法。这道题的神奇之处就在于无人能够回想出他们自认能解出谜题的步骤。据说有船员因为沉溺其中导致船只失事，工程师让火车跑过了站，各行各业混乱不堪。据巴尔的摩的一位著名编辑说：有一次他去吃午饭，竟然发现他手下的员工都在盘子内将"派"推来推去！还有图中的这位农民，居然为了这道谜题荒废了田地。

我从最初的谜题中，阐发出了几个新的问题，此处值得一述：

第一个问题——如图那样重新开始，移动数字让其按照顺序排列，但是最后空着的格子在左上角，而非右下角。

第二个问题——移动方块，让其形成一个"神奇的正方形"，且十个不同方向上的数字加起来都等于30。

答案见：P325

262 爬梯子和切西瓜

难易程度：★★★☆☆
完成情况：是□ 否□

东京姑娘在梯子上展示了她的平衡绝技。现在请谜题爱好者来猜一猜，东京姑娘爬上、爬下、再爬上梯子需要多少步（也即，两次到达梯子顶端，一次在地面上）。汤姆说这道题没有任何陷阱，非常直白，但是可以肯定地说你只有亲自上上下下下楼梯几次才能得出正确的答案。

在另一边，著名的刀客斐木，只用了一刀就将一个西瓜"大卸八块"。汤姆说："演员在表演之前，先找了个西瓜切割成八块，然后再将它们拼合。"当然，这道谜题只是让你将这八块拼成一个正圆。

答案见：P325

263 野人的金币

难易程度：★★★★☆
完成情况：是□ 否□

图片中的迷糊大王正在和来自婆罗洲的野人掷骰子，可是手气不佳。在布加洛斯的掷骰子游戏中，骰子往空中一丢，然后其他的人记下骰子着地正面所显示的数字，然后挑选其他四面中的其中一面，其他三面上的数字归对手，底部的数字是不算的。虽然数学家们因为两个数字对三个数字是否不公而争论不休，但是总体而言这个游戏非常简单。在插图中，野人以五点的优势战胜了迷糊王，赢走了迷糊王的财宝。根据中图所显示，迷糊王掷的骰子中正面朝上的一定是哪个数字，才能让野人赢够5点。

英格玛公主一直在旁边做记录，最后结果显示迷糊王是大输家，而且如果你将数字转换成布加洛斯制之后，会显得更大。我们知道婆罗洲的野人只有三根手指，所以他们采用六进制计数，也就是说我们十进制中的7、8、9、10他们是不使用的。这是初等算术中的一个趣题，现在我们邀请谜题爱好者将109，778转化成布加洛斯记数，这样那些不懂7、8、9、10的野人才能知道他们到底赢了多少金币。

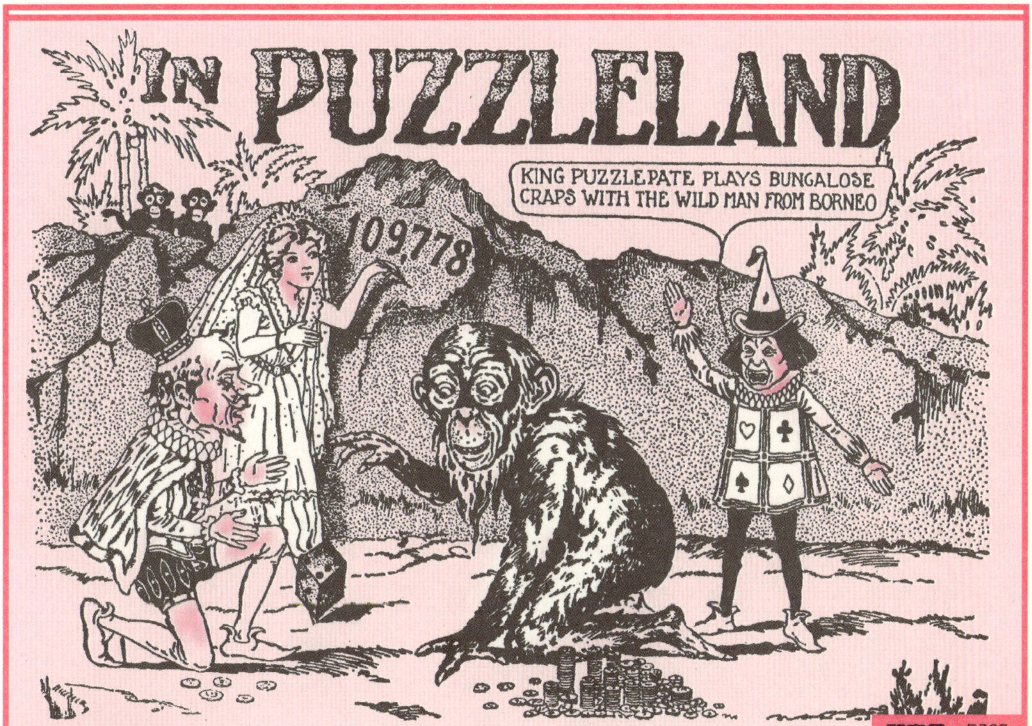

答案见：P325

264 觅对游戏

难易程度：★★★☆☆
完成情况：是□否□

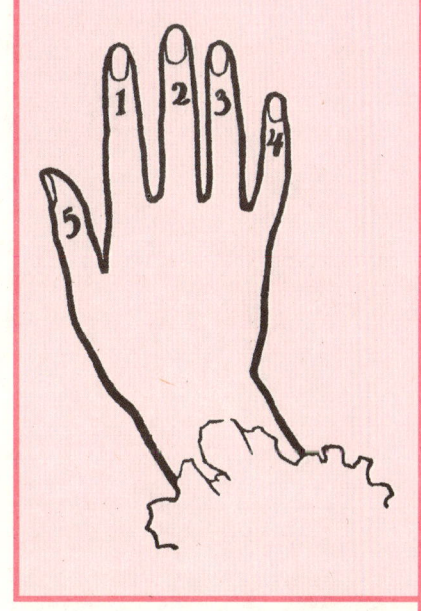

这是一个双人玩的古老的小游戏，玩家使用一个计算器，轮流出数。首先在如图所示手指中代表的任何一个数字上放一个标记物，然后说出那个数字（比如5）。这时你的对手将标记物移至另外一个数字（比如4），然后再将两者相加说出得数9。然后你又将标记物放在5上，这时得数为14。游戏就这么一直继续下去，直到其中一方得到35，从而获胜。如果任何一方超过了35，那么他或者她就作为老处女或者老光棍(当然也可以是其他)。

这款游戏玩的时候可以使用一个戒指。记住拇指永远代表5，食指代表1，以此类推。这是一个为了找乐子的小游戏，千万不要当真，因为如果当真的画，将戒指放在一个女孩的第三个手指，那可代表的是你将与其一生相伴哦！问题是你一开始应该挑选哪个数字才能获胜呢?

答案见：P326

265 建筑师谜题

难易程度:★★★☆☆
完成情况:是□ 否□

古代一个国王有一次召见他的建筑师。国王将新地牢的平面图给建筑师看,并说:"我想对此方案稍作修改,这样现在在墙角牢房办公的典狱官就能以最短的距离巡视整个监狱。"

这个御用建筑师拿起一把剪刀,一边说着他早年就对监狱的内部结构了如指掌,一边将平面图剪成两半,然后又将其拼合,说:"这样一弄,占地相同。门设置在每个牢房墙壁的中央,整排牢房都可以一览无余。而且在查看过整个牢房,回到起点之后,每个牢房只需巡视一遍。"建筑师展示了改进的方案,并且让典狱长体验了一下。典狱长非常满意。

请问:建筑师是如何剪裁这张平面图的?

答案见:P326

266 最佳路线

难易程度:★★★☆☆
完成情况:是□ 否□

邮递员的工作对于人们的日常生活来说很重要,他们尽职尽责才能保证人们与外界的联系畅通,让人与人之间的距离变短。但是邮递员的工作也很辛苦,因为他们必须在各个地方不停地奔走。如果他们能够合理安排自己的路线就能够少跑很多冤枉路。

如图所示,这个邮递员要跑六个街区,所以他向你求问最短路线是哪条。至于从哪里开始,到哪里结束,你可以自行决定。但是有一点,如果你要转弯,只能往右,不能往左,否则你的答案就是错的。让我们假设长街区在A、B、C大道上,短街区在第一、第二、第三、第四大街上。这点可以为描述最短路线的时候提供便利。

答案见:P326

267 掷骰子

难易程度：★★★☆☆
完成情况：是□ 否□

虽然说几乎所有游戏都和概率多少有关系，我们还总是不无吃惊地发现：居然有那么多人对概率没有一点概念。并非所有人都能不假思索地告诉你一个硬币连续扔三次正面朝上的概率为多少，或者你从桌上四张扣着的A中，抽出两张相同花色的概率为多少。将一块手绢的两个角拧在一起，对角线上的那个角拧在一起的概率为多少？

我前两天问了一个知名的运动员：连续十次猜对硬币的正反面的概率是多少？他的回答居然是，我相信我这一辈子都不会碰见这种事情。如果我们举办一个掷硬币竞赛，共有2048人参赛，在第一掷之后剩下1024名参赛者，第二掷之后剩下512名，第三掷之后剩下256名，第四掷之后剩下128名，第五掷之后剩下64名，依次减少为32—16—8—4—2，在掷第十一次之后我们决出了一名胜利者，他正是连续猜对了10次的那个人。说这么些题外话，只是为了说明概率与精密科学之间的关系。

接下来，我想讲一个故事：有一次，我和一伙矿工因暴风雨被困在一起将近一个月，我们可供玩乐的只有一颗用旧了的骰子，就是从这颗骰子中我发明了下面这个游戏，这就是著名的"25点"谜题。

这是一款双人游戏，规则就是谁能首先拿到25点就获胜，或者谁让对手爆掉（超过25点）谁就获胜。第一个玩家可以随意从1~6中算一个数字，男孩们称之为"定调"。假设他决定以数字"5"开始游戏，然后第二个玩家丢骰子，假设结果是3。那么结果就是8。现在骰子就暂时不丢了，接下去是计算。

第一个玩家看了骰子周围的四个数字——1、2、5或6。假设他选了6，结果就变成了14，然后第二个人转动骰子，假设他选择4，结果就变成了18。第一个玩家再转到6，总数就变成了24，这时第二个玩家就赢了，因为对手从周围四个数字中无论挑选哪个数字都无法凑成25。矿工们都相信幸运数字，却完全不懂数学。不过我希冀通过科学分析弄懂：一开始选哪个数字最佳？

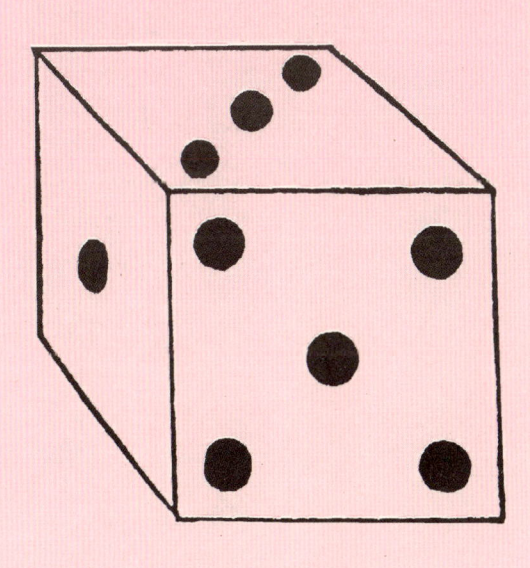

答案见：P326

268 蓝胡子的谜题

这是一则科普谜题,按照汤姆的说法:"人们学习了之后,会惊异地发现自己能轻而易举地解决这种类型的谜题。"

图中是蓝胡子的12个老婆,你可以通过他们的嘴形猜出他们的名字!按照古老童话里面的记载,当迷糊王询问蓝胡子老婆的名字时,他们大声地回答了,"从此过着快乐的生活"。她们的名字分别是:艾迪、奥丽、马莉、法蒂玛、萨利、奥德丽娜、伊迪丝、兹尔伯蒂、亚美尼亚、雪莉、罗斯以及路易(这个名字有点特别,你以前碰见过四个元音在一起的单词吗?)。现在开始,我们反复读这12个名字,研究嘴唇的特点,假以时日你就能在别人一张嘴说这些名字的时候,判断出是谁的名字。这是一个有趣的读唇游戏,这就是教授聋哑人学会"无声对话"的方法。但是我们把它当做一则趣闻就好了,不用仔细推敲。

在第二幕中,蓝胡子说他的钥匙串在一个环状的钥匙链上。他把这串钥匙分为三组,第一组乘以第二组等于第三组的数字。通过这种安排,蓝胡子就知道钥匙是否被人动过,密室是否有人进去过。你可以看到图中现在所示的数字,6910乘以7不等于83452,所以钥匙肯定被人动过。

聪明的谜题爱好者,你知道钥匙如何排列才能让第一组乘以第二组等于第三组吗?

答案见:P326

269 鸡蛋金字塔

难易程度：★★★☆☆
完成情况：是□ 否□

街角的杂货店老板对新来的伙计说："汉斯，你已经亲眼看过我垒这些鸡蛋了，你别让我再听到你告诉顾客你不知道如何来垒鸡蛋。赶紧去问问克鲁格勒教授，假设每个鸡蛋重两盎司，并且可以支撑8磅的压力。将鸡蛋垒成金字塔形状，最高能垒多少层呢？"

在这段对话中有一个很明显的谜题，你能解答吗？到底能放多少层呢？

答案见：P326

270 玩转赌博法

难易程度：★★★☆☆
完成情况：是□ 否□

最近传闻有人在蒙特卡洛市赢得了777 777法郎，这让我回想起前几年公布的罗斯林勋爵赌博法。

我们不深究在蒙特卡洛市轮盘赌玩法中的技术性问题，我们只要知道罗林斯勋爵的赌博法基于7的倍数就好了。现在请谜题爱好者来解决下面这个简单的问题：

假设一个玩家只在红色和黑色上下注（两者几率相等），首先连续下注七次1法郎，无论赢还是输，赌注都变成7法郎，然后又玩七次。接着赌注变成49法郎，连续玩七把；然后343法郎，七把；然后2 401，七把；然后16 807，七把；然后117 649，七把。如果这样一直玩49次，玩家就可能赢得777 777法郎。

请问赢得777 777法郎，一共赢了多少次？

答案见：P326

271 迷宫

难易程度：★★★☆☆
完成情况：是□ 否□

任何讨人喜欢的谜题都是有益的。它能让我们的思想更加集中，让我们思维更加集中，思路更加清晰。迷宫类的谜题总是老少咸宜，大家都喜爱。因为这些谜题都有着深厚的历史渊源，让我们联想到古代园林中著名的迷宫。另外，当我们成功解决了谜题时，总是能感到一种内心的喜悦。当然，有很多不同风格的谜题，由于题目的条件形形色色，所以也导致难易不一。

这道题目是由刘易斯·卡罗尔编制的。大家肯定都记得，卡罗尔就是《爱丽丝漫游仙境》的作者，同时也是一个著名的谜题爱好者。假设爱丽丝在森林中迷了路，她从中央的小公园出发，想走出森林回到家。你能帮助她找到正确的路线吗？

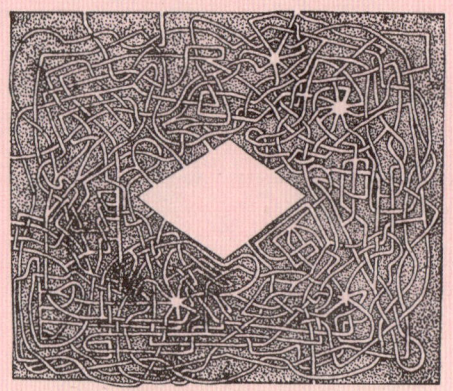

A MAZE PUZZLE

你可能注意到，有些路被堵塞了，这时就必须原路折回。但是千万不要泄气。不过，这道谜题还是非常考验智力、非常难的一道谜题。在题中，可以通过桥穿越小路，这就比老式的谜题中仅限于走直路选择的范围要宽泛得多。

答案见：P326

272 多心情人过河

难易程度：★★★★☆
完成情况：是□ 否□

所有出色的谜题爱好者都知道农民过河的故事，还有一个同样古老的关于四只大象的故事，情形和它差不多，不过因为过于复杂，所以研究起来不是那么方便。

故事说的是四个男子和他们的情人出游。但是，在他们旅行的过程中需要用船渡过一条河，这条船每次只能载两个人。由于年轻人都是典型的"醋坛子",他们不能容忍各自的未婚妻同另外一个男子待在一起,除非有他在身边。当岛上(河心岛屿)有女子的时候,男子也不能单独渡河,除非这名女子是他的未婚妻。因为女子们也同样是"醋坛子",他们担心未婚夫会同其他女子跑掉。

我们的谜题是:如何将这伙人用最便捷的方式渡过河。我们假设这条河为200码宽,河的中心有座岛屿。那么这条船至少应该跑多少趟才能将这四对情侣安全地送至对岸。

答案见:P326

273 荷兰农夫卖火腿

难易程度:★★★☆☆
完成情况:是□ 否□

这是少年课堂中的一个题目,所以肯定会引起年轻谜题爱好者的兴趣,不过也可能让长大的"孩子们"困惑不已。

一个荷兰的农夫是一个数学白痴,可是加工火腿却是一把好手。他每年都会准备好一马车的火腿,然后再批发或者零售给邻里乡亲。

因为火腿的大小差不多,所以卖的时候都用不着称,只需要按照每个1.25元的价格进行销售。他不喜欢切火腿,但是有时顾客要半只火腿,他也会同意。不过,他定下规矩:价格要是原来的两倍。因为他天性淳朴,所以他从来没有想到过,这半只火腿的价格和原来这个火腿的价格是一样的。但是,由于很多顾客在数学方面比他还白痴,所以他以一只火腿的价格卖

出了很多半只火腿。

某天,他又推着他的火腿出来卖。这时走来了第一个顾客,他对火腿的色泽相当满意,所以他一口气买下了农夫所有火腿中的一半又半只火腿。

这时又来了第二个顾客。他买下了剩下火腿的一半又半只。这个顾客还非常热心地带着农夫去另外一个地方卖,在那里他很快卖掉了剩下火腿的一半又半只。

然后,他来到一个大宾馆。虽然店主不在家,但是他还是成功说服了老板娘买下剩下火腿的一半又半只。告别了宾馆的老板娘,农夫继续往前走,在还没走到3/4英里的时候,他碰见了宾馆的老板和他的一位朋友。宾馆老板不知道妻子已经买了火腿,于是又买下了剩下火腿一半又半只。而且推荐他的朋友也买下剩下火腿的一半又半只。他的朋友买完之后,农夫的火腿卖光了。

现在,我要问年轻的谜题爱好者,计算一下这个幸运的荷兰农夫的火腿卖了多少钱?千万不要犯错哦!有一次,我们将该题寄送给一个大学,结果该题居然被判"无解"!这倒是让这道题目成了谜题圈的名题。

答案见:P327

274 玛莎的葡萄园

难易程度:★★★☆☆
完成情况:是□否□

说起玛莎葡萄园的故事大家都耳熟能详。据说对这个有趣的故事存在着可能的解法，在此值得以谜题的形式呈现给大家。

在殖民地时代，有一个身强体壮的殖民者和他的小女儿玛莎，在一个荒芜的岛屿上开始了一项艰苦卓绝的任务——开垦岩石类土壤，准备将其变成一个葡萄园。为了给女儿打气，也为了当做报酬，他给了玛莎一块1/6英亩的土地，供其自用或者营生。

玛莎在这块土地上栽种葡萄，按照传统习惯，每行普遍相隔9英尺，并且按照方法对葡萄进行培植。随着时间的推移，玛莎的葡萄园变得枝繁叶茂，长势喜人，岛屿上的人都知道。玛莎的葡萄园不但产量是岛上最多的，而且还不断出产珍稀的品种，这让玛莎的葡萄园更加远近驰名。这就是故事的原委。我不想去评价玛莎的技术，也不想去赞美玛莎培育出香甜葡萄的那双巧手。我只是想利用她的葡萄出一道实际的谜题，以说明玛莎的成功之道。

请问：假设每棵葡萄的间隔不少于9英尺，那么在1/6英亩的正方形土地上可以栽种多少葡萄？

这是一道非常有趣的谜题，非常考验谜题爱好者的技巧与智慧。但是不必去重温教科书，我借此机会说一下，一英亩是208平方英尺又710/1000平方英尺，所以1/6英亩等于52平方英尺又2平方英寸。你可能会注意到一般来说70平方码为一码，而在农村210平方英尺为一英亩。

答案见：P327

275 考古谜题

宫廷护卫队首领小汤米告诉大家，帕兹尔特国王和英格玛公主最近一直在调查所罗门王著名的印记谜题，这个印记镌刻在皇陵的墓碑之上。

谜题的内容很简单，就是想点数一下在这个图案中究竟有多少个不同的等边三角形。

国王为这个题耗费了不少精力,可是数的时候总是出错,或者忘了刚才怎么数的。所以他找来英格玛公主帮助他解决这个难题。两个人齐心协力,终于找到了正确答案。

亲爱的谜题爱好者们,你们知道这个谜题的答案吗?如果知道,就说明你是很聪明的哦。

答案见:P327

276 诵诗蜜蜂

难易程度:★★★☆☆
完成情况:是□否□

宫廷传令官汤米在位期间,献给尊贵的国王一只会诵读诗句的蜜蜂,这只蜜蜂受过专门的训练可以耍出很多有趣的绝技。

图中可以看到在上方有45个格子,每个格子中都有一个字母,现在这只蜜蜂从某个格子出发,然后以连续的方式,飞过45个字母,字母连起来正好形成一句大家都熟悉的两行诗。

你能描绘出蜜蜂飞行的线路,然后拼写出那句话吗?

答案见:P327

277 谁将获得提名

难易程度:★★★☆☆
完成情况:是□否□

每届总统选举我都要为竞选设计一些智力游戏,畅销全国。下题是我为1908年总统选举设计的礼品,曾引起轰动。

棋盘上的每个人都是总统提名候选

人，必须拿走八人，只剩一人在中央格子上。此事要求用最少步数去完成。所谓"一步"，意思是指：（1）将一个候选人或上或下，或左或右，或者斜向，走到相邻的格子中去；（2）像跳棋那样，或上或下，或左或右，或者斜向，跳过紧邻的一个人进入一个空格，被跳过去的那个人必须从棋盘上拿走。你可用纽扣或硬币来代替这九个人。

下面是一个十步解法：（1）费尔邦斯跳过拉福莱特；（2）塔夫脱跳过休斯；（3）约翰逊跳过诺克斯；（4）塔夫脱跳过约翰逊；（5）坎农跳过塔夫脱；（6）凯农跳过格雷；（7）费尔邦斯跳过坎农；（8）布莱恩跳过费尔邦斯；（9）布莱恩向右下方斜走一格；（10）布莱恩走到中央格子。

你能不能用更少的步数解决本题？

答案见：P327

278　伦敦之塔

难易程度：★★★★☆
完成情况：是□否□

这里，汤米要给大家说两道绝佳的谜题，估计即使是谜题高手也要花上一个小时才能解答。

迷糊王正在思索著名的伦敦之塔问题：在塔的平面图上，使用英文字母A、B、C、D、E表示五名守卫。只要枪声一响，就表示太阳已经下山。看守人A就得从出口处A走出去，B要跑到出口处B，C要到出口处C，D要到出口处D，而E则从他目前所处的小间跑到F小间。

本题要求求出五名看守者的行进路线，但这些路线绝不准相交。换句话说，任何一个小间都不允许有一条以上路线穿过。每个看守人从一小间到另一小间都必须经过图上所示的门户。汤米说，当你充分理解题意后，这道谜题其实很简单。

汤米的第二道趣题，比上面那道更精彩。每天午夜时分，伦敦塔的那位守卫要进入门上标有W的房间，然后踏着庄严而沉重的脚步去查夜，他必须穿越64个房间，最后到达那间黑色房间。根据古老的传说，国王爱德华四世的几位年轻王子就是在这"黑屋"中被谋害的。经过长期反复的实践，看守人已经发现了一条路线，任何一个房间都不必经过两次，而且拐弯次数最少。

答案见: P327

279 给鸡蛋"排队"

难易程度 ★★★☆☆
完成情况 是□否□

小汤米给大家介绍了两个克里斯多夫·哥伦布的著名的鸡蛋谜题。

第一个谜题是著名的母鸡谜题。亚美利哥·韦斯普奇（我们伟大祖国美国的名字就是以他的名字命名的）出了一道谜题：把9只鸡蛋放在桌子上，使每3个鸡蛋在一条直线上，要求这样的直线越多越好。迷糊王连出了如下面图所示的8根线。然而汤米认为这根本不算啥，因为任何一只机灵的小鸡都会比国王干得更好！

滑稽可笑的迷糊王现在着手解答第二个问题，这道题目要求通过所有鸡蛋的中心，画出一条由最少的线段连成的连续折线。迷糊王画了6个线段，算是勉强达到了题目的要求，但是从汤米的面部表情来

看，他根本不满意迷糊王的答案。

这里有一个小把戏，即使不比那个把鸡蛋竖着放的技巧更巧妙，至少也同它一样。众所周知，竖立鸡蛋的恶作剧（用一只熟透的鸡蛋进行表演）使这位伟大的航海家锒铛入狱。那么，现在请你动手连接，看看最少能有几条线段？

答案见: P327

280 牌会的座位

难易程度：★★★★☆
完成情况：是□ 否□

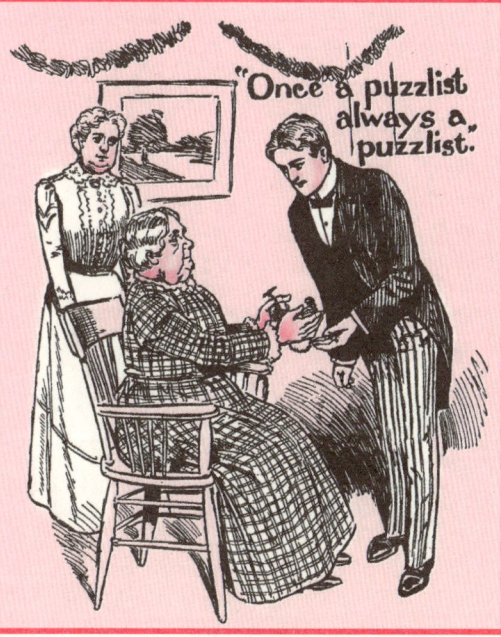

这是一道应景的题目。这道谜题和时下非常风行的惠斯特游戏相关。无论你玩不玩这种游戏，你都会对这个谜题感兴趣。问题很简单，就是如何安排玩家坐在五张桌子上。这道题目是我在一次"惠斯特"牌会上偶然想到的，当时有5对夫妻和5对年轻人正在比赛。（从最上，按照逆时针顺序）

第一桌：汤米、史密斯先生、内莉、史密斯太太；第二桌：哈利、琼斯先生、多利、琼斯太太；第三桌：乔治、布朗先生、明妮、布朗太太；第四桌：比特、克拉克先生、凯蒂、克拉克太太；第五桌：查理、怀特先生、贝蒂、怀特太太。

如何安排让每对玩家在每张桌子上轮坐一次？

假设，史密斯夫妇是搭档，在每桌上玩一次；汤姆和内莉也是搭档，对家是一对夫妇，如此等等。每一组都不能在同一桌玩两次，也不能和相同的对手玩两次。

这是惠斯特游戏中一种非常常见的玩法，主要是来检验每对的实力。在16个人之间做4次变动，在20人之间做5次变动，以及在28个人之间做8次变动都是比较简单的。但是正如一位著名的惠斯特狂热者所说："我还从来没有看过如何在24人之间做6次变动呢。"

答案见：P327

281 聪明的国王

难易程度：★★★★☆
完成情况：是□ 否□

汤米在宫廷中宣布了这样一件事，泰国国君向趣题国赠送了一面国旗，并向国王提出了这样的问题。

怎样将图中的大象旗剪裁成几个部分，然后再将它们拼凑在一起，使得大象的位置位于大象旗的正中央。

汤米还向英格玛公主建议，若想测试御用裁缝的智慧，就给他看这张果园规划图纸，上面有8棵梨树和8棵苹果树（用图中的果子代替）。让裁缝从16棵果树中的任意一棵开始，通过最短的线路到达上方的心形位置。

每个果子上都标注了数字,以便竞答者清楚地描述出他们的答案。泰国国王在图中画出了他的答案,现在请你再找一条更短的路线。

答案见:P328

282 青蛙问题

难易程度:★★★☆☆
完成情况:是□ 否□

科学不总是那么中规中矩,经常也会有很神奇的事情出现,甚至可以让人开怀一笑。

生物实验研究室里,专家巴森把他所有的动物都拿出来给我们的参观者展示。他把青蛙拿出来给英格玛公主欣赏,并指挥它们搭成一个金字塔:最大的青蛙在最下面,而每只青蛙只能跳到比它大的青蛙上面,并且一次只能跳一步。

接下来,巴森提出了下面这个问题请你回答:如果他的青蛙们最终可以搭成一个金字塔的话,至少需要跳多少下?

答案见:P328

283 快乐的修道士

难易程度：★★★☆☆
完成情况：是□ 否□

几个爱玩的修道士正在玩一个硬币游戏，实际操作是摆放10枚硬币，每格放1枚，要使它们形成10行，每行放的硬币数必须得是偶数。在计算行数时，横排、直排和斜排都得算。

这几个修道士很快给出了正确答案，但是却不愿意对别人说。

现在要求谜题爱好者重新摆放硬币，从而形成尽可能多地含有偶数个硬币的行。

答案见：P328

284 威格斯太太的包菜

难易程度：★★★☆☆
完成情况：是□ 否□

谜题解开了，另一个谜题接踵而来。

图中的内容是这样的，威格斯太太很喜欢迷糊王，她种了16棵包菜，她想送给迷糊王6棵，但是还想考考迷糊王。她的包菜现在的排列情况，形成了14排偶数个。威

谜题王国的人，每天都很忙碌，一个

格斯太太想让迷糊王拿走6棵包菜，形成16排偶数个。你知道迷糊王是怎么做的吗？

英格玛公主在研究另外一个问题：如何将一个正方形分成6个正方形，并且怎样才能做到最大的正方形地里的包菜数目尽可能地多。

答案见：P328

285 丹麦国旗

难易程度：★★★☆☆
完成情况：是□否□

山姆大叔在最近购买丹属西印度群岛的无果谈判中，发现了好几则与维尔京群岛的所有权有关的有趣故事。

丹属西印度群岛由圣约翰岛，圣托马斯岛，以及圣克洛伊岛组成，其实是1492年哥伦布发现的岛屿之一。但是，在漫长的几个世纪中都被认为是没有价值的岛屿，所以当一些失事的丹麦船只在岛上升起他们国家的旗帜，发出求救信号的时候，这些岛屿也无可争议地归丹麦所有了。并且根据惯例以海员的守护神给它们命名。

丹麦的国旗并不多见，所以很多人并不知道它是红底上印有一个白色的十字架。根据规定红色的部分要同白色的部分大小相等，这点我也从来都不知道。

现在我们假设，国旗为5英尺宽，7.5英尺长。请问：能否找到一个简易的方法，计算出白色十字架的宽度，以使十字正好为整个国旗面积的一半？

答案见：P328

286 苹果射击比赛

难易程度：★★★☆☆
完成情况：是□否□

有人告诉我们，业余射击爱好者威廉·特尔在35码远的地方，用箭射中了麦克·乔恩尔斯身上放着的苹果。他向大家展示了一下自己高超的本领，在这次苹果射击比赛中得到了100环的成绩。

根据给出的条件，你能知道，为了得到这100环，威廉·特尔应该去射哪几个苹果吗？另外，挂着麦克·乔恩尔斯帽子的旗杆的高度是多

少？据说威廉·特尔拒绝对其敬礼。

答案见：P329

287 怀特的猫

难易程度：★★★★☆
完成情况：是□否□

调皮的怀特正在院子里教他的猫学习几何知识。

他让小猫从A点出发，通过最短的线路到达Z点，并保证如果沿着这条路线走的话就一定可以抓到家里所有的老鼠。那么请你想一想，哪条路线既符合要求，又是最短的一条线路呢？

在小猫学习几何知识的同时，怀特让大家注意观察伦敦教堂的大钟，他问英格玛公主说："如果大钟敲击6次需要6秒钟，那么敲击12次需要多长时间？"

这两个问题没有什么必然的联系，你能告诉我它们的答案分别是什么吗？

答案见：P329

第三章 思维、推理与字谜

203

288 智抓"火鸡"

难易程度：★★★★☆
完成情况：是□ 否□

这是一个有趣的小游戏，也是一道谜题。

在7号位置处放上一枚棋子，我们假设其为一只火鸡，然后在58号位置处放上一枚棋子，代表一个人。一个人移动"火鸡"，一个人移动"人"，两人依次轮流移动，允许棋子在直线方向上任意行走，距离和方向均不受限制。一共有15步棋可供你选择，但是如果你越过了由对手守卫的位置，你就输了。

例如，若"火鸡"首先从7号位走到52号位，则"人"可以马上抓住它。倘若"人"先从58号位出发，走到4号位，那么"火鸡"可以在12号位抓住"人"。游戏的目的就是要抓住对手，但无论谁先走，"人"总能抓住"火鸡"。

请问："人"需要采取什么策略才能获胜？

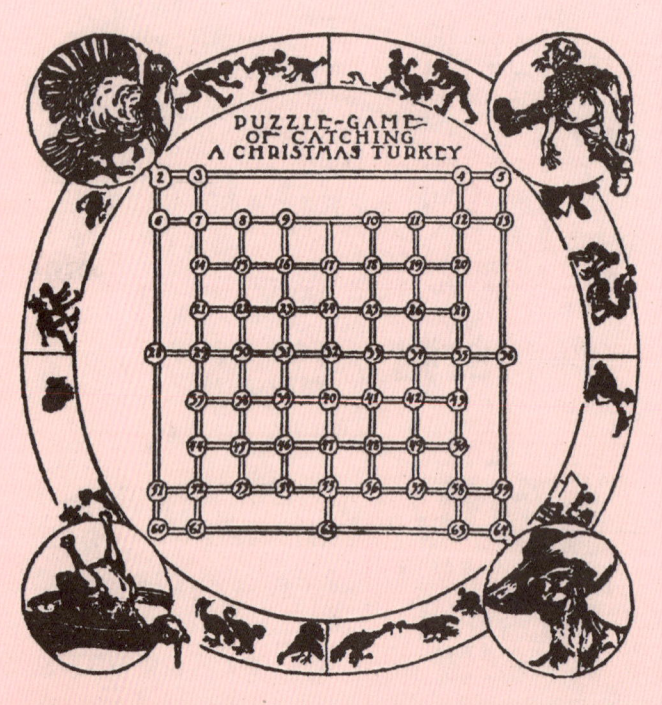

走法同上面的一样，开始时，"火鸡"在7号位，"人"在58号位，"火鸡"固定不动，要求"人"用24步抓到"火鸡"，并必须经过棋盘上的每一个格，这是一个非常难的问题。你知道怎么解决吗？

答案见：P329

289 中国趣题

难易程度：★★★☆☆
完成情况：是□ 否□

这是一道中国趣题，它类似15个数字的游戏。在上图中，两条滑槽相交，竖滑槽里有12个木块，共写了10个汉字，外加2个空白的木块。这道题的要求是：将竖写的句子变成横写。变成横写时，木块间的位置不能变动。那么最少需要多少步才能达到上述要求。

答案见：P329

290 航海问题

难易程度: ★★★☆☆
完成情况: 是□ 否□

舰队的指挥官在向他的上级领导汇报舰队的情况。在他的汇报过程中,他的上级向他提出了一个很刁钻的问题。

在国家远洋战舰试航中,出现了这么一种情况:

如图所示,十艘战舰排成两排,成列向前推进。舰队在遇到4艘敌军军舰后可以立即调整位置,调整之后的舰队在每个方向都会有四艘战舰。他的上级显然是在考验他的临时应变能力,以判断他是不是个合格的指挥官。

现在需要回答的问题是:如果只通过调整其中四艘军舰的位置来实现这个目的,请问应该如何调整?

答案见: P329

291 狐狸和玉米

难易程度：★★★☆☆
完成情况：是□ 否□

我们都读过那则"农夫烦扰"的故事。故事说的是一位农夫必须用船将一只狐狸，一只鹅还有一些玉米运过河。可是船只太小，每次只能运两样东西过河。最后问题是，为了让狐狸不吃掉鹅，同时鹅不吃掉玉米，农夫至少要来回多少趟才能将所有东西都运过河。

说也奇怪，那位农夫现在又出现了。他现在面临的问题是：没有船，所以他和鹅必须游过河，然后狐狸驮着玉米过河。他说袋子中有12根玉米棒。一只狐狸每次可以运送3根玉米棒，现在请问狐狸需要来回多少趟才能将全部玉米运回来？

答案见：P329

292 掉下地球

难易程度：★★☆☆☆
完成情况：是□ 否□

为了说明在商场或者沿街小摊上什么是卖得最火爆的新潮商品，我趁此机会来讲一讲最著名的"掉下地球"谜题。这则谜题已经向公众销售了千万多份。当时这则谜题采用明亮的颜色印刷在可移动的两张纸上（这里不能展示）。开始，你看到13个人，然后只有12个人，这则谜题就是让你回答，消失的是哪一个人？

在数以百万计的回答中，最白痴的一个出现在《伦敦河滨》杂志上。因为这些答案都没有正确解答这个谜题。所以劳埃德先生编制了一道新的叫做"特迪与狮子"的题目，以驳斥那些所谓的解释。

答案见：P330

293 滚动的毂辘

难易程度：★★★☆☆
完成情况：是□ 否□

我在一篇科技文献中写到，一位读者向杂志社索问一道古老谜题的答案，这道题目曾经在机械学界引起了广泛的讨论。问题是：假设一个毂辘正在转动，毂辘和地面接触的部分是否会比最上方不接触的部分要走得慢？

奇怪的是，编辑对这道同萨姆·劳埃德狮子谜题一样古老的问题感到措手不及，不过他还是给出了一个不痛不痒的答案，巧妙地回避了这个问题。回信是这么说的：毂辘的边缘比轮毂走得要快，因为在相同的时间内，为了让毂辘转得更快，主要依靠轮毂的转动。但是着地的车的边缘部分，只需要和轴的转速相等就行了，因为轴离地面最远。如果我们将地心看做轴，那么车毂辘着地的那部分离中心轴近。两者之间的速度差取决于毂辘的大小。现在我们假设车毂辘的半径为28英寸，为了排除道路不平等因素，我们将其放在结冰的湖面上。基于此，请回答车毂辘上方比下方到底快多少？

这是一道非常有名的题目，著名的科学家和数学家都对其进行了严肃地讨论。不过可以肯定地说原作者的初衷都被遗忘

了。如果说只是为了引起人们的争议，那么该领域的专家肯定有足够的数学和机械知识来编制各种各样的怪题。但是这道题目作者的意思只是想说明，常识似乎已经完全被人们遗忘了。

很显然这不过是一个恶作剧，因为毂辘上方的速度和底部的速度一模一样。但是，如果问题是说车毂辘边缘上的一个点，那么答案就会有所不同了。毂辘上方是毂辘的最高点，所以不能转动，因为他只要转动了哪怕1/100英寸，它就不再是顶点了。

答案见：P330

294 奇怪的来信

难易程度：★★★☆☆
完成情况：是□ 否□

儿子在新泽西农业大学上学，我刚刚收到他的一封信。信的内容很古怪，我和曼迪对此都非常困扰。邻居告诉我们他已经悟出了很大一部分了，但是其中有些内容还是很令人费解，于是他不得不让我找更聪明的智趣题爱好者来破译这封信的内容。这封信吸引了我，因为这就是我们以前玩的叫做字谜的东西，里面隐藏了些

密码信息或其他内容。若是你够聪明并且掌握了怎么猜这种谜的话，完全可以猜出来或看出来其中的隐含信息。

儿子记东西的方式很有趣，总喜欢让朋友们猜来猜去的。尤蒂卡缩写为UTK，田纳西缩写为XEC，俄亥俄则记作oO。他说，顺序颠倒后，Oo表示各不相欠的意思。所有这些都会有助于你破译他的密码信。所

以，如果你读到XAIOOT，你就会明白他的XAIOOT的意思。

答案见：P330

295　第1901号绘画

难易程度：★★★★☆
完成情况：是□否□

术这回事缺乏欣赏和品位。

在展览开幕的那天夜晚，一位年轻的女士问他的随从："我想知道，这幅画的作者想从中得到些什么？"这位随从曾历经数年设法使自己的油画被该展览接收。他回答道："我不是很清楚，但我觉得用三年时间来完成这幅画应该差不多了。"此外，有两位画商似乎对我的作品很感兴趣，我也便听得格外仔细。一个说："我想知道展览方为什么选择挂这幅画？"另外一个说："或许因为他们不能把艺术家给挂起来吧。"第一个画商提出了一个值得思考

这个学期，我的绘画作品终于得以被挂在了学院的展览墙上。听着同学们的夸奖和赞美，我真感到飘飘欲仙。但是，我同时也很惊讶，外界的公众绝大多数对艺

的问题："你想想看，给这幅画取个什么名字比较好呢？"

另一位画商的回答真是太睿智了，他的表述完完全全体现了谜的本质。您认为这幅画取个什么名字比较合适呢？

答案见：P330

296 古埃及之谜

难易程度：★★★★☆
完成情况：是□否□

相传曾经有一位古埃及国王许诺，谁能够切削一块木制的完全立方体，使之能够分别嵌合一个正方形、一个正三角形和一个圆（示意图已按一定的比例绘制在上方），他就把女儿许配给谁。许多散文和律诗中都曾经记述过这个故事，并且还产生了好多个版本。当时的许多学者、科学家、数学家和不少饱学之士都跃跃欲试，他们信心满满地认为自己能够解决这个问题。可惜的是，最终直到公主去世的时候也没有人能够完成这个题目。

或许，当今的青年解谜高手要比当时的古埃及人聪明多了，他们也许有能力解决这个问题。当然，我们没有必要真刀真枪地将一个木制立方体切割一番，纸上谈兵即可。在纸上画出立方体的三个面，标记出切割的痕迹，分别将正方形、正三角形和圆嵌合进去即可。

答案见：P330

297 缺失的单词

难易程度：★★★★☆
完成情况：是□否□

这是一个很有趣的小字谜，请在图中空白处填入一个单词，以形成一个句子。在这个句子中，该单词将会被使用两次。该句以单词"THE"开头，以单词"ESCAPED"结尾。

这是一道外国字谜，但是如果你的英语水平还不错的话，应该是不会难倒你的。亲爱的读者们，如果对自己的英语很自信就请试试看吧。

答案见：P330

298 慈善家的故事

字谜游戏能够锻炼人们的思维,使人变得敏捷睿智,还能使人们在人生旅途中处处发现知识和智慧的光芒。有一次,史密斯·西德尼被一位固执的年轻女士纠缠不休,因为那位女士想请西德尼猜一道字谜,可是他却猜不出来。于是,聪明人西德尼反问了一个问题:"我既不是鱼类,也不是猛兽,更不是家禽,但是我却经常单腿站立。如果您把我斩首了,那么我就靠双脚站立。如果您再把我斩首一次,我就得四脚站立了。请问这是个什么单词?"

我经常选取一些有趣的字谜或者谜语,把它们作为将初学者带入谜语世界的导论。我还向初学者们介绍了成千上万的智力谜语,以供他们阅读和钻研。我还建议他们不要老尝试着去解决这些谜语,可以先看看答案,从中体会并欣赏一下这些谜语的绝妙之处。慢慢地,当他们熟悉了这些谜语后,他们就能够很快地学习和掌握它,还能够轻而易举地自行命题。

在动物保护协会有一位声名卓著的工作人员,同时他也是一名慈善家。他以才思敏捷、心地善良和慷慨大方在圈内闻名。他有两大爱好:一是在亚特兰大享受徐徐吹来的海风,二是喜欢和那些不会说话的动物讲话,仿佛那些动物能够理解他的心声,并能与他展开活灵活现的交谈和讨论。这使得他身边的更高等动物——人感到很惊奇与诧异。有一次在早晨锻炼散步的路上,他发现了一匹老马,刚刚从马术会中退役。他立刻与它开始密切交流,据他自己声称,他们的关系非常密切。

"噢,我亲爱的哥们",慈善家拍拍老马的头,问道,"你知道为什么一匹忠实的老马就好比一位慈善家吗?"这个问题我无法解答,因为我没能听到老马的回答。那么,年轻的朋友们,你们怎么认为呢?

答案见:P330

299 两个保留笑话

难易程度：★★★☆☆
完成情况：是□ 否□

在我外出的一个夏天，我巧遇到一段奇异的历史，这段历史能够佐证这样一个观点：如果一名愚蠢的学者有本事聪明地展现一个把戏，或者适时地连说几个谜语，他将能赢得一生的智慧美名。

伍兹船长很多年来一直在尼亚加拉瀑布的下游附近驾驶小蒸汽船，在他多变故的一生中，每次旅程他都会讲两个保留笑话。

很久以前的老兵们会记得那个令人愉快的船长和他的宠物猫，当然还有他那穿过行驶中的薄雾到达贴着他们油油皮肤的帽子间的两个笑话。相同的旅行总是这么开始，这么结束。

船长的手小心地沿着船的护栏摸着，好像在细致地检查船的木构件，他会好奇地抬起头来问道："我说啊，陌生人，你知道这船是什么做的吗？"

"怎么，松木或者橡木，不是吗？"

"不是，绝对不是，先生。它既不是铁杉做的也不是雪松做的。还有，你能告诉我为什么我们都喊这只猫叫尼亚加拉吗？"

在你放弃这两个问题之后，他会给出

答案，并像快半个世纪都没有从相同的笑话得到过快乐一样尽情地大笑。

你能猜出这两个谜题的答案吗？

答案见：P330

300 募捐格言

难易程度：★★★★☆
完成情况：是□ 否□

读谜语时读到一些和一个叫德威枕头的谜语相近的谜语，这个谜语在我们的年轻人间如此流行，以至于我会利用这个机会来描述一下哈利在类似作品中的成就。

很肯定，哈利和他的姐姐爱那些贫困的中国人，当他们父亲要求他们捐赠的时候，他们爽快地打开他们的储蓄罐捐钱给宣教基金。

但是当他们被委派管辖宣教集会上的捐赠箱的时候,哈利没有一丁点的热情,他对不停告诉每个人这些钱是用来给那些没有国庆日的小异教徒们买点鞭炮感到厌烦,所以他印了一些据他说叫谜语卡片的东西,就像插图中一样,在上面有"阿福""顺和"等常见的中国名字,以10美分一张的价格出售,他告诉每个人一连串的二十四个字母当中能发现一句格言,如果这条格言不合适不犀利,每个人都可以来退钱。

这是一个构思新颖需要聪明才智的谜语,这条谜语甚至可以证明哈利在过去某一年深入学习过中文。

答案见:P330

301 印第安字谜

难易程度:★★★★☆
完成情况:是□ 否□

这里是为我们的猜谜人准备的一道印第安风味餐点,这道谜题暗示了山姆大叔的人口普查报告中与土著们属地相关的有趣现实。示意图中那个可怜的洛属于印第安人的老一辈了,因为现在印第安人们财运亨通,即便"未曾受教的头脑"也都被强制接受教育了,我们将来看一看一名温尼伯的酋长,他的头脑就像温尼伯湖一样,其中充满了各种技艺,我们想问一个简单的谜题:"为什么这位野人贵族是一个受过教育的人?"

巧合的是,为了阐明这位印第安首长所引入课程的高级之处,请我们的猜谜人解密印在标志牌上的象形文字之谜吧。

答案见:P330

302 强烈推荐

难易程度: ★★★☆☆
完成情况: 是□ 否□

在这里我得抓住机会说一句,如果有朋友通过我的推荐或鉴定被邀请购买一台新的打印机,那么您得小心了。因为我的推荐信是在生产商的劝导下才写的,我的这份推荐就像谜题一样充满了隐喻。您得仔细地阅读,从字里行间体会我的真正用义。

我曾经买过一台打印机,不久生产商就打电话给我询问机器的运作情况,我回答了一句"十全十美"。他随即要求我写一份鉴定书,记录下我的评价,我也就欣然答应了。

对方那家伙挺聪明的,我也挺喜欢他的。他说我的鉴定就像美国独立战争一样扑朔迷离。哈哈,作为一份礼物,这个巨大的谜团就是我给这个打印机的最好评价。如果说写鉴定有许多标准答案的话,事实上也的确有成百上千种写法,那么我会非常高兴地把打印机拆卸得支离破碎,然后给每个小零件一个评价。这听起来是一个非常古怪的谜题,你可能猜不到答案是什么,但是你可以尽可能地给出你的答案——无论是对的或者错的。

请读者们阅读本文后思考,为什么这份鉴定表和美国独立战争相似?

答案见: P330

303 修道院的窗

难易程度：★★★☆☆
完成情况：是 □ 否 □

每一本魔法书或者谜语大全中都会载入这个著名的故事：在英格兰的一个古修道院的入口正上方有一行题词"PRSVRYPRFCTMNVRKPTHSPRCPTSTN"，但是题词中的元音字母都消失了。

这行题词最初由红黑二色绘成，随着时光的流转，红色的大写字母E都褪色消失了。因此，想要恢复这些消失的字母就成为一桩非常有趣的事情。很多年前，我访问了这个修道院，并且还仔细地研究了一番这行题词。我很满意地发现，这些题词其实体现了密码的本质，尤其在一些已发行的描述宗教本质的书籍中，所有元音字母经常被有意识地省略。

在入口的左边有一扇很大的窗户，镶嵌的是一块彩色玻璃，很显然出于早期工艺的手笔。但是关于这段历史，却尚未有

合理的解释。在门的上方还有一个图案作为装饰，从痕迹上看这里原本也应该是一扇窗户，这样的窗户在这个修道院中有十块。我请随同的猜谜专家按照旁边的提示来猜猜这个字谜，事实上，该字谜非常巧妙地隐含了十诫中的一条。

答案见：P331

304 爬杆

难易程度：★★★★☆
完成情况：是 □ 否 □

这个符合时令的小问题取材于海边，从某种程度上说，它迎合了部分青年解谜家的要求。他们经常建议出一些题目，利用纯粹的猜测就能得到答案。

正如前文所述，该问题来自于海滩见闻。上周，柯尼岛上举行了一个开幕式，社会团体理所应当都需要参加，我也便"随大流"去了。在那里，我们拍摄了各式各样的降落伞，检查了潜水设备的强度以及设备上的人工呼吸器。之后，有人慷慨地出让给我们一张10美元的展览门票。展览中有一位黑人小男孩，他能够以飞快的速度攀爬上一根抹有润滑油的杆子。那个小孩离我很远，看起来很怪异，但他确实爬上了杆顶。这为我命制谜题提供了极佳的素材，我对他的爬杆表演进行了计时，获得了以下数据。

该男孩每6分钟能向上攀爬6英尺，接下来他要休息片刻，这样他将下坠3英尺。如此循环往复"攀爬——休息——攀

爬——休息"的过程,直至他抵达杆顶。

题目问的是小孩爬杆的总时间,我们年轻的猜谜家们在此之前需要知道杆的长度。我抓拍了一张照片,内容便是当时的情境。从图片上看起来,男孩正在休息。图片尚属客观真实,因此也许可以用来作为解题的依据。

这个谜题和许多其他谜题一样,取材于现实生活。对于大多数人来说,亲自去爬一爬那根杆子,然后量一下杆子的长度,这并非一件很难的事情。但是,这次情况有点不同。就在我编制出这道小题目的当天,岛上起了一场大火,一切都化成了灰烬。老柯尼岛一去不复返,我的照片也成了绝唱。

答案见:P331

305 读唇术谜题

难易程度:★★★★☆
完成情况:是□否□

对于教聋哑人用无声的语言(如通过嘴唇读懂或者判断对方的意思)进行交谈是一件功勋昭著的事情,这点我们已经说过很多次了。

下面我想介绍一个让人瞠目结舌的谜题,初看起来简直不可思议。这是十二个男孩,他们正张口说出各自名字的瞬间,我拍下了这张照片。这十二个男孩的名字分别是奥姆、奥尔登、伊斯特曼、埃尔弗里德、亚瑟、卢克、弗莱彻、马太、希欧多尔、理查德、希尔默,以及黑斯华尔特。

此刻好像不太可能叫出这十二个男孩的名字,但是如果你反复练习上方的名单,你就不难将名字同每个人对上号。当然,这个谜题就是猜对每个男孩的名字。

答案见:P331

306 摆火柴

难易程度:★★★★☆
完成情况:是□ 否□

火柴游戏最近在孩子中间很流行,很多初次尝试谜题的孩子都会很喜欢。

哈利给了他妹妹10根火柴,他想看看她能否将10根火柴摆成一个十字(ten);妹妹反过来也给他出了个难题,给他6根火柴,要求哈利将火柴摆得什么也不像。你是否能猜出这两个简单的趣题呢?

答案见:P331

307 野外见闻

难易程度:★★★★☆
完成情况:是□ 否□

为了说明谜题的创意常常可以从逆境中得来,我想借此机会出一个小难题,这是我去年夏天郊游的时候偶遇的。

在我和我的好友徒步旅行过程中,我们发现一个果园长着苹果。这个果园是我一个朋友的,如果我们不恭维他,表示我们对他果园中珍稀的水果品种艳羡不已的话,他可能会觉得不快。于是开始采摘香甜的水果,这时候突然出现了一只狂叫不止的凶犬,让我们措手不及。我们想它可能是在嬉戏，或者觉得自己的领域受到了侵犯，所以我们爬上了一棵树的矮枝，想暂时躲一躲。我们想，等它叫累了，也再也跳不动了，自然就回家了。哪知道，狗根本没有时间观念。直到午夜时分，当天实在一片漆黑，它看不见我们的时候，它才改变它的"用武之地"，放过了我们。不过我十分清楚，在长达十多个小时间，它确实为来我们提供了非常有意思的谈资，这让我们两人都没有回家的欲望。这是一条聪明的狗，所以我们都不愿去伤害它。虽然杰克说过，要不是他相信它是一条不值钱的狗，或者很有可能是一条穷人家的狗，没有它就过不下去了，他可能会从树上跳下来，提起它的尾巴，把它的头往树上猛撞，让它的脑袋开花。

杰克嘀嘀咕咕说了很多，不过我记得最清楚的一句是：为什么苹果树的树心那么像那条狗的尾巴？

我已经准备好了奖品，给那个能为杰克的难题提供最佳答案的人。而且，我已经将当时的情形准确地画成了草图。这个谜题最难的地方是描绘出两样相似的物体，这个你在图中是看不见的。

答案见：P331

308　铁路行话

难易程度：★★★★☆
完成情况：是□ 否□

说点我自己亲身经历的事情，上周曼迪和我去镇上看一个男孩。P.D.Q铁路上的列车长使用的行话和行为方式让我们异常惊异。一个小伙子自称自己是工程师协会的会员，想免费搭乘。列车长就问他："现在几点？"他回答说："1点差15分。"列车长二话不说，一把抓起他，将他扔进牛车里面去了。并且说，吃铁路这碗饭的人，谁不知道说12点45分，只配坐牛车。

曼迪问他："到柯强克还要多久？"他回答

说:"只有4分钟,2222222午餐。"

我们丈二和尚摸不着头脑,不知道他在说什么。在我们被赶进牛车之前,我们仍然一脸茫然,我一直反复思考着这个问题。我确信我明白列车长的"啾,啾,啾,啾"是在模仿发动机的声音。

所以,现在我问问谜题爱好者们,你们猜一猜他是什么意思。

答案见:P331

309 找回丢失的字母

难易程度:★★★★☆
完成情况:是□ 否□

这个谜题是对大学时光的追忆。可能某些正在上拼写课程的青少年会喜欢。该谜题来源于一个老修道院墙壁上刻着的墓志铭中两行类似的文字。

P.RS.V.R.Y.P.RF.CTM.N
.V.PK..PTH.S.PR.C.PTST.N

每个点代表缺少的某个元音,由于时代久远,碑文变得模糊,看不清楚。现在,为了解读这段文字,一位大学教授邀请我来补回这个元音,让句子变得完整。

我已经考虑了很久,可是我希望更多的人和我一起来考虑这个问题。

答案见:P332

310 伊索之狼

难易程度:★★★★☆
完成情况:是□ 否□

伊索寓言中有一个故事,说的是一只饿狼看见屋顶上有一只小肥羊,于是下定决心要抓住这只小肥羊,然后美美地吃上一顿。可是怎么吃到这只羊呢?这只狼眉头一皱计上心来,它决定装扮成警察,因为但凡年轻人向警察扔雪球或者碰撞了警察,警察都有权对其进行指控。

"这六月天,我怎么可能扔雪球呢?我到哪去找雪啊?"小羊从屋顶上下来,气得浑身颤抖着说道,"再说,我都已经睡了一个小时了,梦里都没有出现这玩意,别以为我是小孩就可以随便糊弄。"

"你倒是不直接否认,说这些花言巧语般的暧昧话。我最鄙视那种含糊其辞的人。"凶残的狼一把抓住它的猎物，恶狠狠地说道："向警察扔雪球还只是行为不端，本来只需要朝你扔回个雪球就没事了。但是你这张嘴罪大恶极。所以，我今天必须将你关进局子里面去！"接着狼就这么做了。

虽然这则寓言故事的寓意是：和警察争辩是愚蠢的行为。但是，有多少聪明的谜题爱好者根据针对小羊的控诉，猜到谜题要表达的这层意思呢？

答案见：P332

311 交叉点之谜

难易程度：★★★☆☆
完成情况：是□否□

这是一种针对年轻人设计的新颖的缺字谜题。

找回了那个缺少的字，你就能知道那个小机灵鬼为了节省一角钱，不惜翻墙而过，到底想看到的是什么。你瞧！好戏正在上演呢！仔细看看栅栏上的条幅。我不能告诉你那到底是什么，因为有个字被帽子遮住了。

所以，你得来猜一下。将那个词放在两句话的交叉区域，你就能顺利读通两句话，然后你就彻底明白到底在讲什么了。

答案见：P332

312 以cion结尾的单词

难易程度：★★★☆☆
完成情况：是☐ 否☐

一位母亲来信说，她的孩子们对我的谜题很痴迷，同时建议我出一些好的、有启发性的字谜。我在回信中说，如果我们指望一个计划，能够劝说学者们去审视他们的著作，我们应该从现在开始"迷信"字典。

如果不是因为篇幅所限，我还准备说一说一次令人沮丧的经历。那是在一个矿工的聚会上，他们立桩标出了一个镇，并取名为"字典"，因为他们认为"所谓的和平、财富和幸福只有在字典中才能找到。"但是，也许过程曲折了点，经过一番苦苦寻觅，他们也能在这部字典中找到任何他们想要的一切，所以只能说出现的事情是他们没有在寻觅的。

这只是为了说明一点，有些我们想要的东西难以捕捉，无论它们多美，即使是在字典中。请你帮亨利解答一下这个小迷惑，这是前几天晚上他做梦时候碰到的。那是在去学校的路上，他正穿越一片树林，这时出现了一只聪明的猫头鹰，给他出了个容易的题目：请列举些以cion结尾的单词。

答案见：P332

A TRIP THROUGH THE DICTIONARY

313 关于画眉的谜题

难易程度：★★★★☆
完成情况：是□ 否□

迷糊王整日坐在"会计室"内数他的钱，小汤米为了让迷糊王不过分沉溺于这份"惬意"的工作中，对他说一个女仆在晾衣服的时候把鼻子给弄掉了。然后他又讲了古斯妈妈的一个谜题：

"图中一共有28只画眉，请问一枪射死了七只之后，还剩几只？"

因为回答对了这道题目，皇后赏给了汤米一块面包。这时御厨请人给他解释一下，如何将一块具有24只画眉的点心，切分成大小和形状相等的两半，使每半之上都有12只鸟。

答案见：P332

314 火星上的运河

难易程度：★★★☆☆
完成情况：是□ 否□

这是一张在离我们最近的星球——火星上最新发现的水路地图。试一试你是否能浏览一下所有地方，然后回到起点，条件是不能穿过同一个地方两次。

从字母T所在的"南极"开始，拼写一句完整的句子，每个字母仅使用一次。这个谜题曾经在一家一流杂志上刊登过，据说有5万读者来信说："此路不通。"可是其实这是一道再简单不过的谜题。

答案见：P332

315　金属士兵

难易程度：★★★☆☆
完成情况：是□ 否□

因为各式谜题是对大脑中灰质的有益锻炼，我们现在想请我们年轻的猜谜者们来猜猜这一组在庆祝独立日时发出的应景谜题。貌似哈利在和他的父亲一起散步，他问为什么那个男孩的旗子上有一个字母Y，有一个听到哈利这番话的男孩又问另一个男孩为什么那个趾高气扬的男孩是一名金属士兵。

然后这位认识所有男孩的父亲，问孩子们为什么七月四日像炖牡蛎。我现在想请你回答这三个问题。

答案见：P332

316　送奶工的反驳

难易程度：★★★☆☆
完成情况：是□ 否□

这是一则亮色调的幽默，其中包含了一连串值得一猜的谜题。多莉请送奶工坐一会儿，并问他为什么这把坏椅子像他的账单一样。送奶人解开了谜题并用这一问题反驳："椅子和他的奶牛有什么不同？"之后多莉又问他："为什么这把椅子像这条连衣裙呢？"以上这些都表明，两位聪明人之间萌生了爱意。

答案见：P332

第四章
时间、速度与路程

317 拿锄头的人

有时，靠直觉或者农业实践知识也可以解决难题，但是，那些精于数字和计算的人却会被难倒。我的问题是要解决下面这道例题。这道题真的一点都不难，不需要做大量算术，我都不想拿它来做例题的。而且，我认为，就像爱德华·马卡姆的著名诗句一样，它开启了一扇门，让两个人展开了一场有趣的讨论。不过，我完全没有冒犯爱德华的意思，他可是公认的权威。

把纸裁成三块，拼起来正好构成一个正方形。霍布斯和诺布斯同意为农民贝恩种植土豆换取5美元的收入。两人测试了各自的能力，发现彼此各有所长。霍布斯可以在20分钟时间内安放一排土豆，但是如果要盖完则需要3倍的时间。诺布斯安放土豆的时间是霍布斯的1倍，但他盖完的时间则和他安放土豆的时间是一样的。贝恩的地有12行，如果他们必须同时完成工作，他们要怎样分工，怎样分配报酬？

答案见：P333

318 一点小意外

弗雷德和他的女朋友骑车外出，他的女朋友的速度是5分钟1公里。弗雷德是一位优秀的自行车运动员，他骑着自己的自行车的速度是3分钟1公里，骑着他女朋友的自行车的速度是3分半钟1公里。走到半路，弗雷德的自行车坏了，他们只能步行。带着车轮步行时，他的女朋友走1公里需要20分钟，而弗雷德自己需要15分钟。备用轮胎放在家里，换上备胎的话需要10分钟。那么，如果他们是上午10点钟出发，正好下午6点返回，在满足条件的情况下，假设他们骑到了离家最远的地方，请问，他们一共骑了多远的路程？

答案见：P333

319 凯西的奶牛

难易程度：★★☆☆☆
完成情况：是□ 否□

这是一个发生在铁路上的趣题，颇为惊险刺激。凯西说："我敢肯定有时候奶牛的感觉比一些普通人的感觉都好。"

有一天，我的花奶牛站在距离桥梁中心点5英尺远的地方，静静地欣赏着湖水，它突然瞥见了离它较近的桥头方向飞速驶来一列特快列车。这时候火车距离较近的桥头一端的距离刚好是桥梁长度的两倍，速度是90英里/小时。奶牛迅速朝火车驶来的方向冲去，当它的后腿刚离开铁轨时，只差1英尺就会被火车撞到。但如果是按照普通人的直觉顺着火车行驶的方向逃跑，它的屁股就得有3英寸留在桥上。

"如果换作是那些犹豫不决、办事拖拖拉拉的人可就惨啦，他们脑筋得转得快一点才行！"

你能算出桥梁的长度和奶牛的速度吗？

答案见：P333

320 爬山问题

难易程度：★★☆☆☆
完成情况：是□ 否□

第四章 时间、速度与路程

有时候我们不得不佩服那些意志坚定的人，尤其是那些身体有残疾的人，他们虽然身体有残疾，但是意志力往往比我们这些正常人更坚强。

我这里有一道谜题说的正是这样一位残疾人朋友。他是一位腿脚有残疾的小商贩，他说他爬山的速度是1.5英里/小时，下山的速度是4.5英里/小时。他爬一座小山来回共用了6个小时。

请问，你知道山脚到山顶的距离吗？

答案见：P333

321 苍鹰逐日

难易程度：★★★★☆
完成情况：是□ 否□

当年，伊索是一位雅典贵族的奴隶。他在动物故事中表现出来的创造力和天分以及包含的讽刺意义引起了克利萨斯的注意。在他最古老的寓言中有一个是关于鹰的：

一只野心勃勃的老鹰拼尽全力地想飞到太阳上去。每天早上太阳初升的时候，老鹰就朝着太阳飞去，一直飞到中午。然后，当太阳开始西落时，老鹰就向相反的方向往西飞去。老鹰就这样坚持着它永无希望的追逐。奇怪的是，正当太阳消失在西方地平线上时，老鹰发现它自己正好回到了开始的出发点。

故事的确有意思，不过伊索的计算本领却难以让人恭维了，老鹰上午是面对着太阳飞行的，而下午则是和太阳同方向飞行的，显然，下午的飞行路程比上午稍微长一点。如此，老鹰其实每天都往西移动了500英里。

假设老鹰从美国华盛顿国会大厦的圆穹门出发，自这个位置绕地球一圈，老鹰在大地上的飞行高度较之于飞行距离太小，所以可以忽略不计。每天日落时分，它将飞到离早上起飞点以西500英里的位置。那么，如果老鹰于1896年1月1日（星期三）从国会大厦开始起飞，它再次回到起点将是什么时候？

答案见：P333

322 北极新娘

一名探险队员在一次前往北极的旅行中试图按照当地风俗给自己找一位新娘。这一地区的土著居民都睡在熊皮做的睡袋里，求婚的风俗是让害着相思病的情郎偷偷摸进屋去，把他中意的新娘连同睡袋一起背回家。

在这一过程中，新郎需要走过相当长的一段路程。一个人在他空手前往时的速度为每小时5英里，负重返回时的速度为每小时3英里，他一来一往共用了7个小时。当他打开睡袋，向同船的伙计们炫耀战利品时，他发现自己背回的竟然是姑娘的爷爷。趣题爱好者们，你们能否算出这位冒险的情郎走了多长的路？

323 渡轮问题

为了说明平常人是如何用老生常谈的计算方法来做算术，对那些只需要稍加思考就能解决的简单问题也会感到迷惑不解的原因，我请大家来看看下面这个实例。这个题目可以用幼儿园用语来解释，因此任何孩子都能够做得出来，但是我敢说最精明的商人十有八九用上一个星期时间也未必算得出来。所以，数学规则的学习还是适可而止吧，不如学学常识，因为常识能教会你到底为什么！

我不久之前去了渡船码头调查两艘渡船的相对速度，通过计算得出了下面的数据：

两艘渡轮同时从河的两岸出发，其中一艘渡轮时速较快，它在离对岸720码处与另一艘渡轮相遇。到达对岸后两艘船各停靠10分钟供客人上下，然后各自返航。两艘渡轮在距离此岸400码处再次相遇。你能否根据上面给出的这些数据算出河有多宽？

324 "数学天才"警察

难易程度：★★★☆☆
完成情况：是□ 否□

有的人说话总是喜欢让别人去猜测而不是直接告诉你答案，他们认为这样很有趣，但是却给听话的人造成了很多不必要的困扰。

"早上好，你能告诉我那面钟上面的时间吗？"麦古尼问他的好友克兰西。克兰西是一位警察，因聪明过人被人称为"数学天才"警察。"这简单，"克兰西回答说，"只需要在零点到现在的时间的1/4加上现在到今天晚上0点时间的一半，就是正确的答案。"

通过以上对话，你能否说说现在的准确时间？

答案见：P333

325 老爷爷的时钟

难易程度：★★★★☆
完成情况：是□ 否□

有一个传说，说的是一位古怪的老爷爷和一个"爱唱反调"的钟，从"钟买来的那个早晨，也就是老人出生的那刻"，这个钟有一个古怪的特点：分针和时针交汇之时，就会停止走动。

日久年深，这种间歇性的停摆变得越来越频繁，这位老人也变得越来越暴躁，可是他虚弱的双手再也无力修复那个经常"罢工"的钟了。老人勃然大怒，摔倒在地，断气了。当老人死去的那刻，时钟突然停止，再也没有走动。

有人把这座停摆的古钟照片给我看，时钟上坐着一位时间女神。我灵感顿生：既然知道分针与时针重合在一起，那么不需要看整个钟面，只要单看着从图中所示的秒针的位置就能准确地说出老人死亡的时间。虽然单凭秒针说出精确时间的想法听起来非常荒唐，但是这道谜题并没有想象中那么难。

答案见：P333

326 奔跑在乡间

插图中展示的是"猎狗"捕捉"野兔"时的一个聪明而成功的技巧。朝这边跑的男孩扮作猎狗,他正在追逐另一个同伴,这名同伴应当是"野兔"当中的一只。在这幅图中,"猎狗"看上去似乎没有特别去追哪一只"野兔",因为他们在朝着相反的方向跑。然而,扮猎狗的男孩是在追那个扮野兔的男孩,而且他做得很成功。

"猎狗"追"野兔",但无法在被察觉的情况下抓到野兔,他只能选择打持久战——也就是说,因为另外一个同伴和他跑得一样快,所以同伴间直接互相抓住对方几乎是一项毫无希望的任务,还有一个原因就是"野兔"有25码的领先优势。

图片的远景里展示的是"大本营",它用一面美国国旗做了标记。野兔离桥有250码,从那里他沿直角跑600码就正好能到达安全地带。

看上去"猎狗"完全没有希望,不是吗?但就是在那一刻,猎狗意识到左边还有一座图片上看不到的桥梁,如果越过那座桥,再从田野上抄近路穿过那群奶牛,这条斜边的路径可能比另一条路径要短。这是一个成功的技巧——这么说吧,是一个让人快乐的锦囊妙计——因为他成功跑过去抓住"野兔"之后,我们测量了距离并发现从图中所示"野兔"现在所在之处来看,两条路径是一样长的。因此,通过向反方向急转弯,25码的领先优势从"野兔"转移给越过另一座桥的"猎狗"了,"猎狗"从斜边的路线上抄近路,正好赢"野兔"25码。

当然现在每个人都能看出来了,但问题是要判断"猎狗"到达他的幸运桥之前要跑多少英尺,这在图中并没有画出。

答案见:P334

327 阿喀琉斯与乌龟

难易程度：★★★★☆
完成情况：是□ 否□

每个人可能都读过关于阿喀琉斯与乌龟比赛的故事，这个故事常被引述来展现看似可能事件的不可能性。

阿喀琉斯能以乌龟12倍的速度行走，所以哲学家芝诺为两者安排了一次比赛，在此之中，乌龟有12英里的先发优势。芝诺坚持认为阿喀琉斯绝不可能赶上乌龟，因为阿喀琉斯行走完12英里时，乌龟也应该已走过1英里，阿喀琉斯再走完那1英里时，乌龟将再走完1/12英里，如此下去。

这个故事被很多人错误地引述，他们基于这样一个错误的假设：虽然说很显然阿喀琉斯将会赶上并超过乌龟，然而那个绝对点将会由一个不可计算的非确定性小数表示，就像1/7的小数结果一样除之不尽。这样一个特性将通过如下的问题展示：一位旅行者从巴格达跋涉到耶律哥，他同意在第一天走总路程的一半，第二天走剩下路途的一半，第三天再走剩下路途的一半……如此下去，总是走他所剩路程的一半，结果就是他能够非常靠近目的地，但是永远到达不了那里。阿喀琉斯与乌龟的比赛与此不同，不同之处在于阿喀琉斯的确能够到达那里并超过乌龟，但是确定那个绝对点却很困难。

汤米注意到阿喀琉斯与乌龟比赛代表了钟的时针和分针的相对速度，所以他通过思考找到了一个解决这个问题的有利位置，他决心通过现实观测解决这个常常被认为是不可解决的时间问题。

在中午12点的时候时针和分针重叠在一起，问题就是找到下次两根针相遇的时间。事实上，这是一个极其有趣的问题，数学家们认为在这个问题形成的基础性工作之上，数不清的拥有重要和迷人特性的时间问题都被建立起来了，而这也是我们建议对其中原则清晰理解的原因。

答案见：P334

328 比萨斜塔

难易程度：★★★★☆
完成情况：是□ 否□

摄了斜塔的神韵，他还认定："斜塔的直径为50英尺，距离垂直方向的倾斜距离为13英尺。由于地基没有打牢固，在完成建筑工程的1/3前，塔体就已经开始倾斜了。"他的说法与陪同我们上塔顶参观的那位油嘴滑舌的侍从的讲解截然不同，并且也违背了常识。既然在工程量尚不足三分之一时塔体就开始了倾斜，那么建筑师哪有这么蠢笨，还继续建造剩下的三分之二？这不符合情理，很难解释得通。

众所周知，伽利略的论述表明，建造比萨斜塔的目的是用于科学研究。也正是在比萨斜塔，伽利略有力地反驳了他的对手的观点——下落物体所受空气阻力与物体的质量成正比。

比萨斜塔之所以倾斜，是故意为之呢，还是偶然得之呢？关于这个问题的讨论早就老掉牙了，可是最近却大有死灰复燃之势。为科学家和数学家们所广泛接受的说法是，为了研究和说明与重力吸引相关的科学问题，比萨斜塔建于12世纪。但是，仍然有不少人认为比萨斜塔倾斜的原因在于建造时地基的不稳定。我注意到在夏普先生的环球摄影集中，他很好地拍

和闻名遐迩的比萨斜塔息息相关的还有一个问题，该问题很早就已被提出，并且我没能在任何一本数学书籍中检索到它。问题如下：

比萨斜塔塔身高179英尺，将一个弹性球从塔顶掷下。球每次坠地均可弹起至上次坠落高度的1/10高度。试问：在该球停止运动前，它所运动的距离是多少？

答案见：P334

329 格尼斯堡八桥

难易程度：★★★☆☆
完成情况：是□ 否□

格尼斯堡城中有一条长长的布道，它贯穿了城市中的所有桥梁，好多年轻人都把它视作一个娱乐场所和观光风景。根据那时的记载，不知何故，有人提出了一个问题——走完该步道需要多长时间？结论非常出人意料：要想完整地走完步道而不重复经过任何一座桥梁是不可能的。

据史料记载，公元1735年，有一帮年轻人组成了一个团体，他们集体去拜访了数学家欧拉，请他考虑一下这个问题。一年之后，欧拉向圣彼得堡科学院递交了一份关于该问题的长篇宏论。其中，他断言，要想一次性跨越所有桥梁并且不重复是不可能的，且该结论适用于任何数量的桥梁。这篇文章被刊登在1741年学院学报的第八卷，并被相继翻译成法文和英文，被其他著名数学家们转载。三一学院的教授鲍尔在他的著名著作《开心数学》中提到了这个古老精辟的问题。但是，他搞错了该问题的起源，认为该问题是欧拉在1736年提出的。并且，他还论述道："根据旅行手册的介绍，从1759年至今，格尼斯堡城市中一直有7座桥梁。"事实上，史料上的记载是8座桥梁，我们的示意图也根据古时的旅行手册，准确标记这8座桥梁的位置。在1735年，欧拉还仅仅是个年轻的数学学者而已，在将近五十年后他才闻名遐迩。因此，他很有可能当时选错了出发地点，以至于未能解出该题。

我们的问题只是想证明，从图中其中一点出发，经过八座桥梁，最终回到另一地点是完全可行的。那么，请读者朋友们告诉我们，这样的路径有几条，并请指出最短的那条路径。

答案见：P334

330 马术障碍赛

难易程度：★★★☆☆
完成情况：是□ 否□

　　这个小谜题是在最近的一次会议上才提出来的，它和乡村越野马术障碍赛有关，估计赛马迷和猜谜爱好者会对之非常感兴趣。

　　题干是这样的：有这么一条组织完善的赛道，在距离终点仅有1.25英里的地方，马匹们已然前仆后继，难分胜负，唯有在此时选择最短的赛道才能拔得头筹。上图显示，裁判此时所站立的位置在矩形的另一端，由两条赛道所包围，一条的长度为1英里，另一条的长度为0.75英里。

　　如若沿着赛道奔跑，所有的马匹均能在3分钟内跑完1.75英里。但是，它们可以自由选择在赛道的任意一处穿越场地而不受任何限制。然而，在不平整的地面上奔跑，它们的速度将会降低。因此，想要缩短距离，它们的奔速将不得不减少25%。跑弯路或者根据数学公式沿着直角三角形的斜边跑，赛程将会略多于1.5英里。

　　亲爱的读者朋友，请问这场赛马的获胜者是如何选择最合适的路程的呢？

答案见：P334

331 理发师弗里兹

难易程度：★★★★☆
完成情况：是□ 否□

弗里兹是一位精明的理发师，他声称能够在15分钟里面给客人完成修面和理发，而且技术堪称一流，期间还可以和他人闲谈。这一时间刷新了纪录，但是，国际行业委员会（international associate）拒绝接受这个时间为官方记录。因为柯达照片中没有显示时钟指针的位置。弗里兹和他的客人则坚称，他们在理发结束时，看到分针和时针间的距离与理发开始时它们的距离相等。理发开始时，分针在时针后面，理发结束时，分针在时针前面。

聪明的读者们，能否救救急，告诉我们在理发完成的时候，时针和分针的准确位置。（小圆圈中是秒针的位置）

答案见：P334

332 从比克斯利到奎克斯利

难易程度：★★★☆☆
完成情况：是□ 否□

这里有一个有趣的问题，是我骑着一头瘦瘦的骡子在从比克斯利到奎克斯利的路上想出来的。当地的一个向导唐·佩罗德牵着骡子的缰绳走在前面。我问他，我的坐骑能否变个速度？他说可以，但只会变得更慢，所以我只得以始终如一的速度继续我的旅程。

为了给唐·佩罗德一点鼓励——他可是我主要的依靠——我说我们可以取道匹克斯利，以便喝点饮料；从这以后，除了匹克斯利，他什么也不想了。

我们走了40分钟以后，我问道："我们已经走了多远？"唐·佩罗德回答说："刚好是到匹克斯利的一半那么远。"

我们又慢慢地向前走了7英里之后，我问："到奎克斯利还有多远？"他和上次一样回答："刚好是离匹克斯利一半那么远。"

又走了一个小时之后我们到了奎克斯利，你能算出从比克斯利到奎克斯利的距离吗？

答案见：P335

333 热气球之旅

难易程度：★★☆☆☆
完成情况：是□ 否□

为了纠正一个顺风和逆风骑车或者航行所需时间的典型错误，我打算出一个关于气球的小谜题，以说明桑托斯·杜蒙在埃菲尔铁塔旁边进行的创纪录的旅行中的错误。

假定气球在某种机械装置驱动下，以10分钟5英里的速度顺风飞行，但是逆风返回原地却需要1小时，那么请问，在无风条件下，飞行10英里的路程需要多长时间？

实际上，也可以用另外一种问法：气球在1小时10分钟内可以飞行多远？

答案见：P335

334 电线杆之间的距离

难易程度：★★★☆☆
完成情况：是□ 否□

我们经常会遇到这样的插空问题，这种题目，很多时候是因为人们的思维定式造成错误的。这种根据插空求路程的题一定要明确空当和路程之间的关系。

前几天我们驾车出行，沿着一条（3+5/8）英里的路行驶，路旁有很多电线杆。在这段路程中一直保持匀速行驶，我用秒表计算出，我在1分钟内经过的电线杆数乘以（3+5/8）与我在1小时内行驶的英里数相同。

现在的问题是，假定两个电线杆之间的距离都是相等的。那么，相邻的两根电线杆之间的距离为多远？

答案见：P335

335 高山赛跑

难易程度：★★★☆
完成情况：是□ 否□

这是一个古斯妈妈讲的故事，故事说的是杰克和吉尔比赛争夺一桶水。虽然在平时的生活里，他们是一对很好的朋友，可是到了比赛的时候，还真是谁都不肯让着谁，你追我赶异常激烈。

从山脚到山顶的距离为440码，正好是1/4英里。杰克首先达到山顶，返回的路上走了20码之后遇见吉尔，最后比吉尔早到家1/2分钟。因为双方下山的速度是上山时的1.5倍，这让问题更加复杂。你能否算出杰克走这半英里需要多长时间？

答案见：P335

336 驾车赛马旅行

难易程度：★★★☆☆
完成情况：是□ 否□

从因弗内斯到格拉斯哥距离189英里，游客可以选择乘坐地道的观光铁路线兜圈子，或者跳跳摇滚舞，或者乘坐一辆马车去拍摄瀑布风光。我选择了后者，因为这样可以快半天。这样，我就可以记下这道"驾车赛马旅行"谜题。

火车和马车同时从因弗内斯和格拉斯哥出发。当我们在路上相遇时，我看到里程碑，知道该地点与因弗内斯的距离要比它与格拉斯哥的距离大，相差的英里数正好等于我们已经花在路上的小时数。

亲爱的读者朋友们，我的问题是：我们在路上同火车相遇时，距离格拉斯哥还有多少路程？

答案见：P335

337 打破纪录

难易程度：★★☆☆☆
完成情况：是□ 否□

说起对马跑完1/4英里所需时间进行计时的方法，最近赛马皇后娄狄龙在一次表演赛中制造了一个疑难问题。问题发生于两个不太懂数学的计时员之间。第一位计时员记下了快马前3/4英里中所花的时间为81.375秒，第二位计时员记下了快马后3/4英里中所花的时间为81.25秒。

已知马在赛程的前半和后半的速度一样快，除了那个1英里中包含6个1/4英里这点是矛盾的，两个计时员的记录都是正确的，但是他们缺少谜题爱好者那份聪慧，不能得出马跑完整英里所花的时间。

亲爱的谜题爱好者们，你们能说出正确答案吗？

答案见：P335

338 欢乐谷与快乐镇

难易程度：★★☆☆☆
完成情况：是□ 否□

答案见：P335

这是从两个绅士的日记中精选而得的有趣谜题。情景是两位绅士同时从两个地方度假之后回家。威利因为在快乐镇待得过久，有点腻烦，所以准备回欢乐谷，而此时罗兹却正准备离开欢乐谷回快乐镇。他们在某处恰巧遇上，友好地握了下手，亲切交谈之后，各自挥手告别，继续回家的路程。此时威利走的路程比罗兹多18英里。之后，威利又花了13.5小时到达了欢乐谷，罗兹则花了24小时才到达了快乐镇。

你知道欢乐谷距快乐镇有多远吗？

339 游艇比赛

难易程度：★★★☆☆
完成情况：是□ 否□

作为时下一个合宜的话题，我们邀请谜题爱好者来帮一帮这三个"旱鸭子"，他们对航海事务知之甚少。

他们试图精准记录每艘船的速度，可是他们是蹩脚的水手，没能做到。海王星神父介入了他们的观测，所以他们的日志对于赛事的记录分成两个夜班。史密斯负责第一个夜班，没有记录到比赛开始的准确时间，但是草草地记录了船航行完3/4赛程用了3.5小时。此时，他因为晕船而退出。琼斯负责最后一个夜班，他记录到后3/4赛程用了4.5小时。负责午夜班的布朗由于太急着着陆，所以他只记录了赛程的"中间段"比第一段要慢10分钟。

对有些人来说，这场比赛看起来有6个1/4赛程。但是，谜题爱好者肯定不会为这些细枝末节所迷惑，所以无须再解释。你可以看到，这是一个三角形的赛程，每段有10英里。但是这都不重要，因为该题的关键在于航标A、B、C之间分别使用的时间，距离无足轻重。

请问：如果赛事于9点10分开始，那么在何时结束？

答案见：P335

340 工程师的困惑

比格·吉姆是猫头鹰号特快列车的工程师，在一次执行任务的过程中发生了一些意外，从这次意外中，我们提炼了下面的这个谜题。

他说："我们在离开车站之后的1小时，报废了一个汽缸盖。之后必须以之前速度的3/5行走，这让我们晚了2小时。如果火车在出事前能多行驶50英里，那么我们可以比实际上早40分钟到达。"

请问两个火车站之间的距离为多少英里？

答案见：P335

341 派克镇有多远

第四章 时间、速度与路程

当美国西部还只是一片"蛮荒之地"时，一位英国的旅行家就已经来到了这里。他向人打听如何前往派克镇，有人对他说，如果他想从这里去派克镇只有一条路可走。当然，他可以全程乘坐马车，但马车要在驿站休息30分钟，也可以走着去派克镇。

如果他在马车离开此地的同时开始步行的话，当马车到达派克镇的时候，他离该镇还有1公里的距离。如果愿意步行，也可以先步行到达那个中途的驿站，然后再乘坐马车。如果他与马车同时出发，那么当他步行4公里的时候，马车已经到达驿站，当马车要离开驿站时，他又刚好赶上，他可以在这个时候坐上马车。他还可以先坐马车，到达那个驿站之后其余的路程再选择步行。这是所有方案中最好的方案。这样既可以悠闲地行走，又不会太累，而且能够比其他两种方案早15分钟到达派克镇。

亲爱的谜题爱好者们，这家旅店离派克镇有多远？

答案见：P336

342 乘电车的浪漫

难易程度：★★☆☆☆
完成情况：是□ 否□

在电车刚刚制造成功并进行正常运营的时候，维恩非常高兴地邀请了他的未婚妻去乘坐。但是因为经济的原因，他无法支付他们往返的车票，于是他们计划走着回家。

但这样就出现了一个问题：假设电车每小时走9公里，维恩和未婚妻步行的速度为每小时3公里，而他们必须在8小时内返回，他们可以在电车上停留多长的时间呢？

维恩和未婚妻对数学都比较迟钝，你们能不能帮他们算算这个路程和时间的问题呢？

答案见：P336

343 苏黎世疯狂的时钟

难易程度：★★★☆☆
完成情况：是□ 否□

如果你去过瑞士旅行就能认得出插图那座废弃的教堂，这座教堂坐落于苏黎世郊外某个偏僻的地方。肯定也有人告诉过你关于那面古怪时钟玄乎其玄的故事，不去说那些博得欢声笑语的魑魅魍魉的故事。

现在将故事简述如下：该教堂建于15世纪中叶，当地的一位叫约根森的老人给教堂配备了一面钟，据说这面钟正是出于约根森之手。也正是因为这面钟该地闻名遐迩。

这面钟开始工作于早上6点，当时还举行了一个仪式。我们知道瑞士人哪怕开始芝麻绿豆般的事情也喜欢弄一个启动仪式。可是，时钟的分针和时针放错了齿轮，所以分钟转动的速度是时针速度的1/12。在我看来这纯属意外。

那位钟表匠身体羸弱，卧病在床。当有人将这面钟时针的离奇状况告诉他的时候，他坚持要让人抬着他去亲眼看看。但是，当他被抬到时针面前的时候，时针的指示却是分毫不差的。这多少对老人有点影响，所以他带着满足离开了人世。可是，这面时钟仍然诡异，人们认为有鬼神作怪，因此没人有胆量去修理时针，或者给时针上发条。所以，时针终于锈迹斑斑，停止工作。只留下我现在说的这个问题：

如果时针如图所示从早上6点开始工作，时针比分针移动的速度快12倍。那么时针能正确指示的第一个时间点是什么？

答案见：P336

344 象棋高手上校

难易程度：★★★☆☆
完成情况：是□ 否□

OF THE CHESS-PLAYING COLONEL.

我去圣彼得堡的时候遇见了俄国国际象棋专家塔斯奇格列斯基，他告诉我在俄日战争爆发之际，他负责一个兵站。当时28个团集结于此，随时待命。每周每个团都会增加100人，然后在周末的时候，哪个团人数最多就派往前线。

碰巧有一次，第一团有1 000人，第二个团有950人，第三个团有900人；如此递减，每个团比前面一个团少50人，一直到第20团，该团仅仅有50人。塔斯奇格列斯基将军发现第五军团（该团一共有800人）上校是一位国际象棋高手，所以为了让他在五周之后不被调派至前线，他每周只给他的团分派30人。

假设现在这20个团正在不断被调至前线，你能得出多久之后我们的国际象棋高手上校会被派往前线？

答案见：P336

345 汤姆的小猪

难易程度：★★★★☆
完成情况：是□ 否□

这个谜题说的是风笛手之子汤姆的故事。

古斯妈妈说，汤姆有一头小猪。猪被系在一棵树桩上，但是却逃脱了绳索。据说汤姆走进了如图所示的一扇大门。猪离汤姆的距离大概为250码，他为了抓住猪，总是和猪相对而跑，而猪走的是蜂线，往下面的角落跑去。现在我们假设，汤姆的速度比猪的速度快1/3，那么请问猪被抓住之前，跑了多少距离？

这个谜题简单明了，很值得玩味。但是通常人们解决这种问题的办法总是过于复杂，所以只要求每个解题者给出一个大致的正确答案，而这些解题者也没有什么科学的方法，总是依靠判断和尝试，所以最后比的是谁猜得最准。这道谜题的解法，虽然可以根据初等算术的知识，但是对于谜题爱好者来说无疑会耳目一新。

346 传令兵问题

难易程度：★★★★☆
完成情况：是□ 否□

因为最近我收到了很多关于一个古代问题的来信，人们误将这道题目的编者认为是我。所以我想借此机会，在此说一下那一道让人们议论纷纷的题目的原始版本。这道题目被人们改编成很多种形式，而且还伴随着一种此题根本无解的荒谬言

论。对此，有很多人来信询问，也有人误认为解决了这未解难题，来信提供答案，希望得到刊登。

这其实是一道很简单，也很有趣的题目，只要用普通方法就能迎刃而解。一般谜题爱好者采用的实验分析方法就可以解决。可是，困难在于这道题目中的术语几乎都不太对，也难以被人理解。因此，借助一张现实中的图片，我们首先来了解一下这道出现在最古老的数学著作中的谜题的古老版本：

一个传令兵从一支长达50英里的正在行军中的队伍后面，急匆匆地走到前面，将调遣令送到队伍前端，然后再回到他原来的位置。在这段时间里，军队也正好行进了50英里。试问：传令兵一共走了多少路？

如果这支部队静止不动，很显然这个传令兵向前走了50英里，又向后走了同样的距离返回。但如前所述，由于大军在向前行进，因此他走到队伍前端肯定不止50英里，而返回时所走的路又要比50英里少，因为队伍是朝着他迎面而来的。对于那些已经熟知这些题目解题技巧的人来说，这是个很简单的题目；但是对于多数人来说，这却不是一个马上就能回答出来的问题。

如果我们在以上题目的基础上继续延伸，那么就能得出一个更有意思的题：

假设有一支排成正方形方阵的军队，长与宽都为50英里，以匀速向前推进了50英里。一位传令兵处于方阵后沿，他绕着整个队伍绕行一圈，最后回到了出发点。假设传令兵的速度保持不变，他走完全部路程，返回原位时，这支部队也正好往前推进50英里。

请问：传令兵一共走了多少路？

显而易见，如果队伍是静止的，这位传令兵肯定行走了200英里，现在问题的关键是行进中的队伍要让他多走多少路，又少走了多少路。

答案见：P336

347　雇来的收割者

难易程度：★★★☆☆
完成情况：是□ 否□

这道最古老的问题说的是有两个人承揽一个收割的活，工钱为90先令，雇主要求他们在5天内完成。如果杰克一个人干的话，需要9天时间。但是，由于约翰干活不怎么行，所以他们不得不请比尔帮忙干2天。结果约翰最后得到的工钱，比不雇佣比尔时少3先令9便士。

请问，如果是约翰和比尔两个人干的话，要多久才能完成收割的活。

答案见：P336

348 三人出游

难易程度：★★★☆☆
完成情况：是□ 否□

三个好朋友相约一起前往40英里远的地方郊游，但是他们只有一辆双人自行车。如果是两个人的话，在一个小时内就可以完成这段旅程，但是因为自行车不能同时载三个人，所以还有一个人必须步行。

为了尽快到达郊外，他们做了一下大概的测算。A走路很快，可以在10分钟之内走1英里，B需要15分钟才能走1英里，C则需要20分钟。于是，他们决定根据这个结果选择最佳的骑车与步行的组合方法前往该地。

那么请问，如果三个人要完成这次旅行至少需要多少时间？

答案见：P337

349 吃肉趣闻

难易程度：★★★☆☆
完成情况：是□ 否□

据古斯妈妈所说，矮人杰克和他美丽的妻子两个人60天可以吃掉一桶肥猪肉。如果是矮人杰克一个人吃这些肉需要30周的时间。如果杰克夫妻两人一起吃的话，他们可以用8周的时间吃掉一桶瘦猪肉，但是如果是杰克美丽的妻子一个人吃这些肉，则至少要40周的时间。

现在请计算一下，如果让杰克夫妻两人一起吃完一桶一半是瘦猪肉和一半是肥猪肉的混合猪肉一共需要多长的时间？

答案见：P337

350 动力不足的汽车

难易程度：★★★☆☆
完成情况：是□ 否□

著名的法国司机德·福埃·格拉斯给我出了一道谜题。他告诉我，他有一次驾车出外旅行，汽车在前两小时行走了135英里，后两小时行走了104英里。在这4个小时中，车子的动力在匀速减少，以致车速在每个小时都减少同等数量。

亲爱的谜题爱好者们，根据这些条件，请你们告诉我：车子在每个小时各行走了多少英里？

答案见：P337

351 溜冰的时间

难易程度：★★☆☆☆
完成情况：是□ 否□

寒冷地带的人都喜欢滑冰，这是自然对他们的馈赠，得天独厚，天时地利。

在滑冰集训地，两位姿势优美的溜冰者珍妮与莫德，站在封冻的湖面上，相距1英里，然后各自向对方站着的地点滑去。

珍妮在一阵凛冽寒风的推动下，滑行速度变成了莫德的2.5倍，因而比后者提前6分钟到达。

那么，试问两位滑冰爱好者完成这段赛程，各要用去多少时间？

答案见：P337

352 新龟兔赛跑

难易程度：★★★☆☆
完成情况：是□ 否□

伊索寓言中有一则故事说的是：很久很久以前，由于骄傲的兔子中途睡觉，最终没能跑过坚持的小乌龟，所以最后的冠军毋庸置疑就是踏实的小乌龟了。

今天我们重新设计一下这个赛跑的环境与条件：一只热爱运动的兔子和一只乌龟在圆形的轨道上赛跑。这个圆形轨道的直径为100码，兔子让乌龟先跑1/8（即圆形跑道周长的1/8）的距离之后，自己才开始跑。因为兔子对对方的实力非常不屑，所以跑几步就停下来吃吃草。等它们在某点相遇，兔子才发现情况不妙，乌龟马上就要跑到终点了，而自己才跑了1/6的赛程。

请问：兔子要跑多快才能赢得比赛？

答案见：P337

353 挤奶女工和汉斯

难易程度：★★★☆☆
完成情况：是□ 否□

荷兰人汉斯遇见了一个挤牛奶女工。汉斯带着一只羊和一只鹅，挤奶女工看见汉斯向她走过来吓得尖叫起来。

汉斯问："你怕什么？"

挤奶女工说："我怕你吻我。"

汉斯又说："我身边带着羊，还有一只鹅，我怎么能吻你呢？"

挤奶女工回答说："难道你不能丢下手杖，把羊拴到树上再把鹅罩到我的桶下面吗？"

汉斯说："可是你的奶牛可能会攻击我。"

挤奶女工："我的笨奶牛不会攻击任何人的,为什么不把你的羊和鹅养在我的牧场里呢?"

好了,故事就讲到这里,因为问题已经出来了。

在接下来的对话里,两个人发现,羊和鹅的食量加起来和一头奶牛的每天的食量一样。如果牧场可以养活一头奶牛和羊45天,养活一头奶牛和一只鹅60天,或者养活一头羊和一只鹅90天的话,那么牧场能同时养活一头奶牛、一只羊和一只鹅多少天?

答案见:P337

354 逆风骑车

难易程度:★★★☆☆
完成情况:是□ 否□

自行车运动现在越来越受到大众的追捧,因为它既可以锻炼身体又有利于环境保护,而且不需要花很多钱,只要有一辆自行车就可以,男女老幼皆宜。但是要做到专业选手的水平却不是一件简单的事情,那需要付出很大的努力。我这里有一道关于自行车手的趣题,先给我们的谜题爱好者。

一位自行车骑手顺风骑车的速度为3分钟1英里,逆风返回的速度为4分钟1英里。如果没有风,骑手的骑车速度是多少?

答案见:P337

355 快表和慢表

难易程度：★★★☆☆
完成情况：是☐ 否☐

物理课上，汤姆的老师约翰逊给他们做了这样一个实验，实验的结果让在座的每一位同学感到困惑：

约翰逊老师同时启动两只表，其中一只表每小时慢2分钟，另外一只表每小时快1分钟。晚上，当汤姆和其他同学再次看表时发现快表比慢表整整快了一个小时。

如果走得快的表现在的时间如图所示，你知道这两只表是在上午什么时候启动的吗？

答案见：P337

356 时间和距离

难易程度：★★★★☆
完成情况：是☐ 否☐

汤姆的又一节物理课上，约翰逊老师又给他们做了一个实验：

约翰逊老师手里拿着一个方形木块，然后将其抛落，随之，在黑板上写下三个数字，也就是这个木块在不同时间下降的距离。这个木块在第一秒下落的距离是16英尺（合4.8768米），第二秒下降的距离是3×16英尺，第三秒下降的距离是5×16英尺，以此类推。其实，我们制作钟表运用的就是这个原理。

这里有一道题目，即使是数学专家也得费一点时间才能够答得上来。如果挂钟每分钟摆动的频率数和钟摆的长度数（单位为英寸）相同，那么钟摆的长度是多少？

答案见：P338

357 猴子爬滑轮

难易程度：★★★★☆
完成情况：是□ 否□

这道力学题目看起来很易，但据称连刘易斯·卡罗尔回答起来也很吃力。至于这道怪题是否由这位因《爱丽丝漫游奇境记》而闻名的牛津大学数学专家提出来的则不甚清楚。

他在最近的一篇文章中提出了下面这个问题：一个光滑的滑轮上有一根绳子，绳子的一端挂着一只10磅重的砝码，而另一端吊着一只猴子。猴子和砝码正好让滑轮保持平衡。如果猴子沿着绳子向上爬，砝码会动吗？如果会动的话，它会怎么动呢？

卡罗尔在文章中这样写道："很奇怪，许多出色的数学家的答案都不相同，普莱斯认为砝码将向上升，而且速度会越来越快。"

克里夫顿还有哈考特则认为："砝码和猴子将会以相同的速度上升。"

而桑普森却说："砝码将会下降！"

一位优秀的机械工程师的答案是："猴子往绳子上爬和苍蝇在绳子上爬的效果没有任何区别。"

还有的科学家认为砝码的上升和下降将取决于猴子吃苹果的速度的倒数，而且还要求从中求出猴子尾巴的平方根。

严格地说，这道题目非常有意思，值得仔细推敲。它很能说明数学趣题与力学问题之间的紧密关联。读者要知道，任何趣题研究都着眼于物理学原理或哲学原理。

答案见：P338

358 罪证

难易程度：★★★☆☆
完成情况：是□ 否□

上图所示的表盘是一个侦探小说中的一条重要证据，刺客的子弹恰好射中了表盘的正中心，打穿了中轴并因此造成了钟表的停摆。表的时针和分针重合成了180°，很显然有人拨动过指针，因为时针和分针不可能同时指向3点和9点。

读者朋友是否能说出刺客击中这只表盘的时候是一天中的什么时间，从而提供主人公在开枪的时候并不在场的证据呢？

答案见：P338

359 新解猫抓老鼠

数学教授都说如果三只猫三分钟内抓住3只老鼠,也就是说每只猫每分钟抓一只老鼠;因此,"如此三只猫"在100分钟内将抓住100只老鼠。

这就是标准的教科书上的答案,除此之外再无其他。但是一个严肃的大脑袋的"小学者"想向老师问个简单的问题,略为下:

"如果三只猫每三分钟抓三只鼠,抓四只老鼠需要多少时间呢?"三只猫抓一只老鼠需要几分钟呢?

看一看这张插图,除去前面两只老鼠。老师说在这个命题中一个老鼠和三只猫的假设不成立。"那么,"这个"严肃的"学者问,"在第一命题中,当3只猫在预定的时间内'解决'了99只老鼠,它们会怎么'解决'最后一只老鼠呢?既然三只猫在三分钟内杀死三只老鼠,那么杀死一只这样的老鼠,需要几分钟呢?"

"小学者"继续向老师发问:"如果一个有五个脚趾的步行者在8分钟内走1英里,那么一个有八个脚趾的俄国人奥尔伦奥夫走相同的距离要多久呢?"所有的学生接受的教育是:数字不会说谎。甚至有些教科书中的定理还总是挑战我们的常识。如果我们问一个学者:"如果一个饥饿的人15分钟之内能吃两块面包,那么2个小时能吃多少块面包?"这与猫和老鼠的问题极其类似。

如果3只猫在3分钟之内能抓3只老鼠,那么需要多少只猫才能在100分钟内抓完100只老鼠?

答案见:P338

360 暹罗人斗鱼

暹罗人天性嗜赌,只要有机会赌博,他们甚至能把身上仅剩的衣服脱下当做赌注押在任何有输赢可能的事情上。他们自己并不是特别好斗,但是他们喜欢看任何动物互斗,小到癞蛤蟆,大到大象,什么都喜欢。斗鸡斗狗是天天都有的,并且几乎全部按照文明国家公认的方式进行，可是在地球上任何其他国家你都不可能看到斗鱼！

有两种鱼，尽管它们也是美味佳肴，但是仅仅由于其好斗的习性而被饲养和重视。一种是肥大的白色鲈鱼，被称作"王鱼"，另外一种是黑色小鲤鱼，被称作"鬼鱼"。两种鱼相互敌对，只要一遇到就会斗个你死我活。一条"王鱼"可以对付一到两条"鬼鱼"，不过鬼鱼的战术灵活多变，它们会联合作战。一条王鱼与3条鬼鱼的实力相当，如果按照这样打斗下去，那么就算斗上几个小时也不会分出胜负。而鬼鱼能够聪明娴熟地运用它们的攻击策略，这样4条鬼鱼对付一条王鱼，仅仅需要3分钟就可以把王鱼杀死，而5条一起攻击致王鱼毙命的时间则按比例减少（即5条鬼鱼杀死1条王鱼用2分24秒；6条则用2分钟，以此类推）。

这些敌对兵力的组合非常精确可靠，以至于安排一场斗鱼比赛时，给定数量的一种鱼击败一定数量的另一种鱼所用的时间能够精确地计算出来。

我们举一个例子来看看，4条"王鱼"对付13条"鬼鱼"，哪一方会获得最终胜利？获胜一方消灭另一方需要多长时间？

这道题是我在曼谷时听到的，我花了很长时间用数学知识计算这道题。但是我发现，当地青年人都能轻松地给出答案，他们会利用学到的知识计算，也可以凭借实践的经验获取答案。你知道如何得到答案吗？

答案见：P338

361 "土豆"赛跑

难易程度：★★★★☆
完成情况：是□ 否□

我父亲的那个年代，每一次集市都会举行土豆赛跑比赛。稍作改进之后，土豆赛跑更像是一道趣题了，孩子们对这个游戏也非常喜爱。

比赛中，100个土豆在地上排成一条直线，每两只土豆间隔10英尺，规则要求参赛队员将它们拾起来放到距离直线起点10英尺的一个篮子里去。有时候，如果是两个男孩比赛，年长的选手或者速度快的选手必须让另外选手一个甚至多个土豆。举例来说，如果汤姆和哈里比赛，哈里可以先拾回一个土豆并将它放回篮子里，然后汤姆才能开始比赛。

作为一个普通的数学爱好者，算出男孩拾回所有土豆需要跑多远虽然是很有趣的事，但这只是父亲时代的趣题，我们早就耳熟能详了。现代的趣题爱好者们轻易就能估算出大体距离，这里有一个解决此类问题的简单方法，所以我们想先请年轻的学者们来计算一下如果要捡回100个每隔10英尺放置的土豆并放回距离起点10英尺之外的篮子里，选手需要跑多远？

一道真正的土豆赛跑趣题需要再设一些障碍来考验我们的聪明才智。比如考虑两个参赛者的相对速度，让其中一人先捡回一个土豆等。

这两个队员实力相当，不过，由于汤姆的速度要比哈里快2.04%，汤姆同意让哈里一个土豆。故而，为了赢取比赛的胜利，汤姆必须在哈里捡回第49个土豆之前捡回第50个土豆。图中画的就是哈利扔下他在100个土豆里选择的那个土豆，这样比赛正式开始。我们发现，比赛的结果正取决于哈里选择第几个土豆作为比赛起点。第二个也是更难一点的一个问题是：如果哈利选择了最有利于他的那个土豆，你知道谁会取胜吗？请记住，汤姆的速度比哈里快2.04%。

答案见：P338

362 珠宝店外的时钟

难易程度：★★★☆☆
完成情况：是□否□

珠宝店门外的时钟经常坏，虽然一直放在那里，现在简直就是个摆设，可是它到底怎么了呢？一般人不会关心这个，顶多路过时看一眼，发现不对，也就算了，可是我是个谜题家，可不能不关心啊。目前这个时钟的时间究竟和其他正常运行的时钟在时间上差多少呢？

如图所示，挂在珠宝店门外的时钟的指针总是指在8点20分左右。假设时针和分针与刻度6点的距离刚好相等，确切地说，这只假钟现在是几点钟？

答案见：P339

第五章
重量、体积与面积

363 天平的使用原理

难易程度：★★★☆☆
完成情况：是□ 否□

天平，是古代的一种衡量器，产生得比较早。春秋末期，天平和砝码的制造技术已经相当精湛。天平的问世，意味着科技的进一步发展。当然，它不仅仅是我们看到的那么简单，其中运用了一定的天平原理：天平的两边同时加上或者减去相同重量的物品，天平依然保持平衡。我们可以从图1中看出：1个陀螺+3个立方体=12颗玻璃弹子。从图2中可以看出：1个陀螺=1个立方体+8颗玻璃弹子。

根据上面给出的条件，你觉得假如天平左边有一个陀螺，右边应该放上多少颗玻璃弹子或者立方体才能使天平保持平衡呢？

答案见：P339

364 切割金砖

难易程度：★★★☆☆
完成情况：是□ 否□

事情的本质和表面现象总是有很大区别的，这道趣题说明在买卖金砖时人们总是很容易被骗。

有一次我们在旅馆碰到了一个看上去非常面善的陌生人，他要卖一块金砖，形状和图上的一样。请你随手拿一张纸，把它剪成正方形的形状，将每个边划上标记分成24份，我们就当它是那块金砖好了。金砖的每条边都分成了24部分，假设中间有虚线连接，金砖就可以分成24×24=576个小方块。假如这些标记是每隔1英寸一个，现在我们就要买入这576小块金砖。你看见中间A点到B点之间的斜线了吗？我们沿着斜线剪开，把右边的部分向上推一格，然后再把A点凸出的小三角形减下来填补到B点的缺口上。

现在重新数一下新拼成的长方形各边上小方格的数字，看看现在的小方块数目是不是有变化？它长为25英寸，宽为23英寸，换句话说，现在的小方格的数目是不是应该为23×25=575个了？剩下的那一块小金砖哪里去了呢？

答案见：P339

365 猫的重量

难易程度：★★☆☆☆
完成情况：是□否□

大卫家养了几只调皮的小猫，它们经常在家里上蹿下跳，把家里弄得乌烟瘴气。

这一天，这几只调皮的小猫找到了一个新玩具，就是这个很常见的天平。它们在上面玩得很好，却引发了大卫的好奇心，他想知道这些猫的重量。于是，称量之后得到了下面的结果。4只大猫和3只小猫加在一起重量是18.5磅，3只大猫和4只小猫加在一起重量是16.5磅。

请问，大猫和小猫每只各有多重？

答案见：P339

366 妈妈的黑莓果酱

难易程度：★★★☆☆
完成情况：是□否□

哈伯德夫人是个非常聪明的主妇，她总是有办法把家里的事情打理得井井有条。她有一个巧妙的办法计算她的黑莓果酱，但是这是她的一个小秘密，从来不对别人讲。

她在25个三种大小的罐子里装满果酱，把罐子分别放在柜子的上、中、下三层，通过合适的搭配使每层的果酱都是20夸脱。

你能猜到哈伯德夫人所用的办法，从而说出大罐的容量是多少吗？

答案见：P339

367 钓鱼男孩多重

难易程度：★★☆☆☆
完成情况：是□ 否□

如上图所示，这是选手们在本季钓上来的最大的鱼，据钓鱼冠军说："把鱼放在秤上称的话是3磅。现在，把鱼从称上拿下来，去掉鱼鳞，我们发现鱼鳞的重量等于无鳞鱼重量的1/5。

已知无鳞鱼重量等于称此时重量的1/4，那么，如果钓鱼人举起的重量相当于他体重的1/10，他的体重应该是多少？"就这么多，暂时别去理会鱼，你知道钓鱼的男孩有多重吗？

答案见：P339

368 俭省的工匠

难易程度：★★★☆☆
完成情况：是□ 否□

手工匠们一般薪水都不高，他们在日常生活中，总希望能够尽量节省开支，使生活不至于捉襟见肘，过得很狼狈。所以他们都很会省钱，精于算计，即使在工作中也会尽量计划如何更好地利用材料。

一名铜匠希望用最少的钱打造一个1 000立方英尺的水罐。因为铜片价格非常昂贵，所以他希望尽量节省支出，但所造水罐必须达到1 000立方英尺的容量。

这可是个不小的难题，你知道他是怎么做的吗？

答案见：P339

369 混合奶难题

一位"老实憨厚"的送奶人曾自夸自己做生意很实在,从来不会让他的顾客不满。然而有一天,他很吃惊地发现自己的牛奶满足不了顾客的需求,他存储的牛奶不够卖,并且没有奶也会给他们的生活带来很多不便。

他绞尽脑汁想要找到一个摆脱窘境的方法。细细思考过后,他觉得自己得凭良心做事,不能给这个送不给那个送,所以他决定把牛奶均分给每个顾客,只不过里面要掺上足够多的清水以期能满足全体顾客的需要。

仔细搜寻了好一阵子之后他终于找到了一眼井,里面的清水特别纯净,刚好可以用来掺入牛奶。他用一个桶装了满满一桶清水,这足够让他满足大家的需要了。

按往常习惯,他两桶奶的价格分别为8美分/夸脱和10美分/夸脱,所以他用下面这个巧妙的方法将它们混合在一起,这正好使我们得到一道有意思的趣题。

从装水的1号桶向装牛奶的2号桶倒入足够的清水,使2号桶里液体的体积比加水前增加一倍;再将2号桶中的混合物倒入1号桶,倒出的体积和此前留在1号桶里的水体积相等;然后,为了确保得到所需要的浓度,他又将1号桶中的混合物倒出一些倒入2号桶,使2号桶里的混合物体积再次加倍,这样正好使两只桶的混合物体积相等。这时候2号桶中水比牛奶多3夸脱。

因为只需要来回倒上三次就完成了混合,这事看起来似乎很容易。但是假设纯牛奶的成本是2美分/夸脱,而他分别以10美分/夸脱和8美分/夸脱的价格把两个桶里的混合物全部售出,那么他将获利多少?

370 无偿的土地

难易程度：★★★☆☆
完成情况：是□ 否□

德克萨斯实际上早在1830年就被美国人开拓，或者更确切地说是入侵，然而直到同墨西哥人和印第安人打完15年的仗，它才加入美国。之后不久，著名的占地法令实行。它使得开拓者可以无偿获得他在一年之内围住的或耕作的全部土地。

一些早期的开拓者有过相当困难的时期，但是他们的后裔总算像他们所说的那样"熬到了头"，现在已跻身于世界最大的畜牧大王的行列。而且据最近公布的一份官方报告，某些世界上最富有的土地所有者是印第安人。在西部那些大牧场中，牧场主们不会对像阿基米德夸口的"在西西里平原上放牧的白牛和花牛"那样的畜群规模感到吃惊，但他们可能注意到一个混血印第安人得克萨斯·皮特舒适的牧场。他是在占地法令实行后最早占地的人之一，那项法令把他在一年之内所能围住的或耕作的全部土地的所有权赋予了他。

根据他自己的叙述——他虽然早已超过70岁，仍然老当益壮，精神饱满——他和他妻子可以得到他们在12个月内用有三根横档的围栏围住的所有土地，因此在整整一年中他和他妻子都在建造这个围栏。

从这个故事中，我们有了下面这个问题：我们假设，这片土地恰好是个正方形，用有三根横档的围栏围住，如图所示，并且每根横档都恰好12英尺长。如果我们假定围住土地的英亩数同用作围栏横档的木头根数恰好相同（我们还记得，43560平方英尺等于1英亩），那么得克萨斯·皮特的大牧场有多少英亩的土地？

答案见：P340

371 荷花命题

难易程度：★★★★☆
完成情况：是□ 否□

诗人朗费罗是位伟大的数学家，他常常说，用有趣或轻松的方式包装数学命题会引发学生的兴趣，这样胜过教条地遵循枯燥的教科书。比起整个学期刻苦地学习，巧妙而简单地阐释数学定理往往能让学生更加清楚地、持久地记住所学内容。

他认为数学是高等院校里最重要的一门知识，因为数学牵涉甚广，广泛地应用于文化艺术和科学中，即使是普通学生，也总是讨厌毕业后发现自己渐渐忘掉了所学的数学知识。

1849年，朗费罗担任哈佛大学现代语言系主任时撰写了《卡瓦纳》，书中有一道荷花题。他的语言通俗易懂、浅显明了，即使完全不懂代数或几何的人也能用一对圆规或直尺解开这道题。书中还道出了一个几何真理。其阐述真理的方式令人永生难忘，但遗憾的是，很多毕业生都没有掌握这种精妙的表述方式。

有一次，在讨论这道题时，朗费罗单独向我做了阐述，但是我忘了他具体是怎么说的。不过，大体内容是湖中有朵荷花，有10厘米的花枝裸露在水面之上，微风拂过时，荷花便会轻拂水面，触水点在21厘米远的位置。根据这些数据，请你计算出湖的深度。

答案见：P340

372 月亮问题

极少有人能够抵挡对于由深究有关月亮的种种趣事所产生的诱惑,所以当著名的月球骗局在20世纪早些时候公之于众的时候,大家几乎准备好去相信任何与之有关的事情。而这一切都是来自一台据称十分雄伟的望远镜,有人声称这台望远镜能够让我们看到月球表面最细小的颗粒。公众忽然开始大力关注这些新闻报道,他们轻易地相信了骗局策划者所描述的月球居民和他们生活环境的生动图景,策划者们的描述如此精巧以至于大家对此深信不疑了很多年。

从无法追忆的远古时期开始,理论家们和作家们就普遍对月球上面的状态和发生的事情有一种狂热。

四个世纪以前,阿里斯托的作品《疯狂的奥兰多》里,在月球上的山丘间看到欺骗了很多大鼻子情圣的"失去之谷"的精彩故事是他对现代文学的有趣贡献之一,不过儒勒·凡尔纳对空间旅行的描述是众多月球传奇故事中最为刺激的。然而,速度最快旅程的记录是埃德加·艾伦·坡笔下《鹿特丹》里的主人公汉斯创造的,他通过乘坐热气球在19个小时里完成了全程。然而对于这样一个记录详细的旅程描述,却是一名名叫斯皮尔伍德的富有学识的教授绞尽脑汁思考出来的,他打点好行装真正上路了,他坚定地相信在一定的距离以上他将能摆脱地球引力,并进入月球引力的影响范围内。

他有一团缆线,直径是24厘米,缆线只有1/100厘米的厚度。看上去很难判断出这团直径为24厘米、厚度为1/100厘米的缆线的长度,但是实际上这个问题简单到依靠常识就可以解答出。

答案见:P340

373 石磨的面积

难易程度：★★★★☆
完成情况：是□ 否□

我们给大家介绍下面这道磨石谜题是为了说明：棘手的问题往往可以用简单的方法得到解决。这对于我们的日常研讨非常有帮助。

据说有两个叙利亚人，凑了点钱共同买了一个磨石。但是，因为他们住的地有好几英里远。所以双方达成一致：老人先使用石磨，直到石磨的面积变成原来面积的一半大小时，再交给另一方使用。

石磨的直径正好为22英寸，中央有一个3+1/7英寸的洞，留作安插柄手（如图所示）。

请问：当石磨交给另一方时石磨的面积为多大？

答案见：P341

374 三角形地段

难易程度：★★★☆☆
完成情况：是□ 否□

这道题是关于面积相等而边长不等的直角三角形的。例如底边为35厘米、高为12厘米、斜边为37厘米的直角三角形的面积与边长分别为20、21和29厘米的三角形面积都是210平方厘米。

现在已知给出另外一个面积为210平方厘米，而边长为整数且均不相等的直角三角形。你能想出多少个符合这个要求的三角形呢？

答案见：P341

375 混合茶叶

难易程度： ★★★☆☆
完成情况： 是□ 否□

东方人混合茶叶是一门极其精确的科学，精确到不同口味的茶叶混合生产出特定口味茶的过程被计算到1盎司的百万分之一。并且据说混合茶叶的配方属于一些声名显赫的茶叶种植户们，这些配方保密了几百年，因而很难被发现。

为了显示混合茶叶的科学准确性和重要性，也是为了展现穿透这个被艺术环绕的谜题的难度，我们把注意力放到一个基于两种混合物的简单谜题上，这一谜题也一定程度上暗示了适用于一定量品种混合问题的复杂性。

混合者刚刚收到两个方形的容器，但是尺寸不同。一个是为绿茶准备的，另一个是为红茶准备的。他已经把两种茶混合在一起并填满22个方形木箱子。请问，绿茶与红茶的比例是多少？

这个问题看起来好像是小儿科，就像是简单加法的总和，能够有一千种方法解决，并且的确如此，因为它仅仅是让我们想到去猜测正好装满22个小立方体的2个立方体容器的尺寸。一大箱红茶和一小箱绿茶，混合起来的箱中之物被分入22个方形木箱。判断出红茶和绿茶的比例，你将掌握这种问题。

答案见： P341

376 足球大小

现今,足球毫无疑问是最合时令的一个话题,正如一位诗人曾经说道:
当棒球赛季落下帷幕的时候,
场上的英雄向出口落寞地走去,
啦啦队开始沮丧地闲聊。
这时,足球队员们横空出世,吸引人眼球。
他们重现赛场,刻苦训练,
在一个个格子中奋勇战斗。

在我的学生时代,全副武装的肋骨以及装有衬垫的小腿并不是司空见惯的场景。我们通常用脚踢球,顾名思义,这项运动称为足球。我们有分寸地对待对手,从没人在这项运动中丧命或者致残,也正鉴于此,我在当今的运动潮流中已经严重落伍。我只是曾经在我们校队的一位外科医生建议下,试着解决一个和足球相关的数学题,他认为这个题目非常适时。

但是,这个问题与"冲撞""悬空球""地滚球"和"高球"等术语无关,它仅仅使我们回想起孩提时期一起在乡村的绿地踢球的那些岁月。那时的足球是老式的,用软橡胶制成。我们当时就住在乡村小道上,经常通过信件的方式预订足球。在体育用品商店的目录上,有各种器材的广告,这些广告建议客户能够提供精确的尺寸,问题就出在这里。我们被告知,所提供的尺寸需要以英尺为单位。但是我们并不知道所谓的尺寸指的是足球橡胶表皮的面积,抑或是球内所含气体的体积。因此,我们最终决定把这两者结合起来,预订了一个表面积和体积相等的足球。

亲爱的谜题高手们,你们中有多少人能够知道,这个足球的直径是多少?

答案见:P341

377 柏拉图方块

难易程度：★★★☆☆
完成情况：是□ 否□

得洛斯人的传奇故事经常刊登在各类报纸杂志上，这些故事中必定会包含将方块体积增加1倍等诸如此类的问题。公元前432年，雅典人遭遇了一次巨大的瘟疫，他们情急之下去拜访了苏格拉底的学生柏拉图，希望他能够帮助出谋划策。人们共同聚集在神庙中向神灵祈祷，太阳神阿波罗要求他们必须将神庙中的金制祭坛面积扩大一倍，这样灾难方可消弭。可惜，雅典人没能解决这个问题。当时最伟大的数学家和哲学家柏拉图痛心疾首地表示，由于人们忽视了神圣的几何学，他们这才受到了瘟疫的报应。他感到非常痛惜，偌大的雅典城，居然无人有能力解答阿波罗的问题。

得洛斯人的问题实质就是复制一个相同的方块，但是该问题和柏拉图方块问题较容易混淆，那些在数学专业知识方面钻研不深的作家就常常犯这种错误。后者往往被称作柏拉图几何数，但是很少有文献说明该数真正的历史起源，因此就有人甚至宣称该数的定义不完整。

事实上，早有古希腊作家记载过柏拉图方块和柏拉图几何数的故事。此外，柏拉图最广为人知的一点是他以数学科学为基础创立的宗教哲学。他还广树纪念碑，以缅怀他自己定义的神学准则。

其中一块纪念碑体积庞大，外观是一个正方体，高耸在地砖铺设的广场中央。不需要任何草图，人们很容易就将它和前文多次提到的柏拉图几何数联系起来。事情看起来如此顺理成章，人们根本没有必要去质疑这个问题的历史起源。上面的草图显示，柏拉图正端坐在广场上空，凝视着他的大理石纪念碑。该纪念碑位于广场上方，由一定数量的小方块建筑而成，该广场也同样由正方形的大理石地砖铺设而成。已知，铺设广场和建造纪念碑所用的地砖数量相等，并且地砖的尺寸完全相同，那么试问，两项工程共需要使用多少地砖？如果您能回答，您也就解决了柏拉图几何数的问题。（假设立方体的数目在1 000之内）

PLATO'S CUBES
A classical problem

答案见：P341

378 新增的卷心菜

难易程度：★★★☆☆
完成情况：是□ 否□

这个奇异的小谜题非常简单，但确实让人深思。魏格斯太太是位很勤快的老人，她不能忍受无所事事的生活，所以她在自家的院子里开辟了一块正方形的菜地，在里面种了很多卷心菜，吃不完的还会送给邻居。玛丽喜欢到魏格斯太太的菜地，看一看那些卷心菜是不是又长大了，看看它们什么时候才能成为口中的美味。

一天，玛丽又去看那些不断变化着的卷心菜，魏格斯太太告诉玛丽说："她今年的菜地比去年的面积要大，这个正方形的卷心菜地今年能收获的卷心菜比去年多211棵。"

我们的趣题爱好者们可否估算出魏格斯太太的菜地横向与纵向各有多少行呢？

答案见：P341

379 嘉丽小姐的吊床

难易程度：★★★☆☆
完成情况：是□ 否□

嘉丽·维特小姐挂在两棵树之间的吊床突然破裂致使她摔了下来。

正如我们所知，一根链条所能承受的最大重量取决于其最薄弱的环节，嘉丽小姐说，如果你能找到吊床断裂的绳索，你就可以说出她的体重了，因为每根绳索所能承受的重量恰好等于10磅。

细心的读者朋友们能说出嘉丽小姐有多重吗？

答案见：P341

380 林肯"圈地"

有人问少年时期的林肯，用图上这12根横杆能围出多少土地。林肯答道："这要看横杆的长度。"

问题的关键点在于土地的形状，因为虽然正方形是合适的形状，但是圆形却是最理想的，土地的形状越是接近圆形，圈住一定量的土地所需的围栏就越少。这涉及一个具有启发意义的有趣的问题：假定每根横杆的长度是16米，那么，用12根横杆能围成最大的土地面积是多少？如果横杆围成正方形，能围成2304平方米的面积，当然，按照提示，围成圆形是最好的。

这个问题可以用作求圆面积原则的基本介绍，也可以通过该题阐明难懂的分数问题，因为分数让我们很难得到确定的满意答案。

381 巧铺餐巾

难易程度：★★★☆☆
完成情况：是□ 否□

"贝蒂斯·罗斯的切割功夫简直不算什么，"办公室的一个男孩很不服气地说"这种戏法简直太简单了。如果我们餐厅的那些姑娘在这里，她不要说第一名、第二名，第三名也算不上。我的神啊！他们简直就是一群爱炫耀的人嘛！"长期在餐厅工作的人，他们积累了很多工作窍门。

这是玛吉前几天给我说的一个谜题："拿出三张面积为12英寸大小的餐巾，然后告诉我用这三张餐巾能盖住多大的一张正方形桌子？"

这道题目没有窍门，你只能将他们平摊或者重叠，然后看看到底能盖住多大的

正方形桌子。你不用给我寄送任何东西，只需要告诉我桌子的面积，我就能告诉你到底是错了，还是对了。

答案见：P342

382 湖之谜题

难易程度：★★★★☆
完成情况：是□ 否□

前几天，我去莱克伍德参加土地拍卖会。可是因为一个关于买方的钱能买到多少土地的奇怪问题，我空手而归。围墙上的招贴说土地面积为560英亩，包括一个三角形的湖在内。如图所示，拍卖的有三块土地，面积共为560英亩，但并没有写出湖的面积。我和其他的潜在买家都想知道湖的面积是否在这560英亩之中和这个湖到底有多大。

拍卖商向我们保证说这三块地有560英亩"左右"，但他并不肯告诉我们确切的答案。我对这个答案不满意，又懒得去和他理论，就跑去湖边看了看。最终发现，实际上这个湖不过是个沼泽。

我要热衷于此类谜题的爱好者解决的问题是：这个由三块正方形土地的面积分别为370英亩、116英亩、74英亩，它们围着的三角形湖面积为多大。那些具有数学天赋的人对这种问题肯定会非常感兴趣，因为这个问题的答案是确切的，只要按照一般的方法就可以得出答案。

答案见：P342

383 箱子的运费

难易程度: ★★★☆
完成情况: 是□ 否□

图中描绘的是一个"狂野西部"的场景：一列"朽木"特快车停在淘金区，给一位年轻的女士带来了两个盒子。这位女士的追求者们正和快递员因为邮资而争论不休。

一共有两个盒子，其中一个可以在图中看到，另一个在马车中。

现在问题是：快递员想按照运费单上的标准，以每立方英尺5美元的价格收取箱子邮送费用。但是，那位矿工强烈反对，理由是按照矿业法，他们一向是按照箱子的纵长英尺收费。他们无论如何也无法理解，一家快递公司为何要以年轻女士箱子的体积收费。最后，那位快递员不得不接受明文规定的条款，于是拿出皮尺测量了箱子的长度，最后以每英尺5美元的价格进行收费。

两个箱子都是正方体。已知小的箱子的高度是另外一个箱子的一半。这道谜题的奇特之处在于，当快递员将两个箱子摆在一起，测量它们的总长度的时候，发现以每立方英尺5美元的价格收费和以每纵长5美元的价格收费相差无几，几乎可以忽略不计。

请问：两个箱子的大小各是多少？这道谜题非常简单，但是富有趣味，这需要我们的谜题爱好者动动脑筋。

答案见: P342

384 送奶人的问题

难易程度：★★★★☆
完成情况：是□ 否□

放学回家的孩子们在路上遇到了一名送奶工，并从他那里听到了一道趣题，送奶工经常拿这道趣题来逗顾客开心。

题目是这样的：一个桶里装着牛奶，但是奶油含量过高，必须加一些水来稀释。另外一个桶里装的是纯水。现在，将1号桶里的液体倒入2号桶，使2号桶里的液体量加倍；再把2号桶里的东西倒回1号桶里，使1号桶里的混合物加倍；然后再把1号桶里的混合物倒入2号桶，使两个桶里的混合物体积相等，不过，2号桶里的牛奶比水多一升。

请问，1号桶里的牛奶比水多多少？

答案见：P342

385 带状土地的宽度

难易程度：★★★★☆
完成情况：是□ 否□

一些技术工人和劳动者虽然没有数学知识，可是却能在实际中想办法解决一些非常难的问题。为了说明这一点，我想请我们的谜题爱好者看看两个农民如何用睿智的办法解决了他们的难题。

一个德州的大农场主有大片的土地，由于土地太多自己无力全部耕作，所以租了一部分田地给他的邻居。邻居同意和这位农场主一起耕作，共同负担盈亏。这块地长2000码，宽1000码，但由于有一条脊土横穿其中，所以他们决定围绕这块地划出一条环带状土地后再划出土地总面积的一半，而不是从中间对半分开。

我认为我们的谜题爱好者很轻松就能猜出这块绕田地一周切分出来的带状地带的宽度，同时也能发现可用于任何四方形田地的简单规则，正如那个身着格子衬衫的农民认为他可以将其运用至其他田地一样。（这里面含有一条可适用于一切矩形土地的简单规则）

答案见：P342

386　奸猾的送奶人

难易程度：★★★★☆
完成情况：是□ 否□

这里还有一道和送奶人混合奶类似的题目。

一位不辞辛苦的送奶工每天早晨在出发之前都要把纯牛奶装满两个16加仑的牛奶桶。他的客户分别居住在四条不同的街道，每条街道需要的牛奶量是相等的。在送完第一条街之后，他去了趟城市供水中心，用水龙头补满他的牛奶桶。然后，他又为第二条街道的客户送牛奶，然后又去了趟供水中心，像刚才一样把牛奶桶补满。如此这般，他每送完一条街，就将奶桶用水加满，直到所有的客户都得到了牛奶为止。

如果所有的客户得到了牛奶之后，桶里还剩下40.5夸脱的纯牛奶，你知道每条街道分别得到了多少纯牛奶吗？（1加仑=8夸脱；1夸脱=2品脱）

答案见：P342

387 酒商量酒

难易程度：★★★☆☆
完成情况：是□ 否□

这道谜题是想说明，在荒郊野地私自酿造"威士忌酒"的非法酒商，在每一次非法交易中都会运用一些小窍门。

不错，我们都听过那个卖蜜人的故事，说的是他推着一桶蜜去卖，途中遇见一个顾客，这个顾客带着一个3夸脱、一个5夸脱的罐子，可是他想买4夸克的蜜。我们只要在这两个量器内摆弄摆弄蜂蜜，就能很轻松地量出4夸克的蜂蜜。

不过，我们今天要完成的这个谜题，是让你计算这位非法酒商最便捷地从一桶白兰地和一桶苹果酒（一桶等于31.5加仑）中给顾客量出价值21.06美元的"威士忌酒"（也就是白兰地和苹果酒的混合酒），装进26加仑的小桶中。已知该非法酒商只有2加仑和4加仑两个量器。

已知苹果酒价值17美分1加仑，白兰地是苹果酒价格的5倍。试问：至少需要多少次操作才能完成该任务。

答案见：P342

388 古格尔黑姆的火鸡

难易程度：★★☆☆☆
完成情况：是□ 否□

史密斯太太和布朗太太是古格尔黑姆的老主顾了。老远，古格尔黑姆就对他们说："这是我剩下的所有火鸡了，一共重20磅。小的火鸡比大的火鸡每磅贵2美分。"史密斯太太用84美分买了小火鸡，布朗太太用2美元又96美分买了大火鸡。

琼斯太太也想买火鸡，但是她来晚了一步。她想，即使不能买到火鸡，打听一下价钱也是好的。你能告诉琼斯太太这只大火鸡和小火鸡多重吗？

答案见：P343

389 羽毛和黄金

难易程度：★★★★☆
完成情况：是□ 否□

这里有一个我们祖祖辈辈流传下来的趣题，从来没有一个人愿意冒失地去质疑它那个已为人所熟知的答案的正确性——"天底下一磅就是一磅！"但是最近，一个来自波士顿的小男孩，他也是一个小趣题迷，却给出了一个答案，这个答案令他的老祖父都自愧不如。

当然，你可能问过别人也可能被别人问过72磅羽毛和6磅黄金在重量上有什么区别。答案几乎不用犹豫就能脱口而出。但如果问这个问题的人在发问的时候非常严肃，甚至为了鼓励大家做出正确回答而不惜对答对者许以奖励，可以肯定地说，这个问题在1614年问世之后，没有任何人曾经尝试过去证明。

在本题中，我竭尽全部脑力选出了一些早已为人熟知的古老的例证，唤醒人们对他们的兴趣，并使之重新焕发光彩。我的目标不外乎是给老锯换副新齿以证明我们的趣题爱好者们一定忽视了它们的锋利。现在再来想想，864磅羽毛和72磅黄金到底在重量上有什么区别？

答案见：P343

390 父子"挑"驴

难易程度：★★★☆☆
完成情况：是□ 否□

从前，我们讲过一个伊索寓言中的父亲与儿子的故事。因为他们赶驴的方式，让公众觉得不快，所以他们最后决定把驴子挑着走。

父子两人挑着驴赶路，但是，他们没走多远就碰见了一个乡村学堂的校长，他说因为父亲比儿子要强壮，所以他应该分摊驴子总重量220磅的大部分。

最正确的方式是他们两人调整一下挑的位置，这样父亲肩挑125磅，儿子肩挑95磅。

请问：假设扁担的长度为4英尺，那么应该将这头驴子挂在扁担的什么位置呢？

答案见：P343

391 阿基米德与皇冠

传说，西西里王希罗尔吩咐宝石匠制作一顶重63盎司的金冠。当皇冠做好了，重量倒是分毫不差，可是国王不知怎的总是疑神疑鬼，疑心制作金冠的黄金的一部分被换成了银子。

在民智已开的现代社会，如果你为了将破损的金器卖掉，可以去找一个试金师。他会用试金石从金器的残片上刮几下，试金石上就会有金子的痕色。然后涂上少许酸，计算酸腐蚀掉金子的时间，因为金子的纯度是和其防酸性能成正比的。

他们那个时代兴许没有这样的测试方法。因为我们都知道，无论是国王还是哲学家阿基米德，都为寻找一个方法解决这个问题烦恼了很久。

找到解决这个"谜"的妙点子到底是谁，到现在还存在一点争议。据说是国王在洗澡，他注意到王冠在水中的重量比在空气中的重量要少。于是大呼"我发现了！"这句话就此流传开来，被后人传颂。事情的真相是这样的：王冠的重量确实是63盎司。可是，在水中称的重量比在空气中的重量少了8.2245立方英寸的水重量。

人们发现，每立方英寸的金重为10.36盎司，每立方英寸的银重为5.85盎司。于是，就很容易计算得出，替换8.2245英寸的纯金的银子重量应该是85盎司以上。不过皇冠的重量还是63盎司。如果我们假设皇冠全为银质的，这8.2245英寸的银子重量仅仅50盎司多一点，这就少了13盎司。

基于这些事实，要计算出珠宝匠到底侵吞了多少金子就并非难事。如果我们假定每盎司的纯金价值为21美元，而每盎司的银子价值为61美分，我们就能算出珠宝匠到底侵吞了多少钱财。

几千年以来，人们都对到底珠宝匠侵吞了多少钱财万分好奇。阿基米德是当时最伟大的数学家和哲学家。他还是围攻特洛伊城时，想出镜子反光的办法焚毁敌方战舰妙招的英雄。他发明了许多机械工具，而且还在希罗尔面前立下豪言壮语——只要给我一个支点我就能撬动地球。这个王冠问题为什么从未给出答案，可能是因为他的离奇暴毙。

答案见：P343

第五章 重量、体积与面积

392 巧称体重

难易程度：★★★☆☆
完成情况：是□ 否□

不错！我们都曾经年少过。所以大人们也会对下面这则谜题情有独钟，因为它正是来源于活生生的生活。最后证明，他们要么是绝顶聪明的学者，要么对这道有趣的谜题束手无策，因为这道题对于经验丰富的人最具有迷惑性。

两个人一起站上体重计，然后轮流交换，这样既可以得到每个人的准确体重，还可以锻炼孩子们的智力。一群小女孩去称体重，他们按照这样的方法成对进行称重，体重分别为129磅、125磅、124磅、123磅、122磅、122磅、121磅、120磅、118磅、116磅和114磅。这道题目说明，这几个小女孩儿都是聪明的孩子，不然她们怎么能想出答案呢？

亲爱的读者们，你们知道每个女孩的体重是多少吗？你们是不是和她们一样聪明呢？

答案见：P344

393 打铁桶

难易程度：★★★☆☆
完成情况：是□ 否□

我找了个打铁匠，为我婶婶打一个平底桶。桶深正好12英寸，能装25加仑啤酒。桶口宽度是桶底的两倍。婶婶要去配个盖子，请你告诉我，桶口的宽度是多少？

只根据上面这些数据算出容积为25加仑（1加仑=282立方英寸），深度为12英寸的啤酒桶口的直径就可以了。

答案见：P344

394 婴儿的体重

奥图尔太太是一个精打细算的人。有一次,她想知道自己孩子的体重,因此她希望只花1美分就可以把自己的体重、孩子的体重还有狗的体重都称出来。深谙孩子们把戏的她决定对称重进行安排。通过称量,她发现她自己的体重比狗和婴儿的体重之和还重50千克,狗的体重比婴儿轻60%,大家的总体重量为85千克。

现在要求我们的谜题爱好者帮助这位奥图尔太太算一算这位胖娃娃的体重,因为奥图尔太太正盘算着要去参加一个现下流行的婴儿大奖赛呢!

395 奇特的称量法

我最近偶然间找到了一本关于旅游的古书。古书栩栩如生地描绘了最近在远东新拓的殖民地中古老的交易方式,我在书里找到了这样一幅图片。这些远东的岛屿盛产各种大宗货物,如大米、烟草、大麻和糖。当地人在小块的土地上种植这些农产品,然后用它们同商贩交换日用百货商品。

其中,我对书中提到的一杆特殊的"秤"尤其感兴趣。这种"秤"是这些商贩用以从当地人那里收购货物的。这种"秤"有一根平衡杆,四个不同大小的金属环,代表不同的重量。

商人们随身携带这些金属环,就像手镯套在手臂上。利用这些金属环,那些商贩可以称出重量为0.25磅到10磅之间的任何东西。关于用力平衡方法称量重量的类似技巧在一些趣题书上司空见惯,但是那些技巧大都不如本题中那么巧妙,因为本题中的技巧能使商贩在所提及的重量范围内较为准确地称出货物的重量,误差不超出0.25磅。

请问:那四只金属环的重量各为多少?

396 市场督察的困惑

难易程度: ★★★☆☆
完成情况: 是□ 否□

在全镇范围内保证度量衡的准确性,这是琼斯督察的工作职责。目前,琼斯督察遇到了一个棘手的事,他碰到了两个准星不准的秤,当测量物体质量的时候,虽然秤显示的是平衡状态,但事实上秤的支点并不在中心。这个问题很容易被粗枝大叶的杂货商所忽视。

在这个案例中,如果单单从表象上判断,那肯定是不合适的,本杰明·富兰克林曾经睿智地指出过这一点。作为一个专业的谜题编写者,我将秤以图画的形式给出,以期望不给大家提供线索。

先做第一个试验,在长臂上放置3个三棱锥,在另一侧放置8个木制立方体能够使秤平衡。接下来在长臂上放置1个木

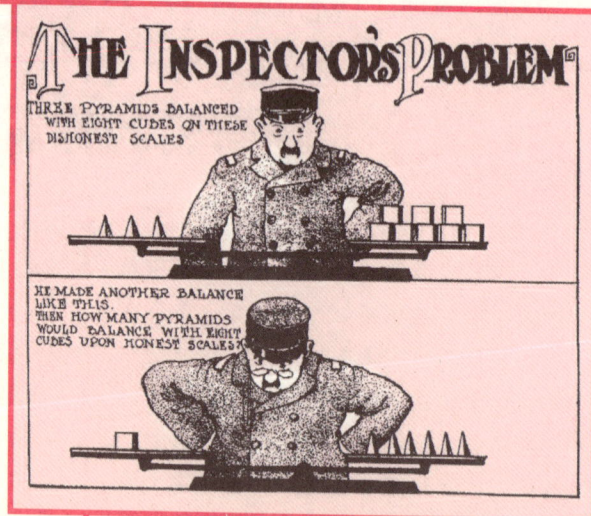

制立方体,那么需要在短臂上放置6个三棱锥,才能使秤再次平衡。

假设一个三棱锥的重量为一盎司,那么这8个立方体的重量是多少呢?

答案见: P344

397 酒瓶问题

有人做过一个除法和减法的小研究，事实证明生活中不论我们从事什么职业，基础的数学运算能力始终非常重要。

一天，有位先生发现自己的酒窖被盗了，总共被偷走了两打（每打12瓶）香槟。小偷如果具备良好的减法和除法运算能力，那么他们肯定已经在享受这些美酒了。

小偷共偷了一打1夸脱装的香槟和一打1品脱装的香槟。可是，他们觉得两种酒都一样沉，于是分别喝掉了5瓶酒，预祝自己看好的议员竞选市长成功。为了不留下任何作案痕迹和便于计算赃物的价值，他们把空酒瓶也带走了。可是，等到分赃时问题来了：他们手上共有满满7瓶1品脱装的酒和5个1品脱的空瓶、满满7瓶1夸脱的酒和5个1夸脱的空瓶。但是，他们不知道怎样平分这些酒和空瓶子。要是他们没有喝得东倒西歪的话，这本是件很简单的事情。

但是，小偷们忘了保持安静是件多么根本的事情，他们大吵大闹起来，闹得动静十分大，很快就引来了两个警察。警察喝掉了所有剩下的他们费了半天劲才搞到的香槟，不过有一点，剩下的空瓶命运如何，还有第二天早上醒来他们的头会如何，跟这道题没有关系。

别再问我其他的情况，因为我可不想让人觉得我跟这笔交易有什么瓜葛，我只想请问大家，这帮盗贼总共有几个人？他们应该怎么平分偷来的7瓶香槟和5个空瓶？当然，我们假设酒瓶完好，没有倒到过别的瓶子里。任何一个大盗都知道香槟不能倒来倒去的，所以，这道题目里不存在任何表现杂耍技巧的机会。

398 感恩节的买卖

这个有趣的谜题是从感恩节那天的买卖中改编而来的,在这个谜题中我们会发现夏洛克医生是如何被自己的伎俩弄得狼狈不堪的。据说,一个药剂师从隔壁镇上的一个屠夫那里订购了一只火鸡,以备感恩节之用。这个屠夫按照要求将火鸡寄送过去了,同时附上了一张单据,上面有几句话,写着实惠的价格,屠夫还特别指出,这个价格相当于每盎司1美分。

当药剂师问火鸡的重量时,屠夫让他自己去称,而且按照他称的重量付款。这正中夏洛克医生下怀,所以他马上就称了一下火鸡,然后告诉那个屠夫说:"火鸡的重量,比我预定的重量要少。"

屠夫是一个老实、敦厚的人,所以他接受了药剂师说的重量。不过他想从药剂师那个和杂货店无异的商店买点东西。"你这里岩盐怎么卖的?""三美分一磅"药剂师回答说。"那么给我称和我卖给你的土鸡重量一样的盐吧,不过我不太信任你的秤,所以我要在我的秤上再过一下秤,然后我会支付土鸡的账单抵掉盐的账单之外的部分。"

药剂师盘算着,既然他的秤第一次称出来的重量有利于他,那么这次也应该是对他有利,于是他接受了屠夫的提议,然后将盐送到屠夫处。但是,出乎他意料的是,屠夫的秤称出来的结果比他的要少。

乍一看,这个题目给出的信息太少(并不是说模糊),但是最近去过火鸡抽奖销售现场,看见有些行家里手能很准确地估算出火鸡的准确重量,从而赢走那只火鸡。我相信我们的谜题爱好者也一定能猜出火鸡的准确重量,这是整个事件的关键,因为出价和盐的重量是证明这个故事真实性的必要条件。

答案见:P344

399 卖牛奶的老人

难易程度：★★★☆☆
完成情况：是□否□

任何经营在实际操作中都存在难处。也就是说，不到一定年岁，没有人能精通他所从事的买卖。老实的约翰说，在卖牛奶方面，几乎没有他解决不了的问题。

不过，有一次发生的意外却让他吃惊不小。当时，他挑着两只10加仑的牛奶桶出去卖牛奶，两位客人带着两个罐子来买牛奶，罐子分别是4夸脱和5夸脱的容量，他们每人只需要2夸脱牛奶。

约翰深感为难，你能帮他解决这个问题吗？（1夸脱=2品脱=1.136 l升）

答案见：P345

400 等式问题

难易程度：★★★☆☆
完成情况：是□否□

这幅图说明的是一个最基础的代数理论知识——等式问题。

如图所示：

在第一个天平上，水壶的重量与1个瓶子和1个杯子的重量之和相等。

在第二个天平上，瓶子的重量与1个杯子和1个盘子的重量之和相等。

在第三个天平上，2个水壶的重量与3个盘子的重量相等，那么由此可以说明盘子的重量等于2/3个水壶的重量。

根据上面给出的条件，结合你对天平原理的理解，请回答下面的问题。图中第四个天平上，放多少个杯子才能与1个瓶子的重量持平，以保证天平的平衡？

答案见：P345

401 觅食远征

这是一道有关"巧用容器"的谜题。说的是在古巴一次运动中,一伙身着蓝色衣服的小伙子的故事。这其实也不过是那个著名的用5加仑和3加仑的容器从一桶蜂蜜取出4加仑蜂蜜的古老故事的延伸。

这个故事说的是,一群小伙子在一次觅食远征过程中,他们的"战利品"中正好有一桶10加仑的啤酒。他们很自然地品尝了一点,然后再把剩下的酒分成三份,也即一份在原来桶中,一份在一个3加仑的容器中,一份在一个5加仑的容器中,然后再把它们带回帐篷里。

现在问题是,他们喝了多少酒,以及他们如何将酒分成三份。需要说明的是,他们是在不借助其他任何工具的情况下直接等分了啤酒。如果你能弄清楚这个问题,那么你就掌握了解决这类问题的基本方法。

01 如何砸中50点整

击倒标有数字25、6和19的小偶人就能得到50点。

02 清仓大减价

聪明的读者或许已经发现，每次降价的幅度都是原来的3/5，也就是说，减价后的价格是原来的2/5。照这样下去，下次降价应该是1.28×2/5=51.2美分，这就是衣服的成本价了。

03 投票问题

设投赞成票的人数为x，投反对票的人数为y。则：解方程得x=84，y=63，所以参加投票的人数为84+63=147人。

04 三个笨小孩

身上数字是6的小孩倒立，他身上的数字就变成了9，而931能够被7整除。

05 跷跷板趣题

由于2个小男孩的重量正好等于3个小女孩的，所以8个小男孩的重量应该等于8÷2×3=12个小女孩。也就是说，另一端要坐12个小女孩才能使跷跷板保持平衡。

06 洗衣服的费用

共有12只袖套与18只硬领。每只硬领需要2美分，而每只袖套需要2.5美分，经过计算得知查理需要支付39美分。

07 商人的利润

这道题没有标准答案，因为我们不知道这个生意人最初买车的价格。根据现有条件，不能圆满解答这道题。

08 聪明的报童

店主有一枚50美分和一枚25美分的硬币。他们把所有的钱全放在一起，店主拿走一张1美元、一张5美分和两张2美分的钞票；女士拿走一张50美分、一张10美分和一张1美分的钞票；男孩拿走一枚25美分的硬币和一张3美分的钞票。

09 赌马高人

两人起初都有25美元，杰姆以15:1的赔率押下赌注15美元，赢了225美元，使他的赌本增至250美元。杰克以10:1的赔率押下赌注10美元，赢了100美元，使其赌本增至125美元，正好是杰姆的一半。

10 出纳的烦恼

5张1美元的纸币，50张2美元和19张5美元的纸币刚好够。

11 赛马场趣题

如果赛马"苹果派"的赔率是7赔3，我们下注3美元就能赢得本金3美元及奖金7美元，总共10美元；同样的道理，赛马"大黄蜂"的赔率是6赔5，我们出5美元下注就能赢回本金5美元及奖金6美元。因此赛马"黄瓜"的赔率是27赔83。

我们可以这样想：如果押"苹果派"33美元并且"苹果派"获胜，那么能拿回110美元；押"大黄蜂"50美元而"大黄蜂"获胜可以拿回110美元；那么如果我们要总共下注110美元的话，本金只剩下110−33−50=27美元；而下注27美元能拿回110美元的话，赛马"黄瓜"的赔率必须是27赔83才可以。这样，不管哪匹马赢得比赛，我们都能拿回110美元的本金。

12 游行方阵

现在参加游行的人数为5039。

当凯西在的时候，人数一定是2、3、4、5、6、7、8、9、10的公倍数。我们取它们的最小公倍数2520，然后减去1得到凯西离开后的人数。这个结果要是符合"每行11个人不行"也就是不能被11整除的条件就是正确答案了。但是2 519能够被11整除，所以我们取下一个公倍数也就是5 040，再减去1得到5 039，而这个数不能被11整除，同时更大的一个公倍数必定超过限定的人数7 000，所以我们断定，5039是唯一正确的答案。

13 数硬币谜题

辛德里克原本出了一个25美分和一个10美分的硬币，克劳斯出了个2.5美元的金币和一个2美分的硬币，卡尔出了一个10美分和一个3美分的硬币。打完牌后，辛德里克手上有一个3美分的和一个2美分的硬币，总共输了30美分；克劳斯手上有一个2.5美元的金币和一个10美分的硬币，所以他赢了8美分；卡尔手上则拿着一个25美分和一个10美分的硬币，所以他总共赢了22美分。

14 双胞胎分财产

在分割家产问题上，奥素格斯原来的意图也就是孩子们和母亲所分得的财产比例是始终不变的。给母亲的钱是给女儿的两倍，而儿子的所得又是母亲的两倍。因此只要把财产分成7份就可以轻易地完成分配，将其中的1份分给女儿，2份分给母亲，4份分给儿子。

15 少了的救济款

被救济的共20人，每人应得到6美元，每周向他们分发的救济款共计120美元。如果少来5个人，每人能得到8美元。如果多来4个人，每人能得到5美元。

16 油和醋

商人以50美分/升的价格卖出了体积为13升和15升的两桶油（价值14美元）。然后以25美分/升的价格卖出了体积为8升、17升和31升的三桶醋（价值14美元）。剩下的是体积19升的桶，如果是醋，则价值4.75美元，如果是油，则价值9.50美元。

17 花销问题

史密斯先生之前有99美元98美分，现在还剩49美元99美分，花掉了49美元99美分。

18 聪明的地产商人

如果我们假设他把地分成了x小块，则$18x$（最终售价）减去243（总买价）应该等于他的利润。而每小块地的原始买价是$243/x$美元，所以我们可以列出方程：$18x - 243 = 6 \times 243/x$，解方程可以得出，$x=18$。因此可知，他把地分成了18小块，按照18美元的单价，土地价值总和为324美元，利润81美元。而每一块土地的原买价是$243/18 = 13.5$美元，6块的总价值也是81美元。

19 姐弟买苹果

凯蒂有7便士，而她的弟弟哈里有5便士。

20 土地交换

在本题中，由于我们不知道横杆的长度，所以无法算出每块南瓜田到底有多少英亩的面积。但是要解决这道题目，南瓜田的面积不是非知道不可。我们以横杆的长度为单位可以算出两块南瓜田的面积之比是209：210，因而，两个乡下人损失的土地是他们原有土地面积的1/210。当然，按照南瓜均匀生长的假设，他们也按同样比例损失了南瓜。由于每英亩土地上的南瓜数目是840只，那么他们损失的南瓜数目应该是840×1/210=4，四只南瓜。

21 选举问题

把获胜的人分别超出其他人的票数相加后加上总票数，再除以候选的人数，所得的商就是获胜者的得票数。其他候选人的票数可以在此基础上用减法得出。或者我们可以设得票最多者所获得的票数为x，则，其他的人得票数分别为x-22，x-30，x-73，把这四个人的票数加起来等于总票数5219，解方程得出最多者得票数。选票数分别为1336、1314、1306和1263。

22 被抹去的数字之一

```
749）638897（853
    5992
    ─────
     3969
     3745
     ─────
      2247
      2247
```

23 为百年庆典设计的趣题

正确答案应该是：

$$\begin{array}{r} 70 \\ 13 \\ 6 \\ 5 \\ 4 \\ 2 \\ \hline 100 \end{array}$$

$$\begin{array}{r} 24\frac{3}{6} \\ (+)\,75\frac{9}{18} \\ \hline 100 \end{array} \quad \begin{array}{r} 98\frac{3}{6} \\ (+)\,1\frac{27}{54} \\ \hline 100 \end{array}$$

$$\begin{array}{r} 95\frac{3}{7} \\ (+)\,4\frac{16}{28} \\ \hline 100 \end{array} \quad \begin{array}{r} 94\frac{1}{2} \\ (+)\,5\frac{38}{76} \\ \hline 100 \end{array}$$

$$\begin{array}{r} 1\frac{6}{7} \\ 3 \\ (+)\,95\frac{4}{28} \\ \hline 100 \end{array}$$

这道题目有很多时候是按照左上角的方式来解答的，但是这显然不符合题目要求，因为它进行了两次加法。其余六个答案是使用了分数的形式来解答的。

24 被抹去的数字之二

9个非零数码之和是45，它是9的倍数。不管这些数码以及0怎么排列而得出两个数，其和肯定也是9的倍数。另外，把9的倍数中所有的数码通通加起来结果必定是9的倍数。所以，我们只要把答案中能看到的数字加起来，此时的结果为10，再从18（9的倍数中大于10并与10最接近的数）中减去10，得到的8便是被抹掉的数码。

25 加法与乘法

这是一道简单的加法和乘法题目，答案有很多很多，不过2是个特殊数字，除此之外的所有答案都是小数。

26 荷兰夫妇的姓名

三对荷兰夫妇的题中，他们进城买猪，据说每个人买猪的数量和猪的单价是一样的，而且每个男人要比他们的妻子多花3几尼；同样的，亨德里克比卡特伦多买了23头，克拉斯比格特玲多买了11头。因此，题目的内容便是根据他们各自的花销，分别配对三对夫妇。因此，分别对猪和妻子取平方根，得出格特玲花了1先令买了1头小猪，她的丈夫是克勒里斯，他买了8头猪，每头猪卖8先令；卡特伦按9先令的单价买了9头猪，而她的丈夫克拉斯则买了12头猪，每头猪卖12先令；最后，安娜买了31头大猪，每头猪卖31先令，而她家当家的亨德里克按32先令的单价买了32头猪。

27 法兰克福香肠

只需要记住，如果吉米支付了11美分，那么另外两人也应该支付这么多，所以11根香肠的总价就为33美分，哈里有4根香肠，值12美分，那么他该得到1美分，托米有7根，值21美分，那么他应该分到10美分，这样相当于每人为这顿午餐支付了11美分。然后，三人平分11根香肠，每人分得（3+2/3）根。

28 骰子几率

输赢比率为125:108。在选择一个数字之后，掷出所有的可能，你将会输125次，赢81次。但是因为有15次的可能你能够额外赢得1美元，另外在三个骰子点数一样时能够额外赢得2美元，正确答案就是你会输125次赢108次。而赢得108次是所有216种可能的一半，这使得有人错误地以为输赢的比率是相等的。如果你用所有6个数字掷出了3个不同的数字，这个说法就自然站不住脚了。但是如果同一个数字出现了3个，你押6元的时候只能拿回4元。

29 历史书排序

要将休谟写的9本厚厚的《英国史》分两排放到书架上，正好可以得到分数1/2、1/3、1/4、1/5、1/6、1/7、1/8、1/9等，下面这种安排方法可满足所有条件：

5832/17496、4392/17568、2769/13845、2943/17658、2394/16758、3187/25496、6381/57429。

当然，其中有些数字也可能会略有出入，但同样能得到相同的结果。

30 有名的热十字面包

卖热十字面包的小贩口中所唱的歌表示，孩子的数量必须为奇数，因为男孩和女孩的数量一样。而且，总共有三种售价不同的面包：一种是1美分一个的，一种是1美分两个的，还有一种是1美分三个的，孩子们总共花了7美分买面包。因此，假设一共有三个男孩和三个女孩，那么总共买了6个1美分可以买两个的面包和12个1美分可以买三个的面包。这样，每个孩子都会如愿有3个面包吃。尽管大家想找出不同的解，但是这却是唯一答案。

31 建谜题爱好者之家

裱褙工人：200美元；

油漆工人：900美元；

水管工：800美元；

电工：300美元；

木工：3000美元；

泥瓦匠：2300美元。

32 报童问题

琼斯家的三个孩子比史密斯家的两个孩子多卖了220份报纸，原来的报纸份数是1 020份。

33 一美分

丝线的价格为5美分,毛线的价格为4美分。

34 禁酒之谜

在这个禁酒小镇的故事中,我们发现该代理商的起始资产为12美元的现金和59.50美元的酒水。此后,他又以批发价购入价值283.50美元的酒水,那么他的起始库存总额为343(59.50+283.50)美元。为了盈利,他设定零售价要比批发价高出10%,这样的话,库存总额便升至377.30(343×110%)美元。他以零售价售出285.80美元的酒水,则剩余酒水价值为91.50(377.30-285.80)美元。如图所示,在年终盘点账目时,应将价值转化成批发价计算,即83.18(91.50/110%)美元。全年盈利额为25.98 [(59.50+283.50-83.18)×10%]美元,再加上起始资产——12美元现金和59.50美元的酒水,现有资产总额为97.48(25.98+12+59.50)美元。减去代理商的提成14.29(285.80×5%)美元,即为现有库存83.19(97.48-14.49)美元。这和先前计算的库存总额83.18美元相差1美分,在编制会计报表时轧平账目即可。

35 麦粒的一角

读者们可以通过一个简洁些的方法算出结果:

对数表稍加观察,就能发现某些特征,那就是数值之间是有某些联系的。比如,表中的第3项和第5项相乘后,我们将发现结果等于第7项,第6项和第12项相乘等于第17项,第7项和第7项相乘等于第13项,这样一直到无穷,这个发现似乎给了我们一条法则,就是两项的序数相加再减1所得结果对应的级数,就是这两项相乘的结果。

根据上面的结论,将第57项和第8项相乘(57+8-1=64),也就是最后一项第64项,得到最后一项是9 223 372 036 854 775 808。现在所有64项必须加总。我们发现算术级数的总和可以通过最后一项的两倍减去第一项获得,因此我们很容易就发现,加总后的和就是这个棋盘命题中所需的18 446 744 073 709 551 615粒麦子了。

36 高尔夫谜题

9个球洞依次相距150码、300码、250码、325码、275码、350码、225码、400码和425码,需要通过连续两杆打出的距离直接将球依次打入球洞中。一些聪明的球手们证明通过150码的远击和125码的近推的球技,可以用26杆打完。

37 钻石和红宝石

一对五克拉钻石耳环的交换,每颗都值2 500美元,这样一对钻石耳环的总价值为5 000美元,可以用来交换一颗价值100美元的一克拉红宝石和一颗价值4 900美元的七克拉红宝石。

38 马尼拉小生意

开始,店主量的18英尺绳子是每码短3英寸,即一共短1.5英尺(18-1.5=16.5)。最后的2英尺没有短缺,因为码尺只是末端短缺,而2英尺还不足1码(16.5+2=18.5)。这样店主给水手的绳子实际长度是(100-18.5=81.5)英尺,每英尺2美分的话,应该一共是1.63美元。但是水手付钱是用假的5美元金币按照每英尺2美分付给他80英尺的钱也就是1.6美元，店主找给水手3.4美元，加上绳子白给了水手损失1.63美元，店主一共损失了5.03美元。邻居要他把假金币换成真的跟他做生意是赚是赔无关，因为邻居还是按真金币给他兑换了钱的。

39 概率问题

概率为265：455。

40 中国现金问题

在这个问题中，一只小狗的价格是11文，应该消费7枚圆孔硬币和1枚方孔硬币。

41 分割"战利品"

根据题中给出的栗子分配数据，尼莉、玛丽和苏茜的年龄之比应为9:12:14。因此，770颗栗子的分法如下：最小的尼莉分到198颗，年纪稍大的玛丽分到264颗，而最年长的苏茜分到308颗。

42 糖果之谜

小朋友们购买了3盒软糖，共计12美分；15颗巧克力糖，共计7.5美分；2颗口香糖，共计0.5美分。

43 差一美分

这是一个关于美国硬币的小问题。售票员刚好差1美分找不开老人手中的1美元。从售票员手里的硬币我们可以看出他有一个50美分的硬币，两个20美分的硬币，一个3美分的硬币和一个1美分的硬币。因为图中两个最小的硬币不一般大小，所以我们可以推断出它们并不是像某些人认为的那样是两个2美分的硬币。

44 神谕谜题

山羊和绵羊都为9只。9×9=81，而81在镜子里看是18，18正好是山羊和绵羊的数目之和。

45 幸运的男孩们

这些男孩得到的是3个5美分和3个25美分的硬币，以及一个3美元的硬币，丢进井里面的正是这个3美元的硬币。

46 鸡蛋的价格

谜题爱好者可以算出，布丽奇特用12美分买到了16个鸡蛋，也就是说每打9美分。布丽奇特又让杂货商多给了两个鸡蛋，这样12美分买到了18个鸡蛋。价格比原先便宜了1美分。

47 吉米的年龄

假设帕蒂开始饮酒时的年龄为X，那么墨菲太太的年龄就是（2/3）x+2+2/3岁，吉米的年龄为3+1/3岁。当整个家庭的年龄变成（4+2/3）x-4岁，即为100。解方程可得x等于22+2/7。

吉米现在的年龄为3+1/3+1/3x，代入X的值，算出吉米的岁数为10+16/21岁。

48 "两人"罢工

工头第一天的工钱为1.1美元，之后90天每天为1.11美元。杂工工作101天获得了101美元的工资。助手第一天的工资为90美分，之后110天工钱为91美分每天，111天的工钱也是101美元。所以，303个工时的工作量，主顾付了303美元。

49 费得的年龄

我们假设费得5年前的年龄为x。那么

女朋友的年龄为5x。5年之后，两个人的年龄变成x+5，和5x+5。此刻他们的年龄比为3:1。最后解方程得x=5。即费得的年龄为10岁，女朋友的年龄为30岁。

50 邮局所长的困惑

应该给这位女士5张2美分的，50张1美分的和8张5美分的，总共1美元。

51 太太们的晾衣绳

由于绳子的一部分是另一部分的5/7，所以总长度36米的5/12和7/12就分别是两部分的长度。所以霍根太太的部分是21米，奥尼尔太太的部分是15米。

52 我有多少钱

在玩完第一轮之后，我只剩下40美元。伯爵和男爵分别有280美元和160美元。在第二轮之后，我有80美元，男爵有320美元，伯爵有80美元。第三轮男爵输了，所以我和伯爵都有160美元。最后我是唯一的输家（输了100美元）。所以，开始的时候我应该有260美元，男爵有80美元，伯爵有140美元。

53 挖沟渠的工钱

如果第一个人以每码90分的价格挖了55+5/9码赚到50美元。那么另外一个人（工钱为1.1美元）需要多挖6英尺深，同时斜边为45+45/99，才可以赚到50美元。

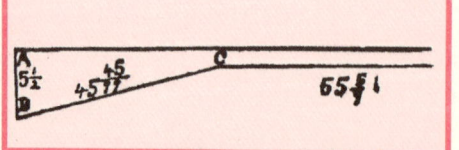

54 硬币面值问题

男子拿走了一枚3美元的金币（美国旧式货币），三个小男孩每个人分得一枚25美分和一枚5美分的硬币。

55 找另一半

已知三个新娘的体重为396磅，每人体重相差10磅。所以凯蒂的体重为122磅，内莉的体重为132磅，美妮的体重为142磅，又因为布朗和他的新娘的体重一样，所以凯蒂和布朗是一对。共重244磅。内莉和琼斯（198磅）是一对，共重330磅。美妮和罗宾逊（284磅）是一对，共重426磅。

56 商道

在原进价基础上减少10%，然后再加上20%得到的是新卖价，新卖价为原进价的1.08倍，而原卖价是原进价的1.1倍。两个卖价之差是原进价的0.02倍，根据题目知道这个差值为0.25美元，因此可以算出原进价为12.5美元。那么，也可以算出西服的原卖价为13.5美元，现在的卖价是13.25美元。

57 杯子与碟子

巴盖恩·亨特太太在星期六以每个13美分的价钱买进10个盘子，她在星期天将盘子退货，换进18个碟子（每个3美分）与8个杯子（每个12美分）总价1.50美元（她以每个15美分的价钱退回那10个盘子）。在星期六，她的1.30美元可以买到13个杯子，每个价钱为10美分。

58 打算盘

剩下的动物中有5只小狗（零售值11

只角子）和2只小白鼠（零售值2.2只角子）。7只动物一共值13.2只角子。

59 火鸡和鹅

欧弗拉赫提太太用42美分本可以买到1磅火鸡和1磅鹅。但是史密斯太太各用21美分去买火鸡和鹅，她能得到21/24磅的火鸡和1+1/9磅的鹅，总共为2+1/24磅。

60 郊游的人数

一共有900名郊游者，如果100辆马车每辆应该坐9人，如果10辆坏了那么每辆应该坐10人。如果回家的时候，只有75辆马车是好的，那么每辆要坐12人。

61 德克萨斯贩子

汉克有11头牲畜，吉姆有7头，杜克有21头牲畜，所以一共有39头牲畜。

62 "欢快的转圈圈"

旋转木马上的孩子，包括萨米自己在内，一共有13个小孩。

63 红军和蓝军

该题的答案是用红军和蓝军喝掉啤酒的差额除以总人数。得出的商就是一队比另外一队多的人数。我们找到一个小于24，又可以除尽108的数字，就是18。已知红军比蓝军多6人。所以，红军应为12人，蓝军为6人。红军喝掉了216罐啤酒，蓝军喝掉了108罐啤酒。

64 打扑克

哈利在最开始的时候有30美元而吉米有48美元。哈利的钱翻了一番之后有60美元，这样吉米只剩下18美元。吉米将剩下的这18美元全部压在了最后一局上并赢了这一局，这样他手里有36美元，而哈利有42美元。这样为了拿回各自的本金，哈利应该退给吉米12美元。

65 箭术谜题

应为17+17+17+17+16+16=100。

66 贩马

设x为饲养费，于是可以列出如下的方程：$x - 34 = 13 + (1/4)x$，由此可求出的x值为62。用62减去进出差价34美元，于是算出他实际上亏了28+2/3美元。

67 可怜的守财奴

由于守财奴能够把不同面值的金币平分成4、5、6堆，所以每种面值的金币他至少都有60枚，总值应为2 100美元。

68 修道院的财富

我们可以将闰年理解为52周又1天又6小时，即52+5/28周。因为需要28年这5/28周才能循环一次，所以我们说28×(52+5/28)=1461周作为以星期六结束的年的循环周期。但是，硬币数量必须是能被4、5、6整除的数，所以星期数也必须被60整除，所以用1416×20=29220，然后再将其除以(52+5/28)即为500年。也就是说修道院500年前开始收集硬币。

69 合伙钓鱼

乍一看，钓到鱼的数量可以是33条到43条之间的任一数字，因为A可能钓到的可能为0至11条，而其他人钓到的鱼也可以由此推算出来。但是，由于最后每位男孩都分到同样多的鱼，所以可能是35或40。如果我们尝试一下，就会发现它可以满足所有的条件。于是可以求得，A钓到8

条鱼，B钓到6条鱼，C钓到14条，D钓到4条，E钓到8条。当B、C、D三人把他们钓到的鱼合在一起后又分成三份时，每人可分到8条鱼。之后，不管他们怎样合起来分鱼，每人分到的鱼一定是8条。

70 香蕉谜题

一共有336先令。可以买到48挂黄色和红色的香蕉，一共96挂。但是，168先令可以买到56挂黄香蕉，另外168先令可以买42挂红香蕉，共98挂香蕉。3/7与1/2的差为1/14。因此，如果1/14为24先令，则总数为336先令。

71 山姆大叔的表链

至少可以构成92160种不同的表链，而且没有两个完全相同。

72 "蛋"中鸡

按照下面的方法可以实现他们的计划。春天时，买来12只小鸡，其中10只母鸡，2只公鸡。秋天时可以得到10窝小鸡，每窝12只，其中一半公鸡和一半母鸡。这样按照他们的计算顺推下去，到他们计划的时间他们将拥有6 468只小鸡。

73 弹子游戏

两人各有100颗弹子。

74 董事的问题

普通股的价值为6 000 000美元。

75 黑斯廷斯之战

哈德罗军队有13个方阵，每个方阵由180×180人构成，即为421 200人。如果哈德罗本人加入该方阵，他们能形成一个每边649人的大方阵。

76 夫妻养鸡

琼斯与玛丽亚共有300只小鸡，鸡饲料足够维持60天。300×60可以得到可供消耗的鸡饲料为18 000个单位。如果按照琼斯的算法，再卖掉75只小鸡，那么还剩下225只，18 000个单位的鸡饲料能维持80天，比60天多出20天。如果按照玛利亚的想法再买进100只小鸡，那么18 000单位的鸡饲料只够400只小鸡使用45天，比60天少了15天。

77 混合茶谜题

中国茶叶店老板在他的混合茶中使用了30磅每磅5元的茶叶，10磅每磅3元的茶叶。

78 劳动的荒唐性

比尔·赛克斯工作了（16+2/3）天，旷工（13+1/3）天。

79 西瓜买卖

琼斯原有719个西瓜，他按1美元卖一打的价钱卖出了576个瓜，得款48美元。余下的143个瓜按1美元13个的价钱卖出的话，得款11美元。因此，719个甜瓜他一共可以卖到59美元。

80 帕特买房

5 329.4768美元。第一年的利息是贷款总额的5%，第二年的利息是扣除第一年归还的本金之后的贷款余额的5%，依次递减。

81 地主与佃农

由于琼斯得到了50美元的大麦，所以史密斯应该得到约33.33美元的大麦，折算成小麦应该是533.3蒲式耳。

82 对长颈鹿的赔率

如果把赔率变成概率值,我们会发现,河马跑第一的概率是1/3,犀牛跑第一的概率是2/5。因为它们三者获胜的概率相加一定是1,所以长颈鹿跑第一的概率是4/15,或者说对它的赔率是4赔11。

第二个问题的答案是长颈鹿将超过河马23/64英里。假设长颈鹿1小时跑2英里,那么犀牛在同样时间里能跑(1-7/8)英里,或者说16/15小时跑2英里。而当犀牛跑这2英里的同时,河马能跑(1-3/4)英里,或者说它1小时跑105/64英里。而2英里等于128/64英里,我们只要从中减去105/64就能得到答案。

83 分苹果问题

安是琼斯的妹妹,两个人一共有4个苹果;而玛丽是鲁宾逊的妹妹,两人共有10个苹果;简是史密斯的妹妹,两人共有6个苹果;凯特是布朗的妹妹,两人共有12个苹果。

84 拔河趣题

第一张图说明四个壮小伙子的拉力正好等于五个胖姑娘的拉力。第二张图说明一对苗条的双胞胎的拉力与一个壮小伙子加上两个胖姑娘相抵,因此我们就可以把第三张图中的两个瘦姑娘换成与她们在拉力上等同的人来简化问题,即换成一个壮小伙子和两个胖姑娘。

通过这个变换,第三张图中应该是五个胖姑娘和一个壮小伙子对一个胖姑娘和四个壮小伙子。然后从一边去掉五个胖姑娘,另一边去掉四个壮小伙子,这样右边就只剩下一个胖姑娘来对付左边的壮小伙子。由此得出:左边的队将获得胜利,因为左边的队比右边的队多出一个小伙子力量的1/5。

85 三人分西瓜

弗兰克34美分,萨米14美分。由于萨米分食了1/12的西瓜,他需要为这部分付给弗兰克4美分。

86 骰子游戏

三个骰子点数的变化有216种方式,其中42种的点数之和为7和11,所以获胜的几率为42:216。

87 股份分配

布朗投资了4 500美元,而琼斯投资了3 000美元。所以,布朗收了2 000美元而琼斯收下了余下的500美元。

88 孩子分硬币

最大的孩子得到了一个50美分的硬币,第二个孩子得到两个2美分的硬币,最后一个孩子得到了1个2美分硬币和2个1美分硬币。

89 美惠女神与缪斯

每位缪斯原先有48个金苹果,而每位美惠女神有144朵玫瑰花,每种颜色36朵。每位缪斯给每位美惠女神4个金苹果,而每位女神又回赠每位缪斯12朵玫瑰花(每种颜色3朵)。如此互赠之后,每位女神都有36个金苹果与36朵花(每种颜色9朵)。

这个问题没有什么窍门可言。但是,人们却将其作为神迹的一部分予以关注,这也就是欧几里得与阿基米德感兴趣的地方,也正是这点让这个传说家喻户晓。

90 夫妻投资

史密斯有2 500美元，妻子有3 333.3333美元，小树林与小溪的价值一共是833.3333美元。

91 进城购物

我们设鲁本大叔买帽子花了x美元，买衣服花了y美元，则辛西娅婶婶买帽子的价格也是y美元，而衣服的价格为x-1美元。这样两个人一共花了x+y+y+x-1美元。而我们已经知道x+y=15，所以他们两人一共花了29美元。

鲁本大叔买衣服花了8.5美元，买帽子花了6.5美元，而辛西娅婶婶买帽子花了8.5美元，买裙子花了5.5美元。若是两人分别花掉14.5美元的话，鲁本大叔应该买一顶6美元的帽子，辛西娅婶婶买一顶9美元的帽子，她买帽子的钱就正好比他多一半。

92 古怪的遗嘱

比尔·琼斯拿到8 836美元，他老婆玛丽拿到5 476美元，他们的儿子内德到手2 116美元。汉克·史密斯分到16 129美元，他老婆伊莉莎拿到12 769美元，他们的女儿苏珊分到9 409美元。杰克·布朗得到6 724美元，他老婆萨拉分到3 364美元，而这个家庭中的不肖子孙，他们的儿子汤姆，只拿到4美元。

93 女儿们的年金

年金为35美元。第一年，菲比的年龄为10岁，玛塔为8岁，玛丽安2岁。三个人分别得到了17.5美元、14美元、3.5美元。第六年，她们的年龄分别是15岁、13岁和7岁，加起来为35岁。三个人分别得到15美元、13美元和7美元。

94 好心的女士

这位好心的女士原本有42美分，这个问题很容易用倒推法得出答案。

95 玛丽阿姨的花生

玛丽阿姨最后剩下321颗花生。

96 奇怪的老太太

2副鞋带，8个针线包和16块手帕。

97 神奇的汉诺塔

根据规则，应为2的13次方-1次，即需要移动8 191次。

98 奶牛买卖

两头奶牛的进价分别是150美元和50美元。

99 草地网球比赛

1：31。

100 小鸡换牲口

在这道换牲口的谜题中，每个农民都知道奶牛的价值是鸡的25倍，马的价值是鸡的60倍。这对夫妇一定已经选好了5匹马和7头奶牛，价值475只鸡。而且，按照约翰的说法，他们除此之外，拥有的鸡正好可以再买7头奶牛，所以他们还剩下175只鸡。所以，他们总共有650只鸡。

101 酒的折扣

酒的成本是796法郎，商人加价5%后以837.9法郎售出，相当于在原价882法郎上打了5%的折扣，新账单上应为934法郎。

为了让约翰得到回扣，卖酒的商人把账单的总价提高到931法郎，商人打了5%的折扣并付给5%的回扣后，最后实际收取

837.9法郎,这样就能不影响商人的利润了。

102 吉卜赛女巫

这位吉卜赛妇女第一周挣到了2.25美元,这正好能被3除尽且比3美元少,是9个25美分。第二周她挣到了75美分,第三周仅仅挣到了25美分,总共3.25美元。

103 女速记员的薪水

在这个年轻的速记员的工资问题中,按她的要求,她第一年多获得了12.50美元。之后损失会越来越多。很多谜题爱好者错误地将增加的25美元加在半年的工资之上,其实是在年薪基础上加上25美元。也就是说,这就是每半年增加12.5美元。不错,如果每年增加100美元的话,那么在五年之内,600+700+800+900+1000=4000美元。不过,玛丽按照自己的方案却损失了437.50美元。具体如下:

第一个六个月:	300美元	600美元
第二个六个月:	312.50美元	625美元
第三个六个月:	325.00美元	650美元
第四个六个月:	337.50美元	675美元
第五个六个月:	350.00美元	700美元
第六个六个月:	362.50美元	725美元
第七个六个月:	375.00美元	750美元
第八个六个月:	387.50美元	775美元
第九个六个月:	400.000美元	800美元
第十个六个月:	412.50美元	825美元

104 海蛇群

一共有6条海蛇,有三条海蛇是全瞎的,有三条双眼是正常的。

105 史密斯的年龄

如文中所述,此题是史密斯太太于2月29日向她的先生提出的。当题中两人第一次见面的时候,男方的年纪是女方的3倍。在1896年的2月29日,女方的年纪正好是男方第一次见面时的年纪。他们第一次见面时,男方汤姆15岁,女方5岁;现在,汤姆25岁,他的太太15岁;再过30年,女方45岁,男方55岁,双方的年龄总和正好为100岁。如今汤姆的年纪为25岁,那么4年之后,也就是下一个闰年,汤姆将会是29岁。

106 打靶问题

两个25环,两个20环和两个3环。

107 分期付款

根据购买家具的条款,需要首付5美元,所以买家需要再付60美元或是采取每次支付5美元共付14次的分期付款方式。

现在让我们计算一下,她需要分期付款多久。第一个月之后借款为60美元,第二个月55美元,第三个月50美元,第四个月45美元,接下去分别为40美元、35美元、30美元、25美元、20美元、15美元、10美元和5美元,加起来等于390美元,为此她每月需支付利息10美元,也即年利息为120美元。所以,利息率为30.769%。

108 失踪的便士

可以很容易地求出,如果每个苹果分别卖1/3便士和1/2便士的话,平均就是两个苹果5/6便士,或者说一个苹果5/12便士。而实际上是以每5个苹果2便士,也就是一个苹果2/5便士的价格售出的,所以每个苹果损失了(5/12-2/5=1/60)便士。

我们已经知道一共损失了7便士,因此用7除以1/60得到苹果的数目是420个,两位太太分别有210个。琼斯太太的苹果应该卖得105便士,但是她得到的钱数是以5个苹果2便士卖掉全部苹果的收入的一半(即84便士),所以她损失了21便士。而史密斯太太的苹果应该卖得70便士,但她实际上得到了84便士,多出的14个便士和少卖得的7便士刚好是琼斯太太损失的数目。

109 珍妮的项链

对于这个问题,10个人会有9个人都认为把12条链子末端的小环打开再连接起来,这样费用会减少到1.80美元。而正确答案是:将两条有两个大环、3个小环的链子全部拆开,用所得的10个环连接余下的10条链子,这样只需要1.70美元。

110 波卡洪塔斯小姐的年纪

波卡洪塔斯小姐24岁,小约翰的年龄为3岁,他们之间有兄弟姐妹13个,"高7倍"是"是8倍"的意思。

111 将错就错

如果5乘以6等于33,那么20的一半就应该是5乘以6的1/3,也就是11。

112 老姑娘多大了

根据"老姑娘"对人口审查员的回答,"老姑娘"的年纪加上她自己年纪的1/2,再加上自己年纪的1/3,再加上9,等于70。因此,老姑娘年纪的11/6等于61,所以老姑娘的年纪为(33+3/11)岁,人口审查员的年纪为(36+8/11)岁。

113 男孩的年龄

第一位女孩的年纪为638天,男孩为1 276天。第二天最小的女孩为639天,新来的女同学为1 915天,两者加起来总共2 554天。第三天,男孩带来了哥哥,哥哥为3 834天大,所以两人加起来为5 112天。

第四天女孩加起来的天数为2 558天,加上新来的女生7 670天,总天数为10 228天,正好是男孩的两倍(5 114天)。

7 670天大的女孩马上要过21岁生日,因为21×365=7665加上4天(4个闰年),再过一天就是她21岁生日。所以最小男孩应该为1 276天。

114 农夫连锁链

将其中一条锁链全部拆开用来连接其余的锁链,这样花费是8×5+18×5=130美分,所以他最多可以省下150-130=20美分。

115 老板的年龄

在他儿子出生之前,他度过了他年纪的(1/6+1/12+1/7+5)岁。因为4年前他儿子的年龄是他的一半,所以现在儿子的年龄一定是父亲年龄的一半再加4岁。

假设父亲的年龄为x,我们得出(1/6+1/12+1/7)x+5再加上儿子的岁数(1/2)x+4,等于(75/84)x+9=x。得x=84。

116 男孩几岁

根据"乡下人"对售票员的回答可知,儿子,女儿,妻子和"乡下人"的年龄加起来正好是女儿年龄的81倍。因为4个人的年龄加起来等于祖母的年龄81岁,所以女儿的年龄为1岁,儿子为5岁。

117 玛丽现在几岁了

27岁半。因为玛丽过去的年龄曾是安妮的三倍,我们先试试假设两人的年龄分别是12岁和4岁,相差11岁,如果两人的年龄之和为44岁的话,安妮是16岁6个月，玛丽27岁6个月。

118 可爱的老太太

根据比蒂的打油诗可以判断比蒂在40年前是18岁，比蒂现在已经58岁了。

119 妈妈的年龄

儿子的年龄是5岁零10个月，爸爸是35岁，妈妈是29岁零2个月。

120 猜年龄

略。

121 龙虾的价格

龙虾首次卖出的价格为12只8先令。因此每只龙虾为2/3先令。

122 弄虚作假

不妨假设，该题中买卖骆驼毛的中间人使用的秤砣重16盎司，那么买入的实际重量为17盎司，卖出的实际重量为15盎司，通过该方法他在4%交易额的佣金基础外，还能额外谋利。

首先，买入的实际重量为17盎司，卖出的实际重量为15盎司，这样他就额外赚取了2盎司。如果这两盎司以相同的价格出售，那么他可以获利25美元。所以，非常简单，这两盎司骆驼毛的售价就是他卖出的15盎司骆驼毛销售额的2/15。因此，1盎司骆驼毛售价为12.50美元，15盎司骆驼毛的售价就是187.50（12.50×15）美元。在此可得出结论，如果不考虑佣金或者提成问题，这批货物的售价便为187.50美元。

此外，他从卖家处收取了3.75（12.50×15×0.02）美元的佣金，从买家处收取了4.25（12.50×17×0.02）美元的佣金，加起来就是8（3.75+4.25）美元，并且这笔钱并未包括在通过欺诈获取的25美元中。现在，假设该中间人公平交易，未行欺诈，即他在购入骆驼毛时按17盎司的价格付费，精确计算后得199.21875美元。那么，他的佣金收入为7.96875（199.21875×0.04）美元，因此可推断，通过欺诈他还获得了额外的0.03125（8-7.96875）美元的收入。根据文章所述，通过欺诈他获取了25美元的收入，因此我们必须适当减少187.50美元的销售额，以使两项欺诈收入相加正好等于25美元。

0.03125美元正好是21.03125美元的1/801，所以我们必须减去187.50美元的1/801，即187.37（187.50-187.50/801）美元。在这种情况下，中间人的获利为25美元又6/10000美分。如果想要再精确一些，卖家应取得收入187.2659176029973125美元，再减去百分之二的佣金（略高于3.745美元）。

123 马戏团见闻

可以很容易算出马和骑手一共有100条腿和36个头，所以肯定有14匹马和22位骑手。据题意，珍稀动物一共有56条腿和20个头，同时我们在插图中可以看到有10只动物和7只鸟，所以很显然有3只珍稀动物。

124 格兰特将军的"小屠夫"

"小屠夫"买进价格为264美元，以295.68美元卖出，赚进12%；另外一匹马买进价格为220美元，以198美元卖出，亏了10%。买价总额为484美元，卖价总额为493.68美元，利润为2%。

125 学习的捷径

（1）沿着直线切7刀，可以把圆饼最多分成29块。

（2）剑之所以要做成弯曲的形状，是为了能够适合剑鞘的形状。

（3）若边长为整数，则直角三角形的边长分别为47、1 104、1 105。这里要说明的是，对于一个直角三角形来说，如果某一直角边边长数值为奇数，则另外两条边的长度可以用下面的方法求出：将已知直角边的数值平方，取最接近平均数的两个整数，一个比另一个大1，就是另外一条直角边和斜边的边长。例如，上例中47的平方为2 209，平均数为1 104.5，则另一直角边的边长是1 104，而斜边的边长为1 105。如果某一直角边的边长数值为偶数，则需要将这个直角边平方之后除以4，所得的商数减1为另一直角边的长度，商数加1为斜边的长度。例如8的平方为64，64÷4=18，则以8为直角边的直角三角形的另一直角边为17，而斜边长度为19。

126 瑞士国旗与正方形

（1）嘉丽小姐手中的剩料按照下图所示剪开，就可以拼成她左手拿的瑞士国旗形状。

（2）按照下图的方法可以将国旗转换成正方形。

127 小马谜题

这些黑纸片只不过是迷惑人的圈套。这些纸片如图摆成中间有一匹小白马的样子。

正是这个戏法使得下面这个俚语广为流传：哦，是一匹另一种颜色的马！

128 印度花

如图所示：

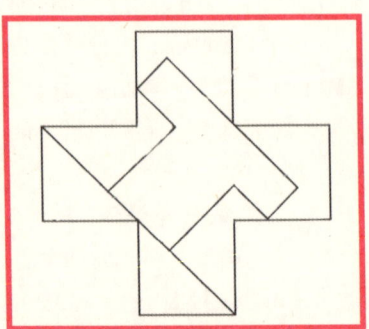

129 大饼之谜

大饼最多可以切成22块,方法如图。中间的"TM"是房东太太在饼上做的标记,以区分是否有馅。

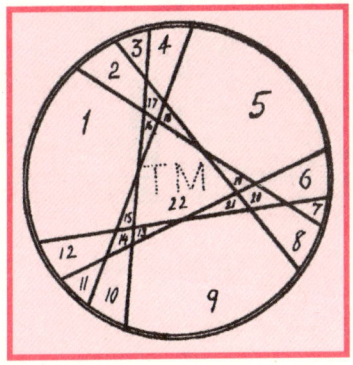

130 太极图

(1) AB两点之间的线段可以将太极图分成大小一样的四部分。

(2) 按照另外两幅图的方法解答第二题。答案如图所示:

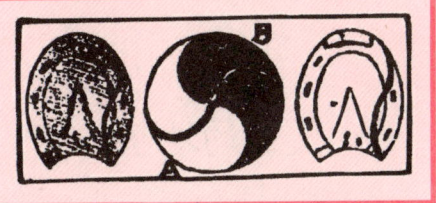

131 无言的亚力克

如图所示,先剪下1和2两个小三角形,将其拼到中间,然后沿折线剪开,把第四部分向下移动一格就可以构成一个正方形。(只有边长满足一定比例要求的矩形才能够用台阶方法转换成正方形,在此例中矩形边长比为3:4,不能够做台阶转换。剪成5块是最简洁的方法。)

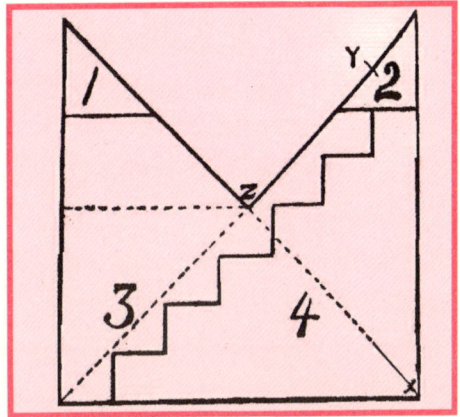

132 切奶酪

注意这个问题和前面切大饼的问题不尽相同。大饼被看成是平面的,而本题中奶酪是有厚度的立体的,因此斜切下去的话块数应该更多。正确的答案是第一刀能切成2块,第二刀能切成4块,第三刀能切成8块,第四刀能切成15块,第五刀能切成26块,第6刀能切成42块。

133 "爱心"被单

将13×13的棉被按图中的方法分成11部分。这是不破坏格子图案的情况下所能分成的正方形的数量最多的方法。这个问题看起来很难,但是那些得出正确答案的人发现这里面有规律可循,这同时也让大家更了解开平方的原理。

134 黑人太太拼被单

将13×13的棉被按图中的方法分成11部分。这是不破坏格子图案的情况下所能分成的正方形的数量最多的方法。这个问题看起来很难,但是那些得出正确答案的人发现这里面有规律可循,这同时也让大家更了解开平方的原理。

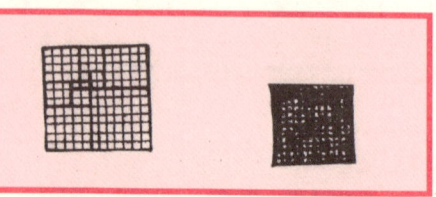

135 复活节的十字架

(1)下图上半部分说明了该如何将正十字架剪成三块并拼接成长宽之比为2:1的长方形。

(2)下图下半部分说明了如何将正十字图剪成四部分然后拼成一个正方形。

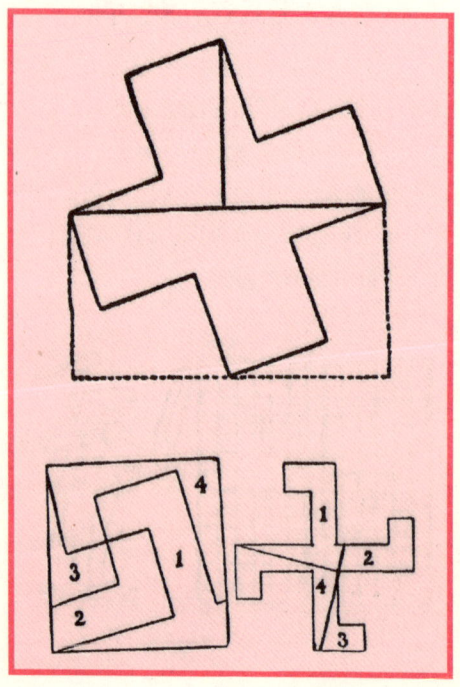

136 木匠的正方形

答案如图所示:

137 通往数学的捷径

如图所示:

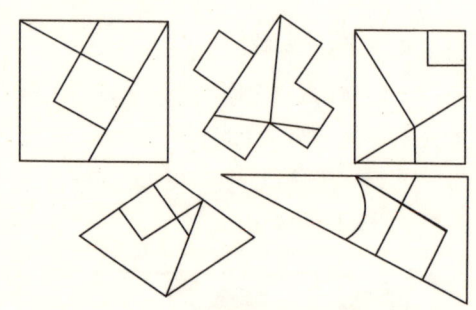

138 太太的地垫

如果我们想用两个正方形拼成一个正方形,如题中的大图,我们只需要将它们放在一起,从小正方形的B点通过大正方形画一条直线连接到大正方形的B点,如图所示。这一条线段就是三角形的斜边,也就是即将得到的正方形的边长。把剪下来的部分拼接到空白处就可以把两个正方形拼凑成一个更大的正方形。

139 十字勋章传说

下图表示了正确将十字切分成4块的方法:

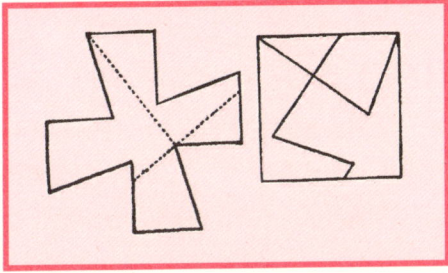

140 月牙和十字架

最少切分成六个部分，然后拼成十字架。方法如图所示：

141 摔碎的象棋盘

下面所附之图显示了年轻的皇太子将棋盘砸向公爵的头顶摔碎后，皇宫木匠是如何重新将棋盘修好的。

142 马赛克拼图

这道题是根据欧几里得的著名的47个问题而来的，经证明直角三角形两直角边的平方和等于斜边的平方。此处我们可以看到 $3^2 + 4^2 = 5^2$。由此可知，两个小正方形包含的头像数分别为9个和16个，因此，可以按照图中的方法分割后拼出两个小正方形。

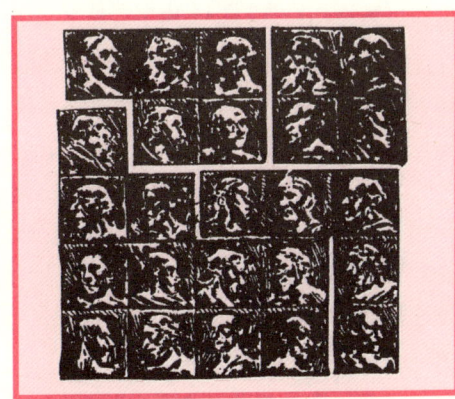

143 毕达哥拉斯的经典问题

毕达哥拉斯的两个正方形问题可运用直角三角形的两条直角边的平方和等于斜边的平方的定理加以解决。拿起剪刀，沿线段AB裁剪出一个三角形，三角形的底边和高等于题中给定的两个正方形的边长。因此，直角三角形的斜边应表示连接

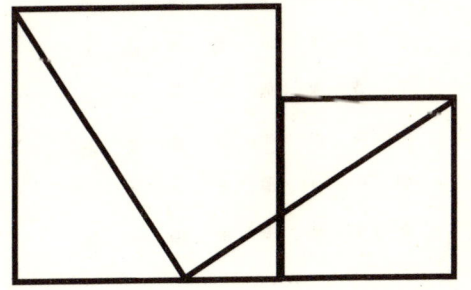

另外两个正方形的大正方形的尺寸。因此,沿线段AC再裁剪出一个三角形,然后拼接起来形成大正方形ABEC。

这条定理同样适用于求任意两个正方形的边长之和。

144 赢格子游戏

事实证明,这道小趣题蕴涵着颇多惊喜和好玩之处,如下面的答案,第一个姑娘应先连接GH,得到7个格子。接下来第二个姑娘若连接JK,那么第一个姑娘连接KO和PL可完成2个格子,等到下一步的时候再连接LH而不是再画两个格子。另外一个姑娘则连接GK得到两个格子,然后被迫画下去让对手又得到5个格子。现在,若第一个姑娘连接GH,则第二个姑娘连接CG、BF、EF,然后等到下一步动手连接MN,这样便又画成了4个格子。正是这老道的一步让对手可以画成2个格子,然后自己可以再多画4个格子,于是便漂亮地赢得了这场游戏。

145 选择位置

这道有趣的军事战略战术题中,要求将16颗棋子放到一个64格的棋盘上,但任意三颗棋子不在一条直线上。下面所附之

图给出了正确的答案。

146 杰克与肥皂箱

按照下面的方法可以将六边形剪开并拼凑成一个正方形。如图所示,沿虚线把纸盒剪成两部分;然后将两部分拼成一个正方形。

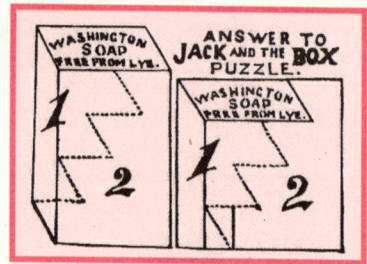

147 马车趣题

轮子的周长可以这样计算:由于外轮的转速是内轮的两倍,所以外圆周长是内圆周长的两倍。所以,外轮与内轮之间的5英尺应等于外圆半径的1/2,外圆的直径是20英尺,它的周长应该为20×3.1416,约为62 832英尺。

148 拼正方形

从超多的竞争者对这个令人好奇的木匠活的回应中,我发现许多人通过5块木料完成了这项手艺,一些人用4块就完成了,但是有很少的人探索到3块这个正确答案。下面的插图传递出这样一个不错的

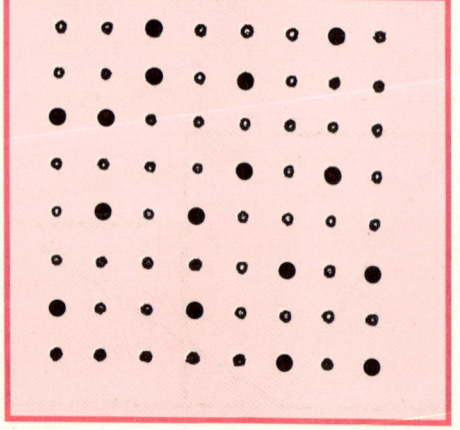

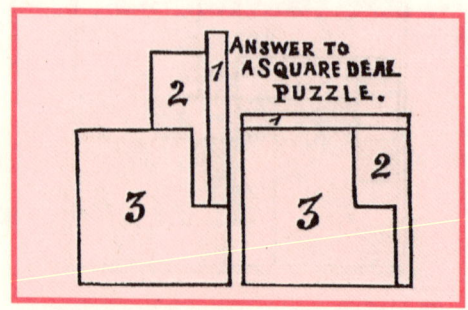

经验：1、16和64三个方块，拼接的时候应该能得到一个如图所示的，每边为9，面积为81的方块。

149 一弯新月

这道题目中的新月非常有意思，聪明的趣题爱好者成功地把它分成了15份。方法如下图：

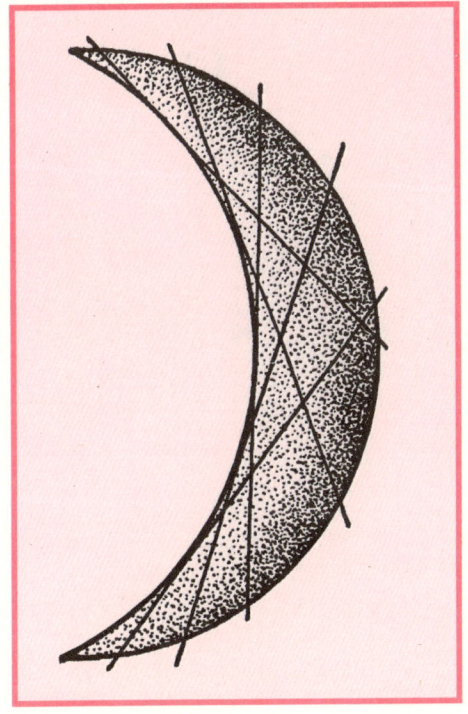

150 十字军旗

在那个将土耳其旗帜变成十字军的十字架的精彩戏法里，仅仅需要穿过那个八角星笔直地剪一刀，剪到新月的极点，然后沿着圆的内部再剪一次，把(A)部分放到左边去，这样就得到了下面的变换。

151 环形蛇复原

青年才俊们排除万难，将环形蛇复原。如图所示：

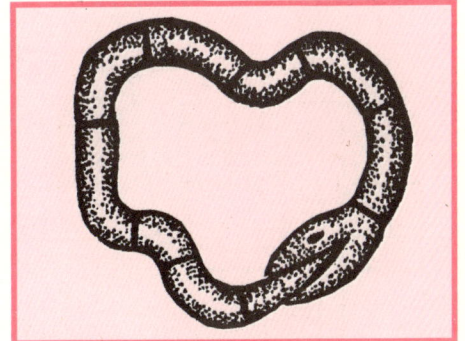

152 工匠的困扰

如图所示，最佳答案只需要两条直线切痕。随后将其中一块切片翻转过来进行拼装即可。这种手艺在木匠工艺中可谓司

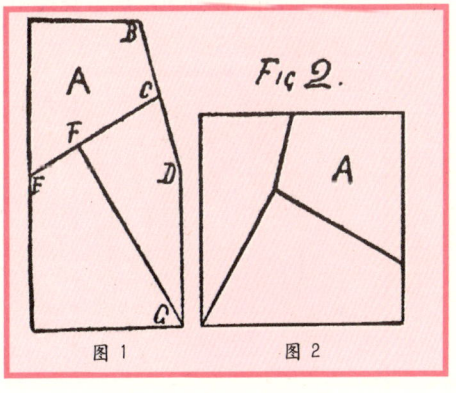

空见惯,可惜熟读欧几里得著作的数学家们却并不熟悉。

线段BD和矩形的长夹角是多少并不会改变本题的结论。取BD中点C和另一侧矩形的长的中点E,连接CE。过G点作CE的垂线交CE于F,连接GF。接下来,三块碎片就可以如图2所示组装成一个正方形。

153 聪明的护士

下图显示了将一个等臂十字分割成两个相同形状的等臂十字的过程。按照图1所示将十字裁剪成五部分,按照图2的示意再拼装起来。

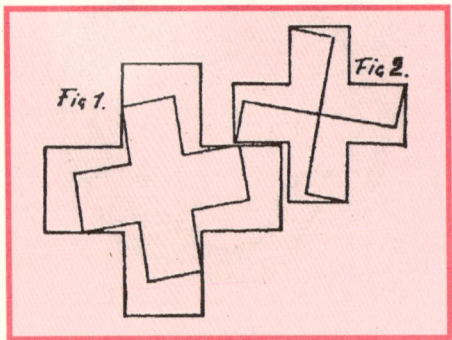

154 "马蹄铁"谜题

如图。首先沿AB线将马蹄铁截成三块。然后把三块重叠在一起,同时切下另一刀,沿着CD和EF线,将马蹄铁分成七块,每块中各只有一个钉眼。

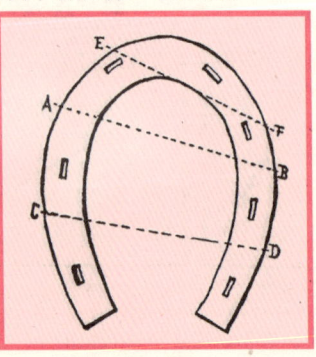

155 封闭的轿子

沿着图中画线剪开就可以拼成一个完整的正方形,最少需要剪成2部分。

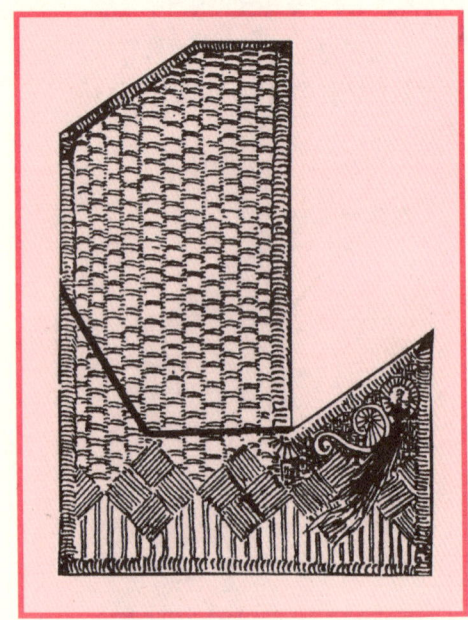

156 狗头姜饼

狗头应该如下图,可以分成均等的A、B两份:

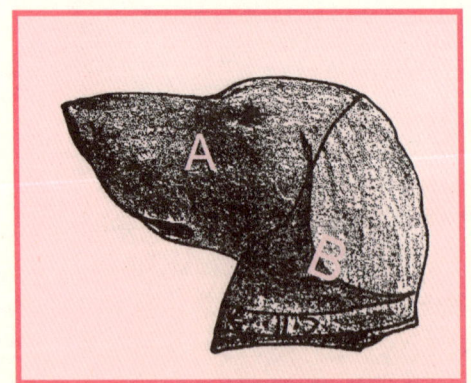

157 新星的诞生

新星摆放方法如下图:

158 硬币游戏

答案如下图:

159 谜题王国的三角旗

如图所示:

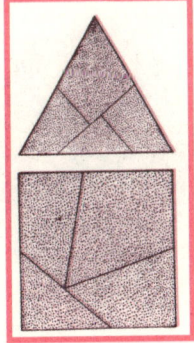

160 大象与小孩

答案如图所示:

161 红十字女孩

下图说明如何用一个正方形做出大小不等的两个十字架。如图所示：先把正方形按左图剪裁，得到中间的十字架A，其余的四块按照右图拼起来得到另外一个十字架。

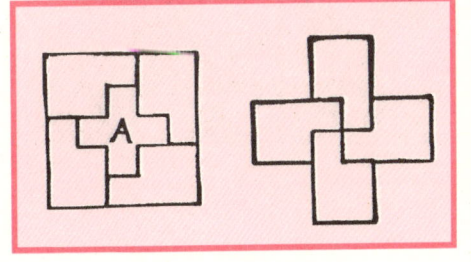

第二章 图形转换与拓扑奇趣

162 老锯新齿

图1是常见的解答方案,把两块圆形板子各分成4块,再按照图2的方法拼成椭圆。这是我们以前用的方法。但是我们最近从中国太极图中找到了灵感,按照图3和图4的方法,只用把板子分成6块。

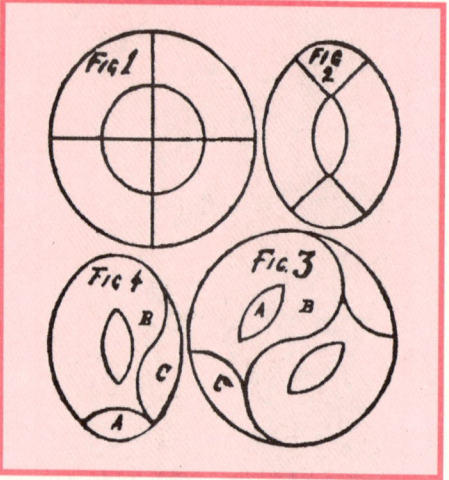

163 拉斯克的棋盘

如图所示:

164 小丑的表演

如图所示:

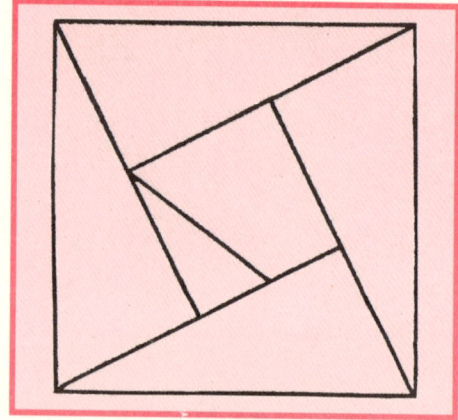

165 美国星条旗

如图所示:

166 鹅之谜题

如图所示:

167 外套做的棋盘

学生拼成的棋盘如下:

168 摆鸡蛋的学问

最多12只,见下图:

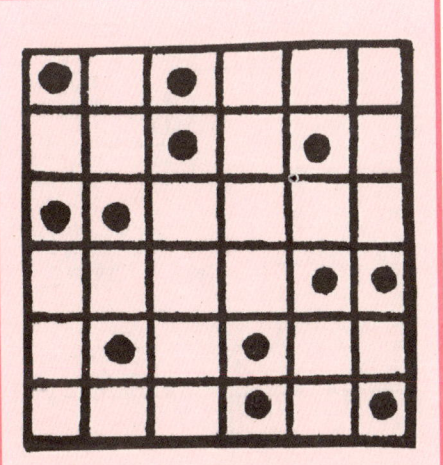

169 波比小姐的羊圈

把四根长横杆十字交叉放置并对接,然后再用四根短横杆把两边补齐,这样就能围成三个彼此相连而又彼此独立的羊圈了。

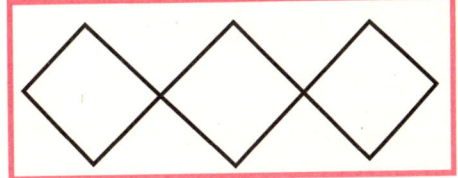

170 海军上将的问题

第一小题答案如下图:

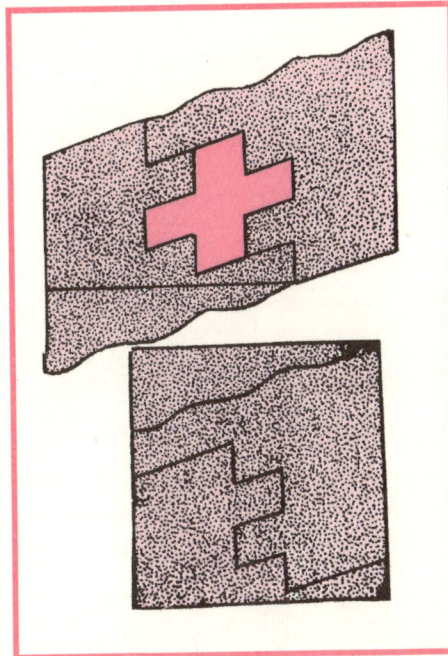

第二小题瑞士奶酪可以用5刀分割为26块。

第三小题中的国际象棋棋盘可以分成18块(每块都各不相同),如下图所示:

171 四橡树之争

下图可以说明如何将这块正方形的土地分成形状和大小相等的四块,而且每块土地上都有一棵树。

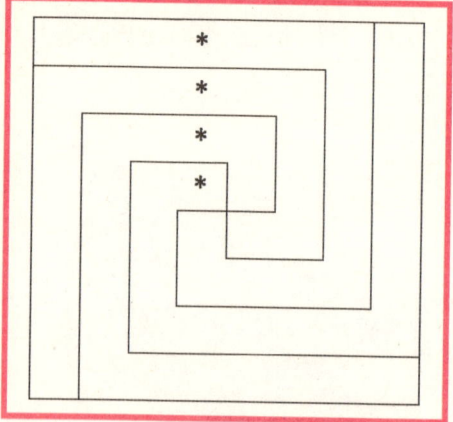

172 "红"黑桃谜题

可以通过切割红黑桃成如图所示的三部分,将其变成红心:

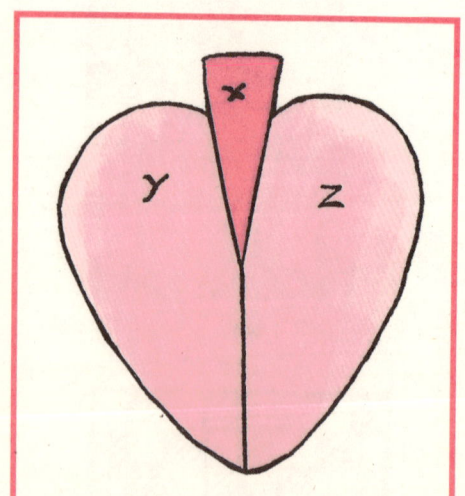

173 古希腊标志

从A点开始至Z点结束共转折13次,如图所示:

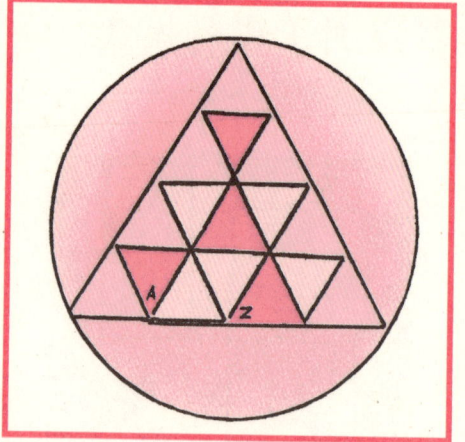

174 希腊十字架

如图所示:

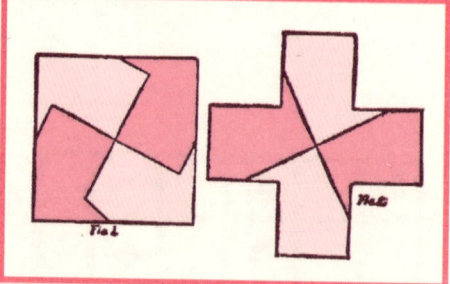

175 中国"枷"谜题

答案如图所示:

176 无穷链条

答案如图所示：

177 一分为二

答案如图所示：

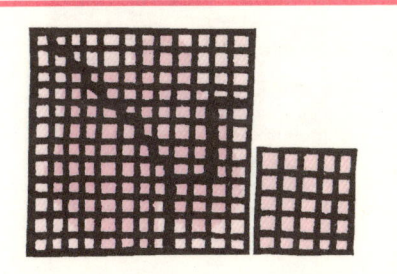

178 姜饼谜题

答案如图所示：

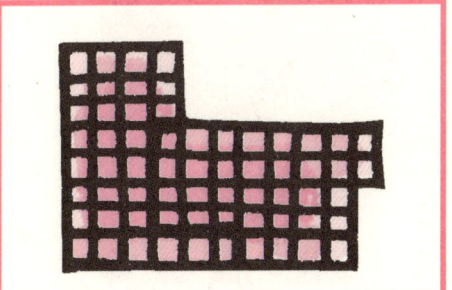

179 鸡变"蛋"

答案如图所示：

180 邮递员的困惑

答案如图所示：

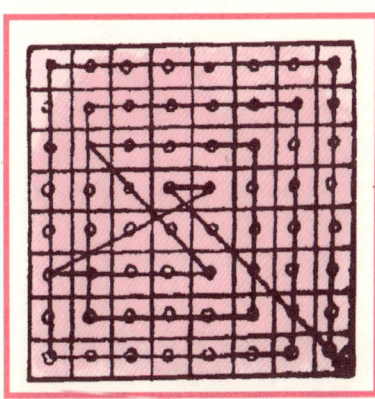

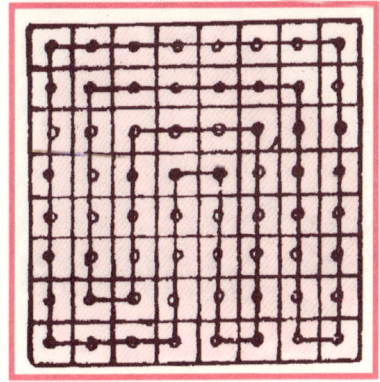

181 分割棋盘

答案如图所示：

182 普利姆索尔标志

答案如图所示：

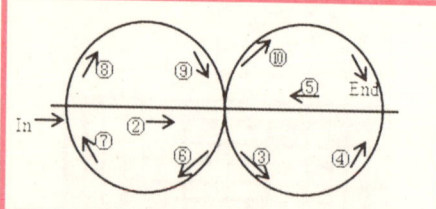

183 堂吉诃德的风车

堂吉诃德的风车排列方式如下：

184 执事太太的零布头

答案如图所示：

185 丢失的五角星

答案如图所示：

186 波斯地毯

分割方法如图所示：

187 拼圆形

答案如图所示：

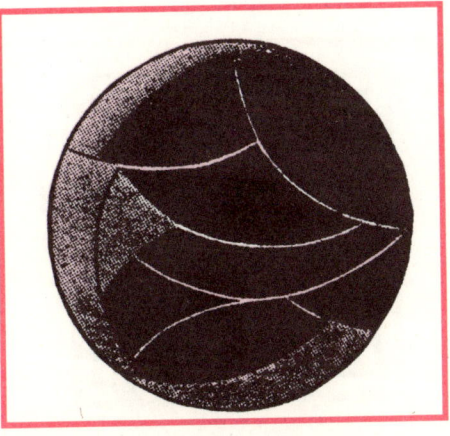

188 能干的小木匠

小木匠可以按照下图把桌面锯开三个部分，然后为狗舍做一扇门。如图所示：

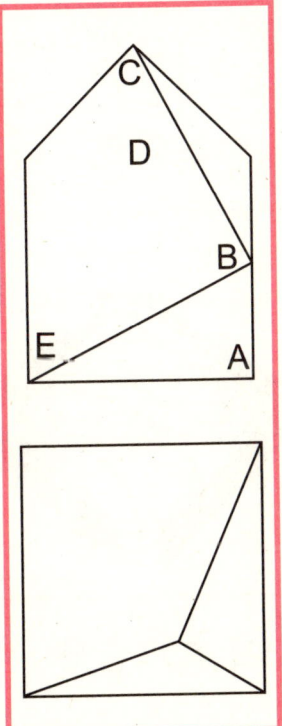

189 大象拼图

答案如图所示：

190 优等生简妮的趣题

将左边的圆圈移到最右边上面两个圆圈和下面两个小圆圈分别所连成的线相交的交点。如图所示：

第二章 图形转换与拓扑奇趣

191 军事战术

军队行进的路线如图所示：

192 找名字之一

从卡片趣题里可以找到的名字有：JULE、LENA、DINAH、EDNA、MAND、JENNIE、MINNIE、ANNA、CARRY、MARY、NAN、NANCY、JANE、MAE、JUDY、HANNAH、EVA，一共17个。

193 彗星的轨迹

轨迹如图所示：

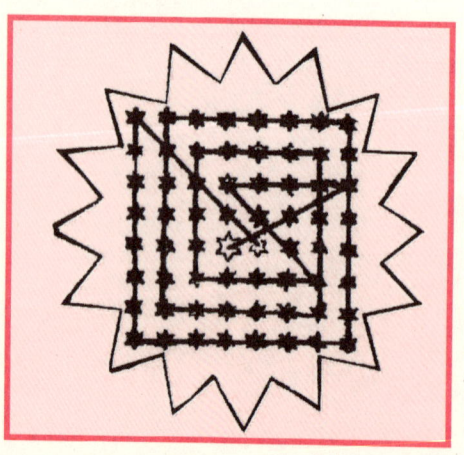

194 野猪逃跑

野猪要逃脱至少要转弯14次，路线如图所示：

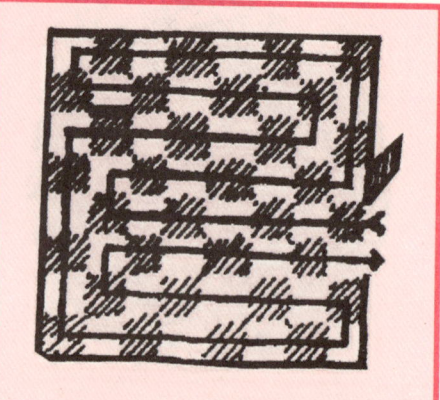

195 猴子爬窗

猴子爬窗讨钱的线路如下：10-11-12-8-4-3-7-6-2-1-5-9。这条路线在底层窗子和中层窗子之间的空墙中只穿过两次。

196 邻居修路

各家修的路如图所示：

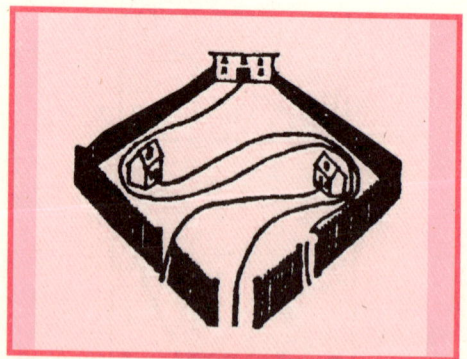

197 日本水雷阵

若在军舰航行中只能转弯一次的话，出发点、转弯点及终点之间的连线应该构

成一个夹角。只要保持角的两条边不接触

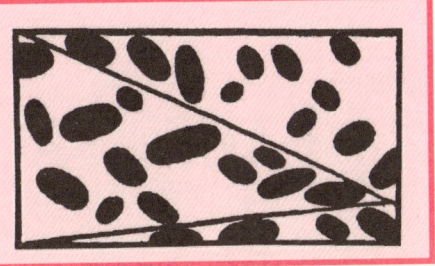

水雷就可以。

198 找名字之二

能够找到的名字有：

HANNAH-ETTA-TESSE-AMOS-MOSES-JAMES-JOSH-SAM-MOSE-OTTO-FRANK-HANKS-HARRY-THOMAS-HOPE-JOSEPH-JESSE-SETH-HART-HENRY-MAT-NATE-NATHON-AESOP-EARNEST-NAAN-ANN-ANNE-EMMA-JOSE。

199 巡警的路线

答案如图所示：

200 司令的难题

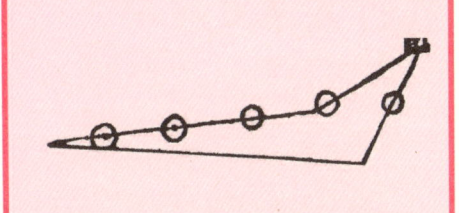

舰队只需要转弯三次就可以通过所有5只圆环，如图所示：

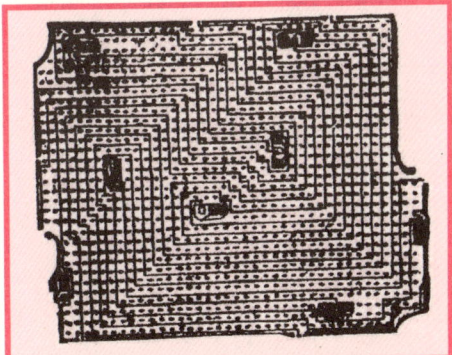

201 趣题公园

答案如图所示：

202 克朗代克归来

最短的出路是沿着一条对角线来回行走。步骤是：西南方向到方格4；西南方向走到方格6；东北方向走到6，东北方向走到方格2；东北方向走到方格5；西南方向走到方格4；西南方向走到方格4；西南方向走到方格4，再向西北方向走即可冲出迷宫。

203 枕套谜语

GOOD PEOPLE ALWAYS DIE YOUNG（意思为"好人命短"）。

204 决不说谎

最初烟盒中有8根烟。

205 互换黑白子

我们用大小写字母来表示黑白棋子，用★号表示空格。

各个棋子移动的先后顺序如下：

Hhg★Ffc★CBHh★GDFfehbag★GABHEFfdg★Hhbc★CFf★GHh★

其中★号表示空格被一个棋子占据而它本身被移到该棋子原先所占据的位置。注意该序列除掉最后一个★号后，与第四个★号（第23步）呈左右对称，只不过小写字母与相应的大写字母对应。大写字母与相应的小写字母对应。这就是所谓的"对称解法"。

答案如图所示：

a	b	c		
d	e	f		
g	h		H	G
			F	E	D
		C	B	A

206 玉米地里的乌鸦

图1标出了正确安排乌鸦的方法，这样安排可以保证相互之间视线畅通，而且巡逻人员不可能一枪打死两只以上的乌鸦。图2标出的方法是一些棋手给出的，他们试图通过这种方法证明这道题目和"王后"题目类似。

不过可以发现，图2中，巡逻的农夫可以在两条线上一枪打死三只乌鸦。

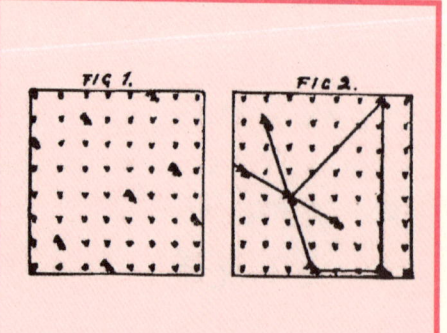

207 萨米的素描本

略。

208 马牛起身的区别

马通常是前腿先起来而牛通常是后腿先起来。

209 司令的部署

这道海军题目要求画出美军军舰的航线。可以说，用15~18条直线可以组成很多种航线方案。但是下面这种方案只用了14条直线段，这种走法是最佳答案：

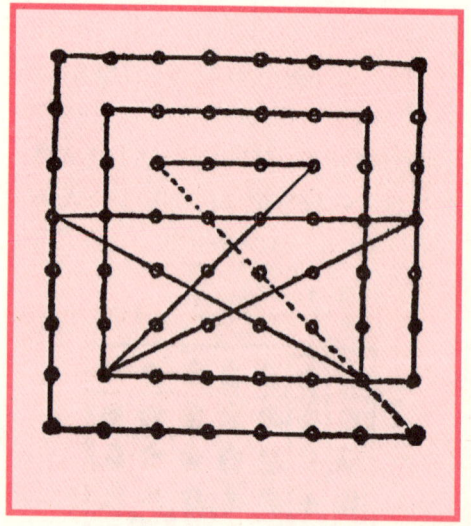

210 有文化的窃贼

根据三个弯曲的锁扣的位置，我们可以看出密码应该是PYX。

211 自行车旅行

按照"费城-15-22-18-14-3-8-4-10-19-16-11-5-9-2-7-13-17-21-20-6-12-伊犁"的路线可以经过所有城镇到达目的地。

212 手表指北针

将你的手表平放在手掌上，让时针对准太阳的方向，时针和12点方向构成一个夹角，这个夹角的平分线的指向就是北方。

213 猪圈问题

这道题目曾经使很多数学家和趣题爱好者摸不着头脑，因为他们没能做到21头猪分在4个猪圈里，每个猪圈都有奇数头猪，并且是偶数对加一头。唯一可能的答案是把猪圈层层嵌套，最中间的放5头

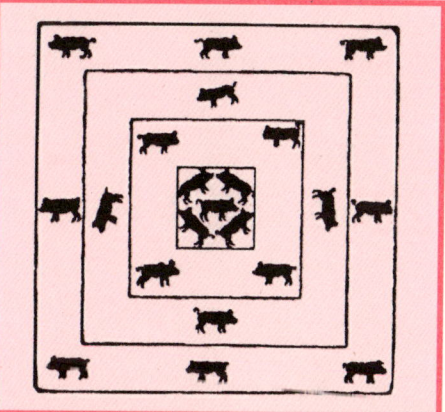

猪，也就是2对再加1头。在此外建造的猪圈放4头猪，第三层还是放4头猪，第五层放8头猪。

如图所示：

214 彼得的椒盐卷饼

答案如图所示：

215 秃鹰湾打野鸭

一共要改变两只野鸭的位置，答案如图所示：

216 摆杯子游戏

将2和3移到一端，用5和6填上空缺，用8和2填上空缺，最后用1和5填上空缺。

217 "袋鼠"坦克

选择单词"WOOLOOMLOOLOO"，

澳大利亚悉尼市杰克逊港附近一个海湾的名字。只需要移动12步。

218 分羊问题

答案如图所示：

219 手语

这封信的内容是这样的:

The other day I noticed an excited woman who no one understood, creating a commotion on an elevated train. After vainly essaying French and German, it dawned on me that she was deaf and dumb. She quickly told with her fingers that her purse was stolen as she bought her ticket. Observing a ticket in her other hand, and thinking she had deposited her purse in the ticket box. I suggested getting off at the next stop to telephone back to the station master. He found the purse and sent it by next train.

The owner could not imagine how I recovered the purse, but I know from the look she gave me that she took me for a pick-pocket.

I hope the good lady may continue to live many, many days to tell of her thrilling adventure with a New York crook.

SAM LOYD

翻译成中文的意思是:

前些天我在高速铁路上看到一个焦急的妇女,她比比划划可是谁也不明白她要干什么。我尝试用法语和德语跟她交流但是徒劳,突然间我灵光一闪,她一定是聋哑人!她用手指飞快地"说"着,她的钱包在她买票的时候被偷了。我见她另一只手拿着票,心想她可能是把钱包丢在了票箱里。我建议她在下站下车给上一站的站长打电话,结果站长找到了钱包并让下一趟车捎了过来。

钱包的主人根本想不到我是如何让钱包失而复得的,但是从她的表情来看我想她一定是把我当成小偷了!

我真希望这位女士能活久一些,好让别人能知道她跟这个纽约小扒手的奇特经历!

萨姆·劳埃德

220 法律问题

虽然人们通常认为一个人只有在已经辞世的情况下才会使他的妻子成为他的"遗孀",所以一个死了的人不可能再娶,但是,却有一个说法彻底推翻了这个一度流传的答案。从法律的角度和事实的角度来看,我们应该说,他的祖父娶他遗孀的姊妹是完全有可能的。假设A与B是姊妹。我们刚提及的当事人娶了A,当A过世时,他的祖父成了鳏夫;他继而又娶了B,之后又先于B过世,使得B成了他的遗孀。如此我们可以说他是娶了她遗孀B的姊妹A。尽管A是前妻而B是第二任妻子。当事人也因此获得了农场的继承权。

221 失踪的修女

按下表安排修女的房间。

修女失踪前:

顶层			第二层		
1	5	1	1	2	1
5		5	2		2
1	5	1	1	2	1

修女失踪后:

顶层			第二层		
3	2	3	1	1	1
1		1	1		2
4	1	3	1	1	1

222 妙窃宝石

如图所示,狡猾的珠宝商把上面的宝

石增加一颗,这样就可以拿走2颗,按照主人的清点方式,三个方向的宝石仍然是13颗。

223 灯塔谜题

数学家们和谜语作者们可能会落入两个圈套或者陷阱里。证明阶梯扶手的长度可以用一个直角三角形的斜边来表示是很简单的。取一张三角形的纸,把它由B到C包在一支铅笔上,这样BC就是底边,而AC就是斜边。

现在,我们知道在老灯塔的难题中,高度是300英尺,圆的直径是23英尺10.5英寸,乘以3.1416就可得75英尺的周长,周长的4倍就是300英尺,这就是底边的长度,这样楼梯扶手的长度就等于直角三角形斜边的长度。然而,这就是第一个容易出错的地方,因为一部分的谜题作者和数学家们会忘掉,对于斜边和底边所需的尖桩是一样多的,这可以参照沿着小山插篱笆桩的题目:

不论你是从水平面还是爬山从A走到Z,都正好是35个篱笆桩,这样的话还差一英尺。所以在老灯塔的难题中,由于周长的四倍是300英尺,所以将有300根尖桩,还要加上顶上的一根,这就是好多人会忽略的第二点。所以,这样这道谜题的正确答案就是有301根尖桩或者台阶。

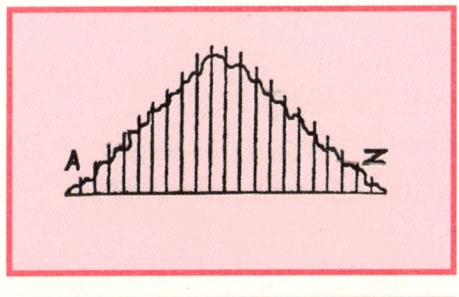

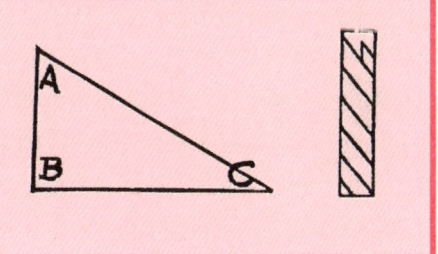

224 果树嫁接

利用黑桃、梅花、红心和方块来表示4种不同种类的水果,用点来表示剩余的

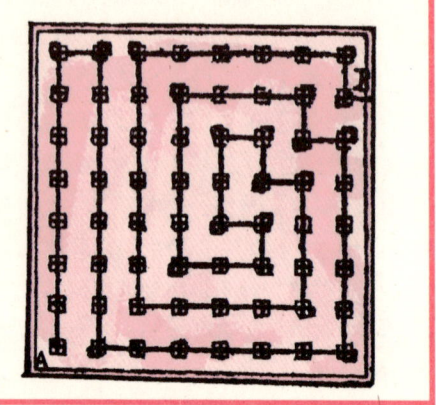

榅桲木,下面的图中给出了这个难度超凡的谜题答案。

225 配电盘问题

下图标出了从B点到A点的接线法,使用电线长为233英寸。

226 棕色小奶罐

要想生动形象地说明这个问题,我觉得最好应该引入"对称相等"的概念,即把一个几何体分解成若干个相同的部分。比如,在此题中,我们被要求数路径的个数。事实上,我们发现,只要通过分析5个起点,就可得出结论:到达中心符号"&"即拼写完成词组"red, rum and murder"共计有372条路径。

接下来就是该题最有趣的部分。很显然,既然从外围的大写字母"R"到达中心符号"&"有372条路径,那么从中心符号出发再返回外围的"R"当然也有相同的372条路径,所以总路径为372×372,即138384条,并且这些路径都不重复。

227 夫妇搬家

按照以下步骤搬动:

威士忌酒瓶-硬毛刷子-熨斗-威士忌酒瓶-胡椒瓶-捕鼠器-威士忌酒瓶-熨斗-硬毛刷子-胡椒瓶-熨斗-威士忌酒瓶-捕鼠器-熨斗-胡椒瓶-硬毛刷子-威士忌酒瓶。

228 雏菊游戏

后走者只要把花瓣分成数量相等的两组就一定能赢得胜利。比如,如果先走者摘一片花瓣,那么后走者就在对面摘两片,使留下的两组各有五片花瓣;如果先走者摘两片花瓣,那么后走者在对面摘一片花瓣,结果也留下两组同样多的花瓣。在这之后,后走者只要按照先走者做就可以获胜。若先走者摘两片,在一组中留下2-1这种组合时,那么后走者就摘与之对应的两片,使另一组中也留下2-1组合。照此玩下去,后者最后肯定能获胜。

229 哪一位付钱

那位最优秀的台球手声称,因为他赢了4号球手,所以他没有输;但是4号因为赢了3号,他说他不能为这局付钱,而3号坚持说,他同2号合作赢了1号,所以根据约定,他不能被说成是输家。

根据其他的论据,结果还有其他的说法。因为4号是自由加入的,他不受任何私下协议的约束;所以,当他打入四球而有人只打入两个球时,他可以戴上帽子穿上外套回家了。而1号必须信守他的承诺,因此当他打入五球而他的对手们打入六球时,本来该由3号承担的失败就转给了1号,所以他应该付这局的钱。

230 早期铁路

1. 右车头向右边后退。
2. 右车头开到侧线上。
3. 左车头带着三节车厢开到右边。
4. 右车头退回主线。
5. 右车头带着三节车厢开到侧线左边。
6. 左车头退到侧线上。
7. 右车头和车厢退到右边。
8. 右车头拉着七节车厢开到左边。
9. 左车头开回主线。
10. 左车头退到整列火车处。
11. 左车头拉着五节车厢开到侧线右边。
12. 左车头倒退着把它最后面一节车厢退到侧线上。
13. 左车头拉着剩下的四节车厢开回右边。
14. 左车头带着四节车厢退回左边。
15. 左车头单独开到右边。
16. 左车头向侧线后退。
17. 左车头把一节车厢从侧线上拉回主线。
18. 左车头退回左边。
19. 左车头带着六节车厢向右前进。
20. 左车头倒退着把它最后面的一节车厢推到侧线上。
21. 左车头带着五节车厢开回右边。
22. 左车头推着五节车厢退回左边。
23. 左车头带着一节车厢开到右边。
24. 左车头向侧线后退。
25. 左车头带着两节车厢开到右边。
26. 左车头推着两节车厢推到侧线左边。
27. 左车头拉着七节车厢开到侧线右边。
28. 左车头把最后一节车厢推到侧线上。
29. 左车头带着六节车厢开到右边。
30. 右车头退回右边。
31. 右车头接上它的四节车厢离开。
32. 左车头向侧线后退。
33. 左车头带着它的三节车厢高兴地继续它的行程。

231 火海逃生

守夜人、他的胖夫人、婴儿与狗可以按照以下顺序逃离火海：

1. 降下婴儿30磅。
2. 降下狗60磅，升上婴儿30磅。
3. 降下守夜人90磅，升上小狗60磅。
4. 取出狗60磅，降下婴儿30磅。
5. 降下狗60磅，升上婴儿30磅。
6. 降下婴儿30磅。
7. 降下胖夫人210磅，升上守夜人、婴儿和小狗共180磅。
8. 降下婴儿30磅。
9. 降下狗60磅，升上婴儿30磅。
10. 降下婴儿30磅。
11. 降下守夜人90磅，升上小狗60磅。
12. 降下小狗60磅，升上婴儿30磅。
降下婴儿30磅。

232 教授与和平大会

通过比对山羊头盖骨的强度，和抵抗力的惊奇演算，布朗加登教授用一种独特的方式对和平大会的工作做了讥讽。那位声名卓著的科学家生活在预防虐待动物协会建立的时代之前，他说："通过反复试验，我已经发现能够破坏山羊头盖骨的一次重击的强度与30磅物体下落20英尺的冲量相等，这样的重击会导致山羊死亡。"问题要求算出两只山羊相撞致死所需的相对速度。当然，这个问题涉及一个关于重物从静止状态自由下落的物理定律，在第一秒的时间中，物体会自由下落16英尺1英寸，下面每秒钟下落的距离都以几何级数的方式增长，利用这个定律，我们可以算出重30磅的物体下落20英尺形成的冲击，将等于以9.4395英尺每秒的速度奔跑的57磅重的山羊，和以9.9639英尺每秒的速度奔跑的54磅重的山羊相撞产生的作用。这样的撞击会导致这两只好斗的动物死亡。当然，我们假设两只山羊是以相同的动量相撞的，不然它们的速度都有可能在0到答案中速度的两倍间变化。

233 零字谜

Good dog do go，中文译为"好狗不挡道"。

234 圣诞节的火鸡

圣诞老人开始追火鸡时先迈出的是左脚，如果你沿着他的足迹按左脚、右脚这样的顺序数下去，你会发现他在某处多了一步，更合适的解释是，他准确地踩着自己的足迹，跑第一个小圆圈两次。

235 复活节的鸡蛋

很多谜题家和数学家们都绝顶聪明，但是在这道"旧瓶装新酒"的题目中，他们中却有很多陷入了本题设置的至少一个陷阱之中。在复活节晚宴中，吃前60个鸡蛋消耗了总共25分钟，吃后60个鸡蛋需要消耗24分钟，总时间为49分钟。

但是，荷兰理发师弗兰克问的是"假如原先的宾客中只有一半数量出席，那么照此方式，需要多久才能把这120个鸡蛋吃完？"。数学家们在这里就犯了错误，他们认为既然原先的人数吃完这些鸡蛋需要49分钟，那么人数减半，时间应当加倍，也就是98分钟。

那些聪明的谜题家们发现了问题的症结：鸡蛋无论是大是小，都是被一位宾客吃掉的。也就是说，这个晚宴只有一位宾客应邀参加。那么，如果宾客的数量减半，这120个鸡蛋是吃不完的。请考虑一下，第一轮10分钟吃30个鸡蛋，第二轮15分钟吃30个鸡蛋，第三轮24分钟吃60个鸡蛋。您能够很清楚地看到，宾客一次性只能吃一个鸡蛋，并且享用过程中没有停歇，那么唯一的可能便是只有一个人参加了晚宴！

很多人无法理解这个问题。最后60个鸡蛋的消耗方式是前一分钟3个，后一分钟2个，交替反复。那么试问，两个人一次性怎么吃三个鸡蛋？三个人一次性又怎么吃两个鸡蛋？除了1，没有另一个数字能够同时被2和3整除。

236 爱丽丝梦游仙境

很多优秀的数学家解答此题时坠入了陷阱，他们错误地认为这句话的起点数有24个，终点数也有24个，并以此作为解题的基础。因此，他们认为正确答案应当是24的平方，也就是576种不同的阅读方式。但是，他们忽略了一点：从字母W到中心字母C共有252条分支路径可行，那么同理，由中心字母C到字母W也有252条分支路径可行。所以正确的答案应当是252的平方，即63504种不同的阅读方式。这下我们该知道了吧，阿纳波利斯是一个隐形之城！

237 飞翔的小鸟

小鸟在密闭的盒子里来回飞翔会增加还是减少盒子重量的问题在讨论中有正反两派意见，但是大部分提出的意见都向着小鸟加重了盒子一边倒，以至于为另一方提供合理的论点变得很困难。尽管很多人相信这才是真正的答案，但这个问题的提出者引述过一个鱼在一瓶水中的类似问题。那个问题有两个版本：一个问的是为什么一条鱼放到一缸水中水缸不会增重是一个很傻的笑话，因为水缸的重量的确会增加，除非水本来已经满到水缸的边缘，与放入物体重量等同的水从中溢出。鱼的问题是不一样的，因为鱼的重量和它所占相同体积的水的重量是一样的，鱼是悬浮在水中的。小鸟是比空气重的，它通过上下拍击空气在空中支撑自己的身体，这样的拍击无疑将在表盘上显示出鸟和被它取代的空气在重量上的不同。

238 邦尼兔在哪儿

将下面的图案剪下并逆时针旋转90度与左边的图案拼在一起，两个图案之间有一只站立的兔子。

239 杂货店老板

用来代替10个数字的字母可以组成"PEACH BLOWS"（一种土豆的名字）。

240 生病的外甥

玛丽安是这个生病男孩的母亲。

241 调车问题

自左至右，假定各节车厢与机车分别用A、B、C、D、E、F、G、H和I来表示，E是那辆出了故障的机车，F是那辆全力承担一切工作的机车。本题可通过F的31次方向转换得到解决。下面各段文字末尾括号中的数字代表这段中F的方向转换次数。

机车F直接开到机车E处，钩住E，把它拉到D段（1）。

F通过侧线，钩住D，把D拉到D段，同时把E推到右边（3）。

F通过侧线，钩住C，把C拉到D段，把D推到右边（3）。

F通过测线，钩住B，把B拉到D段，把C推到右边（3）。

F通过侧线，钩住A，把A拉到D段，把B推到右边（3）。

F通过侧线，开到右边，将A推到B处，现在车厢ABCDEG已连到一起了（3）。

F把ABCDEG拉到左边，然后把G推到A段（2）。

F把ABCDE拉到左边，然后把它们推到右边（2）。

F单独开到左边，然后又开回来，钩住G，把G拉到左边（3）。

F向右开，把G推到A。G与A钩住后，F把所有车厢与机车拉到左边（2）。

F把H与I推到A、B段，然后把GABCDE拉到左边，然后又把它们统统推到右边（3）。

F把G拉到左边，开倒车，使G与H钩住，把GHI拉到左边，然后继续它们的旅程（3）。

另一列火车，机车在前，各节车厢保持着原先的顺序，依然停在侧线右边的正线上。

242 哥伦比亚鸡蛋

最后这颗鸡蛋的放置取决于放在餐巾正中间的第一颗鸡蛋（如图中正方形表格

所示）。然后，无论你的对手如何放置鸡蛋，只要对手放下鸡蛋，你依葫芦画瓢，在穿过第一颗鸡蛋的直线上、对家鸡蛋的对面放置鸡蛋就能稳赢。以下给出的这些数字，说明了游戏开始的先后顺序，即：

在正中心放下第一颗鸡蛋，并不一

定会赢。因为鸡蛋是椭圆形的，对手可能在贴近鸡蛋的小头放置另一颗鸡蛋，如最后一张图所示，这样就无法模仿他的放法了。所以，想要赢的唯一方法是，让第一颗鸡蛋变成圆形。

243 金字塔谜题

金字塔高为201层。很显然狮子跨7层阶梯，导游6层，游客为5层，7×6×5=210就应该是金字塔的高度。但是，因为在插图中狮子与导游差5层，导游与游客差3层，游客离底部差1层。所以金字塔应为201层才能让插图中的场景发生。

244 "好运"谜题

金马掌上单词的更替顺序是PANTS（裤子）-PINTS（品脱）-PINKS（石竹花）-MINKS（貂皮）-LINKS（项链）-SINKS（水槽）-SILKS（丝绸）-SILLS（窗台）-PILLS（药片）-WILLS（遗嘱）-WALLS（墙）-PALLS（墓葬）-PAILS（木桶）-SAILS（帆船）-NAILS（钉子），如果老亚伯（指林肯总统）也曾经在这里干过，他一定是做RAILS（横杆）买卖！

245 智斗"调皮鸡"

题目真正的题眼是图上的农夫永远也抓不住公鸡，农妇也逮不到母鸡，原因是公鸡始终跟着农夫的移动而移动，母鸡跟着农妇的移动而移动。不过，如果你把他们做一个交换，题目就很简单了，农夫可以在9步之内抓到母鸡，农妇可以在8步之内抓到公鸡。方法如下：

农夫向农妇移动一步，农妇向农夫移动一步，两只小鸡跟着农夫和农妇移动一步，农夫向下一格，农妇移动到他上面一格，之后的移动就很简单了，他们很快就能抓到小鸡。

246 聪明的巴格达商人

下面每一段文字末尾的数字表示在该段中所用的步数。

根据题目中所说的，大桶中有63加仑水，小桶中有31.5加仑酒。我们把3个10加仑的罐子灌满酒，这样小桶中剩下的1.5加仑酒灌进2加仑的量桶，这样盛酒的小桶就空了（4步）。

用4加仑的量桶量取大桶里的水灌满小桶，之后量桶中应该剩下0.5加仑的水，把这0.5加仑水给1号骆驼。用4加仑的量桶量取小桶中的水灌回大桶，小桶中应该剩下3.5加仑水。把2加仑量桶中的1.5加仑酒倒进4加仑的量桶，再用2加仑的量桶从小桶的3.5加仑水中量取2加仑水倒回大桶，然后把小桶中剩下的1.5加仑水注入2加仑的量桶，把这个给2号骆驼。把4加仑量桶中1.5加仑酒倒进2加仑量桶（37步）中。

把上一段的全部操作重复11遍，这样6头骆驼各喝到了两个0.5加仑的水，而另外6头骆驼各喝到了两个1.5加仑的水。但是在重复第10次和第11次时，那2加仑水不倒回大桶而是给任意两头只得到过两个0.5加仑水的骆驼，这样它们就喝到了3加仑的水。现在，共有8头骆驼喝到了足够的水，4头骆驼各得到了1加仑水，而大桶里剩下35加仑水（407步）。

用4加仑的量桶量取大桶里面的水灌满小桶3.5加仑，量桶里剩下0.5加仑，大桶中剩下3加仑。把量桶里的0.5加仑水给还没有喝过水的13号骆驼，把大桶里剩下的3加仑水灌进4加仑的量桶（18步）。把所有的酒都倒回大桶中，再把小桶里的水灌进那3个10加仑的罐子，最后小桶中剩下的1.5加仑水灌进2加仑量桶。把三个罐子里的水倒回小桶中，把2加仑量桶中的1.5加仑水倒进1号罐子（12步）。

把4加仑量桶里的3加仑水倒进2加仑量桶，这样4加仑量桶里就剩下1加仑水。把2加仑量桶里的水倒回小桶，因为此前小桶中已经有了3个10加仑的水，我们只能灌进1.5加仑，这样2加仑量桶里就剩下0.5加仑，把这些水给只喝过0.5加仑水的13号骆驼，这样它也喝到了1加仑水，现在总共有5头骆驼喝到了1加仑水。再给这5头骆驼各2加仑水，共计10加仑，现在所有骆驼都喝到了足够的水，并且小桶中只剩下了21.5加仑水（13步）。

用小桶中的水灌满2个10加仑的空罐，这样小桶中就剩下了1.5加仑水，把它倒进1号罐子，这样1号罐子就装好了所需要的3加仑水。把2号罐子和3号罐子中的20加仑水倒回小桶（5步）。

把4加仑量桶中剩下的1加仑水倒进2号罐子，用2加仑量桶和4加仑量桶把6加仑酒灌进3号罐子，再把2号罐子里的1加仑水倒进4加仑量桶，再用3号罐子里的酒把4加仑量桶装满，这样4加仑量桶里就有1加仑水和3加仑酒，而3号罐子里还剩下3加仑酒。把4加仑量桶里的液体倒进2号罐子，从小桶中量取2加仑水倒进2号罐子（10步）。

现在，13头骆驼各得到了3加仑水，一号10加仑的罐子已经装好了3加仑水，3号罐子装好了3加仑酒，2号罐子装了3加仑酒和3加仑水的混合物。大桶里还剩下25.5加仑的酒，而小桶里剩下18加仑的水，总共用了506步。

247 戈尔迪之结

谜题爱好者很容易发现，实际上要把剪刀从绳子上取下来，可以把绳圈的头顺着双股绳子退出来。首先穿过左环柄，再左环柄，再右环柄。现在把绳圈套过整把剪刀，剪刀自由了，除非你不幸扭转了绳子而把它弄得一团糟。

248 探究"八进制"

在八进制中，1 906应该写为3 562，它的个位代表2个1，十位代表6个8，百位代表5个64，最后的3代表3个512。得出这个数的简单过程是：首先把1 906除以64得到商数为3；然后把余数370除以64得到商数为5；再把余数50除以8得到商数是6，最后的余数2当然就是答案的最后一位。如果要把1 906变换为七进制数，也要遵循类似的循环过程。逐次除以7的乘方数。

249 数字问题

应该从左手第2个女孩开始数，然后往右边数一直数到13。这样所有的女孩都会被数出来。但是，如果你要将所有的男孩数出来，应该使用数字14。

250 巧铺电线

最短路线是沿着会议厅的前墙、地板、侧壁而到达后壁。需要最短的电线为41.785英尺。

251 分牲口

这个农场主一共有7个儿子，56头牛和7匹马。最大的儿子分得2头牛，他的妻子分得6头牛，正好是剩下的九分之一。第二个儿子获得3头牛，其妻子获得5头牛。第三个儿子获得4头牛，其妻子也获得4头牛。一直到第七个儿子获得8头牛，其妻子没有得到任何牛。每个儿子另外分得一匹马，所以每个儿子家都分得8头牛和一匹马。

252 瓦工的问题

可以19步完成：首先踏上第一步梯子然后回地面，然后按这样的顺序"1、2、3、2、3、4、5、4、5、6、7、6、7、8、9、8、9"，这样地面、梯子顶部和梯子的每层都使用了两次。

253 夏日旅人

需要经过17趟才能将所有人运送至对岸：

第一趟黑人先生和黑人太太过河；第二趟黑人先生单独回来；第三趟黑人先生带一位女士过河；第四趟黑人先生夫妇返回；第五趟黑人先生带另外一个女士过河；第六趟黑人先生独自回来；第七趟两位男士过河；第八趟男士和妻子返回；第九趟黑人先生夫妇过河；第十趟男士和妻子返回；第十一趟两位男士过河；第十二趟黑人先生单独返回；第十三趟黑人先生带一位女士过河；第十四趟黑人先生夫妇返回；第十五趟黑人先生带一位女士过河；第十六趟黑人先生单独返回；第十七趟黑人先生夫妇过河。至此，所有人都渡过了河。

254 虎斑狗和健将猫

如果线路是笔直的话，那么虎斑狗和健将猫应该不分高下。但是，跑到树桩处，再跑回来，每趟路程为112.5英尺。狗要跳23下才能到树桩，回来也需要23跳。总计46跳，每跳5英尺，所以总共走了230英尺，多走了5英尺。同理，猫总共跳了76次，共228尺。所以是猫以2英尺的优势，赢得了比赛。

255 全城戒严令

因为从另一侧看，孩子们所持的旗号刚好是"tiny democrats"（小民主人士）。

256 亨利·乔治的趣题

木头碟子的排列顺序应当是：1-3-5-7-9-11-13-2-4-6-8-10-12。现在很容易看出要把12枚棋子全部放上去所应采取的办法。假定我们把第1枚棋子放在第13号位置，那么下一枚棋子必须放在4号或9号，然后再移到11号或2号以便同13号位置相邻。第3枚棋子也应放到一个相应的位置上，以便在它移动后与已经放好的棋子相邻，其余棋子的放法可以依此类推。任何12个字母的单词都能满足要求，但本题要求用最少的步数来完成（跳一次也算一步），"wooloomooloo"只要用12步就行了。

257 所罗门神庙之谜

将一块正方形的石头抬到高0.5英里,长1英里的斜面上,石头的中心后移4.5英尺。领头人手臂离中心49.5英寸。其他两人的手臂位置应该是该距离的一半。所以,我们将一个人往后中心方向移14.75英寸,另外两个移动34.75英寸。于是,每个人所承受重量都为(210+2/3)磅。

258 步兵训练

首先将B和C移至靠近鼓的队伍末端。再用E和F补充空缺。然后再用H和B填补新空缺,然后再用A和E填补空缺,至此大功告成。

259 台球问题

阿普费·鲍姆让布鲁门·施泰因20分,前者可以赢后者,阿普费·鲍姆得100分,布鲁门·施泰因得79分。布鲁门·施泰因让古格尔黑姆25分,前者得100分,后者得74分。因此,当阿普费·鲍姆得100分时,古格尔黑姆应得79的74%,即58.46。如果阿普费·鲍姆得200分,那么古格尔黑姆应得58.46的两倍,即117分。

260 木球瓶游戏

为了保持冠军地位,瑞普应击倒第6号木球瓶。这样一来,木球瓶就将被分成1根、3根、7根三组。接下去,无论对手施展什么伎俩,只要瑞普采取正确的策略,对手一定会输。山中矮人要想取胜,他开始时应击倒第7号木球瓶,以便将木球瓶分成各有6根木球瓶的两组。此后,无论瑞普投掷哪一个组里的木球瓶,山中矮人只要在另一组里仿效瑞普的动作,最后一定能赢。

261 14~15谜题

(1)可以通过44步之后得到:14-11-12-8-7-6-10-12-8-7-4-3-6-4-7-14-11-15-13-9-12-8-4-10-8-4-14-11-15-13-9-12-4-8-5-4-8-9-13-14-10-6-2-1。

(2)可以通过如下步骤形成一个加起来等于30的正方形:12-8-4-3-2-6-10-9-13-15-14-12-8-4-7-10-9-14-12-8-4-7-10-9-6-2-3-10-9-6-5-1-2-3-6-5-3-2-1-13-14-3-2-1-13-14-3-12-15-3。

在移动数字方块时唯一的技巧是上下颠倒9使之变成6,反之亦然。

262 爬梯子和切西瓜

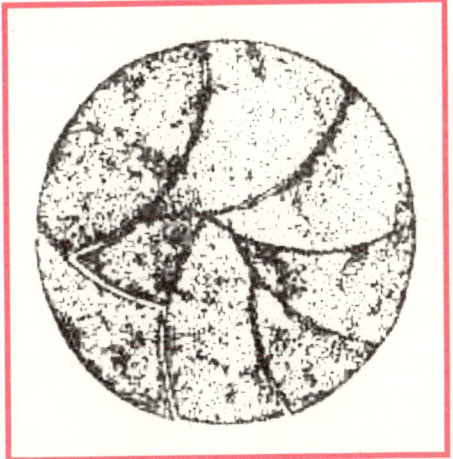

东京姑娘应该首先踏第一横档,然后返回地面。然后再1、2再回到1,再到2、3,诸如此类。记住下一步上两步,所以一共需要23步。斐木先生切的西瓜如下图:

263 野人的金币

骰子顶面上的点数肯定是1点,它同

一个侧面上的4点相加，使一位玩家得了5分；而另三个侧面上的点数（5、2、3）相加之后，其和为10，这就使另一位玩家赢了5分。十进数109 778 相当于六进制中的 2 204 122。最右面的数码表示个位数，次一位数码表示6的个数，第三位数码表示36的个数，第四位数码表示216的个数……依此类推，这种数制的基础是6的幂而不是10的幂。

264 觅对游戏

该题的赢点为9、15、22、28。当在大拇指上数到34，中指上数到32，无名指上数到31，小指数到30，无名指数到24，中指数到19，小指数到17，中指数到16，无名指数到11或者中指数到6。

265 建筑师谜题

建筑师在国王手指所指的第二处开始剪，一直到上面那根手指所指的第三处。然后移动右手，拼成一个平面，然后你发现一共有124个牢房。这样就可以一直往左拐弯，一次检查完所有的牢房。

266 最佳路线

邮递员从B大道第一街开始，从第一街走到C大道，然后再走到第三街，再到A大道。然后再返回至第二街，往前走至C大道，沿着第四街，往下走至A大道，然后再返回第一街，往上至B大道，最后走到第四街。

267 掷骰子

如果玩家想赢的话，应该从2或4开始。

268 蓝胡子的谜题

仔细研究一下就能知道蓝胡子老婆们的名字；钥匙的排列组合是：7834×5=26910。

269 鸡蛋金字塔

对于这个问题，据说勤劳的杂货店老板通过亲身试验，用193个鸡蛋放在底端，形成了一个三角形的"鸡蛋金字塔"，共有鸡蛋18721个。如果用18721个鸡蛋放在底端，可以支撑1216856个鸡蛋。

270 玩转赌博法

他连续输了7次1法郎，然后又输了三次7法郎的赌注。赢了四次7法郎的，这使得他不输不赢。然后他又赢了两次49法郎，又输掉了5次49法郎，然后赢了7次343法郎。现在他又输了三次2 401法郎，赢了四次2 401法郎。输了5次117 649法郎，最后赢得了7次117 649法郎。所以他总共赢得了869 288法郎，输掉了91 511法郎，所以他最后赢得了777 777法郎。

271 迷宫

略。

272 多心情人过河

假设用A、B、C、D表示年轻人，用a、b、c、d表示女士，17趟渡船如下表示：

河岸	岛	对岸
ABCDabcd	o	o
ABCDcd	o	ab
ABCD	bcd	a
ABCDd	bc	a
ABCDd	b	a

现在男士开始划船

CDcd	b	ABa
BCDcd	b	Aa
BCD	bcd	Aa
BCDd	bc	Aa
Dd	bc	ABCa
Dd	abc	ABC
Dd	b	ABCac

```
BDd              b        ABCDa
d               bc        ABCDa
d         o              ABCDabc
cd        o              ABCDab
     o    o              ABCDabcd
```

273 荷兰农夫卖火腿

农夫有55只火腿。第一个顾客用35美元买了28只火腿。第二个顾客买了14只火腿。第三个顾客买了7只火腿。此时农夫还剩下6只火腿，手上有61.25美元钞票。宾馆老板娘买了3.5只火腿，付了5美元。宾馆老板买了1.5只火腿付了2.5美元。农夫的朋友买了最后的一只火腿，付了1.25美元。因此，农夫将所有火腿卖出之后，挣得70美元现金。

274 玛莎的葡萄园

按照常规方式最多只能栽种36株葡萄。如果先画出对角线，并按此方式将葡萄栽种成斜线，那么可以栽种41株，在底线位置栽种5株。

另外一种方式可以栽种39株。在底线栽种6株，间隔7.77英尺再栽种一排5

株，然后间隔7.77英尺再栽种一排6株，按照此种方法可以栽种39株葡萄。如图所示：

275 考古谜题

在所罗门王的印记中一共有31个不同的等边三角形。

276 诵诗蜜蜂

隐藏在蜂窝中的两句名言是：
How doth the little busy bee
Improve each shining hour.

277 谁将获得提名

本问题可以用八步解决：塔夫脱跳过诺克斯、约翰逊、拉福莱特和坎农，这几步是连续跳的；然后，格雷跳过费尔邦斯，休斯跳过布赖恩，格雷跳过休斯，塔夫脱跳过格雷。

278 伦敦之塔

伦敦塔的看守者要到达目的地"黑屋"，只要拐16次弯就够了。

279 给鸡蛋"排队"

按照图一中的方式重新摆放鸡蛋，用

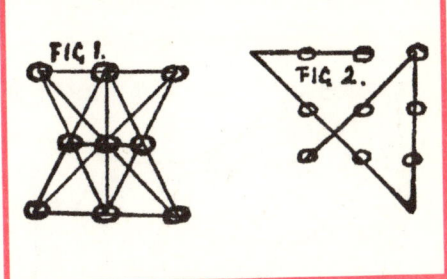

这种方法，3个鸡蛋的线段数不止6条，按照图二的方式连接9个鸡蛋线段最少，只有4条。

280 牌会的座位

可以轻松解决这道题目的方法是：这五对夫妻在每场游戏结束之后，往上移动一张桌子。年轻人则往下移动。在这个游戏中，第一轮结束之后，我们可以知道：第一轮——第一桌，史密斯夫妇VS汤米和内莉；第二桌，琼斯夫妇VS哈利和多利；

第三桌，布朗夫妇VS乔治和明妮；第四桌，克拉克夫妇VS比特和凯蒂；第五桌，怀特夫妇VS查理和贝蒂；在第二轮，史密斯夫妇移到第二桌，琼斯夫妇移到第三桌，布朗夫妇移到第四桌，克拉克夫妇移到第五桌，坐在第五桌的怀特夫妇回到第一桌。

五对年轻人朝相反的方向移动，汤米和内莉移到第五桌，哈利和多利移到第一桌，乔治和明妮移到第二桌，比特和凯特移到第三桌，查理和贝蒂移到第四桌。在第三轮结束之后，也是如此移动，所以在五轮结束之后，在同一张桌子上没有出现过相同的选手。每对夫妻都同每对年轻人比过赛。

281 聪明的国王

第一个问题答案如图所示，泰国国王提供的答案是把旗子分成两部分，然后把

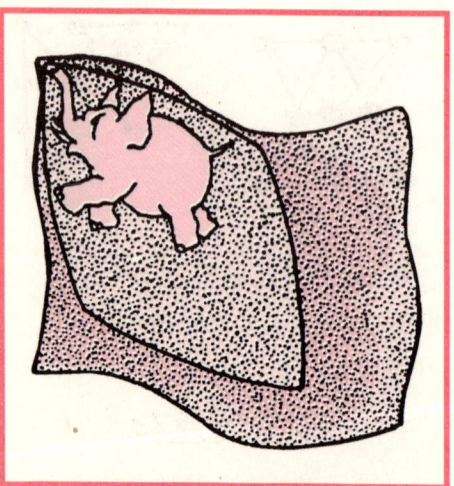

中间的菱形转180°，大象就到了旗子的中间。

对于第二个问题，下面的路线比泰国国王的答案更短：15、16、12、11、10、14、13、9、5、1、2、6、7、8、4和3，最后到达心形图。

282 青蛙问题

至少需要516跳才能搭成金字塔。

283 快乐的修道士

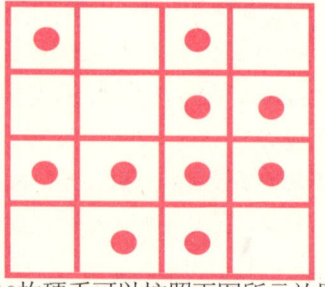

10枚硬币可以按照下图所示放置，这样就能得出16个偶数行。

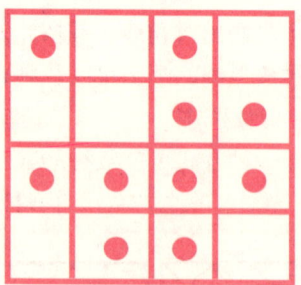

284 威格斯太太的包菜

迷糊王的答案：

英格玛公主的方法：

285 丹麦国旗

解决这道题目的方法很多，最简单的方法是：从1/4的国旗的周长上减去1/2对角线的长度。国旗的周长正好为25英尺。对角线的长度为9.01388英尺，所以我们必须从6.25中拿掉4.50694，得到的1.74306就是十字架的宽度。

286 苹果射击比赛

威廉·特尔肯定射中了11号和13号苹果。威廉站的地方的网桩影子正好是桩的一半长。因为在相同时间影子和实物的比例相同，所以35码的影子，正好可以说明旗杆高为310英尺。

287 怀特的猫

（1）怀特的猫走的路线是从A到4-C-1-Y-5-2-B-6-X-3-Z。

（2）敲击6次有5个间隔，需要6秒，每两次间隔为1.2秒，敲击12次有11个间隔，需要13.2秒。

288 智抓"火鸡"

（1）"人"的策略就是要走到与"火鸡"所占位置成斜对角的位置上，直至把它逼到边上，以后他就可以轻而易举取胜。如果"人"先走的话，他必须先走到35号的位置上，这样"火鸡"就无法占优，因为在9号位和10号位之间是一个空白。下面示范性对局将使上述策略变得一清二楚：

火鸡：8-30-29-37-29-28-51-60
人：50-47-46-45-38-37-29-52

（2）可以按照下列24步抓住火鸡：

8-52-14-13-8-9-16-18-10-11-42-39-31-33-26-22-45-50-4-5-69-60-2-3-7。

289 中国趣题

这道谜题是根据古老的星星谜题改编而成的，我曾经讲过这类谜题的基本原则。也借着机会说了下一些通过我分析而来的字词的性质和特点。这为我们提供了解答这个中式谜题的最佳方法。在最初的中国换字成句谜题中，一共有12个汉字，因为在中文中每个词都用一个特定的词符表示。但是，在美国版本的谜题中，不允许使用一句话，而必须使用一个12个字母的单词，每个方块中都含有一个字母。和14~15谜题中的玩法一样，移动方块，用尽可能少的步数，让这12个字母从左到右能够形成一个正确的词。

我们收到了很多睿智而精巧的答案，给出的形形色色的12字母的词，需要的步数在13和25步不等。几乎没有人明白我的暗示，找到那个最佳的单词——Interpreting。这个题目只需要12步就可以完成。

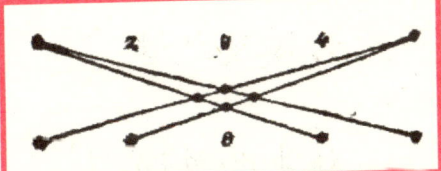

290 航海问题

答案如图所示：

291 狐狸和玉米

在这个返程的农夫故事中，他带着一只狐狸，一只鹅，还有一些玉米棒，现在要过河，所以遇到了一些麻烦。

第七文法学校的一个小姑娘说："如果一只狐狸每次只能运三只耳朵（英文中Ears既有耳朵的意思，也有玉米'穗'的意思，此处ear翻译成玉米棒），那么它可以每次只带一根玉米棒过河，因为他头上还有两只耳朵呢。这样狐狸需要来回游24次才能完成任务。"

292 掉下地球

略。

293 滚动的轱辘

略。

294 奇怪的来信

有年轻人非常大方地帮我破译了儿子从农场发来的密信，他们告诉我说这不是什么莫利·马圭尔发出的三K党通知，不过简单地告诉我说"又到了播种土豆的季节"。上面写的是(又到了)播种oooooooo(8个O)的cc，这让我这位心急如焚的父亲大人松了一口气。

295 第1901号绘画

第1901号绘画的内容是土豆泥。

296 古埃及之谜

略。

297 缺失的单词

缺失的单词为"brigand"，因此整句话为"The brigand placed the loot in his brig and escaped."。（译者注："brigand"的意思是"强盗"，"brig"的意思是"双桅船"，整句话译为"强盗将赃物置于双桅船中逃离了。"）

298 慈善家的故事

慈善家认为，马匹一旦听到"whoa"的声音就会作出回应。（译者注：whoa相当于中文中的"站住"，常用于令马停住）

西德尼的谜语的答案是"class"。（译者注：斩首一次，单词变为"lass"，中文意思为"小女孩"，两条腿站立；再斩首一次单词变为"ass"，中文意思为"驴"，四条腿站立）

299 两个保留笑话

在这个笑话中，船长是想说那艘船是薄雾少女号（"薄雾少女号"的原文"the Maid of the Mist"也有"观瀑船"的意思，同时maid和动词制造的过去分词made发音相同，译者注），"直立的猫"就像尼亚拉加的瀑布一样（"直立的猫"的英文原文"cat erect"和大瀑布的英文"cataract"拼写相近，译者注）。

300 募捐格言

哈利的募捐格言是："a fool and his money soon part."（中文大义为"人傻难守财"，整句读音和募捐卡片的中文名字连起来读音相近，译者注）。

301 印第安字谜

那个印第安人是一个"很会阅读的人"，牌子上所题文字是"三思而后言。"（英文原文是"think twice before u speak"，又可作"在k里面的th两个，在u发言之前"，译者注）

302 强烈推荐

谜语的可能答案会有很多，但是我们永远不会知道谁的答案更显睿智。我记得在很多年以前的一个猜谜会上，有人提到了一个老生常谈的谜"为什么母鸡能够永垂不朽"（Why are hens immortal）这个问题的答案是"因为他们的儿子从来不生蛋"（Because their sons never set，英语中son和sun谐音，意为"因为太阳从不下山"）。但就在这次会上，有人给出了另一个答案"因为它们拥有下辈子"（They have their next world，和their necks twirled谐音，意为"它们的脖子转得快"）。所以说，即便你已经有了一个谜语的答案，还可能会有更好的产生，这就好比如果有一家人的姓氏是更大，我们很难判断更大先生，更大女士和他们的孩子谁更大谁最大一样啊。

303 修道院的窗

我们的字谜专家对于古代的韵诗可谓熟稔于心，入口正上方的完整题词应为"PERSEVERE YE PERFECT MEN, EVER KEEP THESE PRECEPTS TEN"。

窗户上的图案可描述为"字母C在字母T的上方，共同在字母U中，U又在字母S的空隙中"，译为英文即为"C on T in U in hole in S"，即为十诫中的条目"Continue in holiness"。

304 爬杆

只要稍微有点美术细胞，根据图片就可以猜得杆子的高度大致在18到20英尺之间。不需要太多的理由，只要看照片中影子就可以作出此判断。

根据影子的长度来判断诸如高塔和长杆等建筑物的高度的方法早已人尽皆知。据史料记载，瓦特·斯科特先生的其中一位骑士曾经利用一根长矛测量出一座高塔的高度。但是对于该原理更清晰地描述出现在柯南道尔的著作中，在书中，奈杰尔先生和他勇敢的同伴们被困在一个围成铁桶阵的城堡中。

书中是这样记述的：头发灰白的老弓箭手从他的同伴手中收集了几根长短不一的绳子，随后将它们打结系在一起。接着，他把绳子抛出了窗户用来测长。最后，他把弓上的杉木板竖立起来，阳光照射在它上面，在草皮上投下了一个细长的黑影。"6英尺长的杉木板影长3英尺"他喃喃自语道，"那么，高墙影长60步长，也就是说高墙的实际长度是120步长。"

这就是秘密所在，所有东西的影长和它的实际高度的比值总是一个定值。图中，从男孩指尖出发的铅垂线显示，影长是物体实际高度的1/3，也就是说杆子的高度是它的影长的3倍。接下来，我们就可以估算，所有的电车轨道的宽度为4英尺8英寸，所以杆子的高度应为19英尺8英寸左右。小男孩抵达杆顶所需时间为34分钟40秒。

305 读唇术谜题

马太，埃尔弗里德，伊斯特曼站在上方第一排；理查德，希欧多尔，卢克，奥姆站在第二排；黑斯华尔特，希尔默，弗莱彻，亚瑟，奥尔登站在下方第一排。

306 摆火柴

九根火柴可以摆成TEN。六根火柴可以摆成NIX。

307 野外见闻

略。

308 铁路行话

如果精于铁路行话的读者马上就应该

明白列车长的话：火车将会停站4分钟。222222的意思是说前方车站火车会停靠4分钟，在铁路行话中这4分钟为1点58到2点过2分之间。

309 找回丢失的字母

插图中的答案为：Orthodox Oxford。

修道院墙壁上的句子为 Preserve ye perfect men, ever keep these precepts ten.

310 伊索之狼

"那只残忍的扮作警察的狼，说了一个可恶的关于雪球的弥天大谎。为了将小羊抓住。更可恶的是，他很快就得手了。因为一个睡着的小孩（Sleeping kid）也一定是一个绑架者（kidnapper）"。

311 交叉点之谜

中间的单词为"amaze"。

312 以cion结尾的单词

从字典中，我们找到Scion, Suspicion, Coercion, Internecion 和 Epinicion。

313 关于画眉的谜题

略。

314 火星上的运河

五万多回答"there is no possible way"的读者都接触了这个题目，因为正是这个句子构成了对那颗行星的一次环球旅行。

315 金属士兵

那个趾高气扬的小孩是一个金属士兵的原因是他是领导！（领导的英文原文led可以是lead的过去式和过去分词，而lead作为名词有"铅"的意思，译者注）旗子上有Y因为这天是7月4日！（7月4日英文原文"the 4th of July"也可作"July的第四个字母"解，即Y，译者注）7月4日像炖牡蛎是因为如果没有彩炮就没什么价值。（7月4日是美国独立日，这一天常放彩炮庆祝，而彩炮的英文cracker也有脆饼干的意思，常用于与炖牡蛎配餐）

316 送奶工的反驳

送奶工的反驳这个故事实际想告诉我们，这把椅子，像他的账单一样，需要换新的。他的奶牛产出牛奶，而这把椅子应该让出地方（"产出牛奶"原文为"gives milk"，"让出地方"原文为"gives way"，译者注）。椅子是用来坐的，连衣裙应该是缎子一样平滑有光泽的。（"用来坐的"的原文"be sat in"和"是缎子一样平滑有光泽的"的英文"be

317 拿锄头的人

如题所述，总共只有12排，霍布斯放6排土豆要花120分钟，那么我们会说，他埋土豆的速度是60分钟完成1排，所以他要放好和埋上6排土豆需要8个小时的时间。按照题中所述，诺布斯放好6排土豆要240分钟，埋土豆和放土豆的速度是一样的，所以他完成工作的时间也是8个小时。那么，每个人工作了8个小时都应该得到2.5美元。

318 一点小意外

在离家（33-3/17）公里的地方，他的自行车出现故障。弗雷德的车共计经过（66-6/17）公里，女友的自行车经过（112-16/17）公里。

大家有可能忽视了这样一个事实，就是在弗雷德修车的时候她的女友可能骑车继续前行。

319 凯西的奶牛

火车的速度是奶牛的5倍，奶牛的速度是18英里/小时，桥的总长度是48英尺。

320 爬山问题

设山脚到山顶的距离为x英里，则：x/1.5+x/4.5=6。解方程得出山脚到山顶的距离为6.75英里。

321 苍鹰逐日

这里有三个陷阱需要注意：绕地球一圈的距离应该是19055英里，每天飞500英里当然需要39天，但是因为绕了地球一圈会因为时差问题减少一天。另外，那个青蛙爬井的老问题又该起作用了，那就是当老鹰飞到了地点之后它就不会再返回了，所以老鹰返回的时间是2月7日，星期五，绕地球一圈后回到起点，共计38天。

322 北极新娘

往返路程长度为26.25英里。

323 渡轮问题

当两艘轮渡在图中的x点相遇时，它们距岸边720码，两船经过的路程之和等于河宽。当它们双方抵达对岸时，走过的总长度等于河宽的2倍。再次在Z点相遇时两船的路程之和等于河宽的3倍，所以每一艘渡轮现在所走的距离应该等于它们第一次相遇时所走距离的3倍。第一次相遇时，第一艘行驶的路程为720码，当它到达Z点时已经行驶的路程为3×720=2160码。而这个路程的长度比河的宽度多出了400码。因此减去400码即可得到河的宽度，答案是1760码。

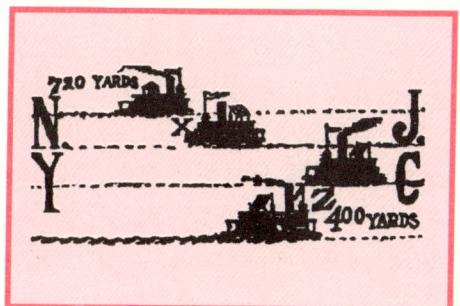

324 "数学天才"警察

警察说他和麦古尼谈话的时候是早上9点36分，因为从午夜至此的四分之一时间应为2小时24分，加上此刻距离午夜的时间为7小时12分，所以等于9点36分。

325 老爷爷的时钟

由于秒针指向5又5/11秒的位置，所以

这时时间一定是9时49分5又5/11秒,此时时针和分针相交,时针停止,老人猝然而死。

326 奔跑在乡间

可以说,"猎狗"到左边的那座桥梁要跑(111+4/11)码,然后从那里沿斜边穿过田野跑了(713+7/11)码。

这说明"野兔"从另一条路径跑到插旗子的大本营处要850码。数学家们可以说明,沿运河的距离总长是(111+4/11)码。加上"野兔"到右边的桥路程中本来领先的25码,我们可以算出两座桥之间的距离是(386+4/11)码,也是三角形的一条边,三角形的另一条边是600码,这样根据欧几里得第四十七命题,可知斜边的长度是(713+7/11)码。这证明答案是正确的,我现在要继续用自然的解谜方法来解得答案。

要想发现在两条路线长度相同时,"野兔"到左边桥梁的距离,只需用三角形的底边(那条长600的边)除"野兔"到右边桥梁的距离250,然后再在商上加2,得到的和再用底边长去除,最后商的结果将是"野兔"到左边桥梁的距离,也就是600÷250=2.4,再在这个结果上加2,得到4.4,再用600除,得到(136+4/11)码,就是"野兔"到左边桥梁的距离,因为两条路径长度相等,可以算得抄近路所跑的距离是(713+7/11)码,和前面提到的答案一致。

327 阿喀琉斯与乌龟

如果分针的速度是时针速度的12倍,它们每12小时将相遇11次,所以通过将我们的常数,12小时11等分后,我们将会发现每65分钟27又3/11秒两指针相遇一次,因此,两针于12点、1:5:27又3/11秒、2:10:54又6/11秒、3:16:21又9/11秒、4:21:49又1/11秒、5:27:16又4/11秒、6:32:43又7/11秒、7:38:10又10/11秒、8:43:38又2/11秒、9:49:5又5/11秒和10:54:32又8/11秒相遇。

328 比萨斜塔

经过精确计算,如果一个弹性球从178英尺的高度坠落,触地后反弹至上次坠落高度的1/10高度,那么在运动218英尺又(9+1/3)英寸后,它将静止在地面。

很多人可能认为218.77777……是个更精确的答案,可惜他们都错了。即使小数可以无限循环,即小数位7的个数达到十亿个甚至千亿个,(9+1/3)英寸仍然更精确。

此外,如果一个弹性球从塔体的最高点自由坠下,并且在最后一秒内行经一半的路程,这便可证明塔体的精确高度为187.4806英尺。

329 格尼斯堡八桥

所求的路径共计416条,其中最短的一条路线为O-P-D-C-E-F-H-G-I-J-L-K-N-M-A-B。

330 马术障碍赛

沿赛道奔跑略多于0.125英里后,选择穿越场地,沿着直角三角形的斜边奔跑至终点。该方案的完赛时间略多于2分51秒,但是,这要比一开始就沿着斜边跑更优化一点。

331 理发师弗里兹

在这道题目里,共有11个位置可以满足条件"理发结束时,看到分针和时针间的距离与理发开始时它们的距离相等。

理发开始时,分针在时针后面,理发结束时,分针在时针前面",但是只有一个位置满足图中秒针的位置。这个答案应该是10点47分2又8/11秒开始,结束于11点零2分2又8/11秒。

332 从比克斯利到奎克斯利

根据题意,我们就知道他们走完全程用了5个小时。走完中间的7英里路程他们用了80+120=200分钟,所以从比克斯利到奎克斯利的5小时(300分钟)行程中他们走过的距离一定是7×1.5=10.5英里。

333 热气球之旅

由题目可知,风速为每4分钟28秒1英里,飞行器的速度为(3+9/21)分钟每英里,所以在无风状态下,走完10英里需要34分钟17又1/7秒。

334 电线杆之间的距离

设电线杆总数为x,y为车行(3+5/8)英里所用的小时数。汽车在y小时经过x根电线杆,x/y是一小时经过的电线杆数,x/60y就是1分钟经过的电线杆数,根据已知条件列方程,求得x=60,(3+5/8)英里是19140英尺,用60除19140可以得出两根电线杆间的距离是319英尺。

335 高山赛跑

在这个问题中,下山行走60英尺所需的时间等于上山40英尺所需时间。当杰克和吉尔相遇之时,杰克走了1360英尺,吉尔走了1260英尺。所以他们的速度比应为63:68。所以杰克比吉尔快5/63。杰克的1/63时间为6秒,所以整个时间应该为6分18秒。这就是杰克走半英里的速度。

336 驾车赛马旅行

设火车的速度为t,马车速度为c,x表示会合点距格拉斯哥的里程,而189-x则应是因弗内斯离会合点的距离。可知,马车从因弗内斯到会合点所需的时间为189-2x(两个距离相差的里程数),而这又等于火车从格拉斯哥开到会合点所需的时间。

由这两个方程可以解出马车每小时的速度要比火车快1英里。利用上述信息,再加上以下结果,即马车走189英里的路要比火车提前12小时,我们可以建立另一方程,从而得出马车的速度为4.5英1小时。于是,火车的速度为3.5英里1小时。会合地点到格拉斯哥距离(52+11/16)英里。

337 打破记录

这匹快马跑过1英里的4个1/4段所用的时间分别是27.25秒、27秒、27.125秒、27.125秒,总时间等于1分48.5秒。

338 欢乐谷与快乐镇

当两者第一次相遇时,威利行走了72英里,罗兹仅仅走了54英里。所以,从欢乐谷到快乐镇的距离为126英里。

339 游艇比赛

在这场游艇比赛中,走完三角形的第一条侧边需要80分钟,第二条侧边需要90分钟,最后一条边为160分钟。总共需要5.5个小时。所以如果游艇在9点10分开始航行,比赛应该结束于4点40分。

340 工程师的困惑

按照设计师的讲述,可以看出,如

果火车全速行驶中间的50英里，那么可节省40分钟。以3/5的速度行驶所需的时间内，如果以全速行驶，可以行驶83.33英里，多出了33.33英里。因此，40除以33.33即可得到全速行驶1英里所需的时间是1.2分钟。可以算出火车以全速行驶了50英里，以3/5的速度行驶了150英里，全程200英里。

341 派克镇有多远

设x为旅馆到途中驿站的距离，则当马车在中途休息30分钟时，此人又走了（x-4）英里，从而可知该人的速度为每小时（2x-8）英里，因为马车走了x英里时，此人走了4英里，所以马车的速率为：x(x-4)/2。

现在可以列出含有x、y的两个方程，y为途中驿站到派克镇的距离，其中一个方程的等量关系为：此人步行全程不到1英里所花的时间应等于马车走完全程的时间再加上30分钟。另一个方程的等量关系是：此人从途中小屋步行到派克镇所花费的时间再加15分钟应等于马车走同样一段路所需的时间加上30分钟。

由方程组可以解出x=6，y=3，所以从旅馆到派克镇的总距离为9英里。马车每小时走6英里，而此人的步行速度为每小时4英里。

342 乘电车的浪漫

坐电车2个小时，一共行驶了18公里，需步行6小时返回。

343 苏黎世疯狂的时钟

钟表在早上7点5分27又3/11秒可显示正确的时间。

344 象棋高手上校

我们发现第五兵团在另十九个兵团都上了前线的时候，它还只有1370人，需要18周时间，当它的人数超过1900人的时候，它才能成为人数最多的一个兵团。也就是说，第五兵团还需要37周才能被派上前线。

345 汤姆的小猪

古斯妈妈说汤姆需要跑（571+3/7）码才能抓住猪，而猪跑的距离为该距离的3/4，也即（428+4/7）码。汤姆和猪的距离为250码，因为他的速度是猪的4/3，那么他本可以在1000码内抓住猪。如果他们相向而行，那么汤米要走的距离为250码的4/7，即（142+6/7）码，加上1000，得（1142+6/7）码，除以2即为正确答案。

346 传令兵问题

根据我们解此类题目的一般方法，将军队前进的长度乘上军队的长度，然后再除以2，接着开平方根再乘以2，再加上队伍的长度即为正确答案。我们会得到传令兵行走的距离约为120英里多一点。第二问，信使经过209.5英里。

347 雇来的收割者

杰克9天内可以完成这项任务，所以显然他每天的工钱为10先令。所以，五天获得50先令。约翰本来可以得到40先令，但是，实际上少了3先令9便士。所以，比尔得到了3先令9便士，由此可以算出比尔的工作速度，如果比尔单独工作需要48天才能完成。

在这道三个收割者的问题中，约翰单

独完成该项任务需要（12+12/29）天。比尔需要48天。两者一起完成这项任务需要（9+63/72）天。

348 三人出游

速度最慢的步行者C一直坐在自行车上不下来。最初，他同最快的步行者A一起坐在自行车上，行驶31.04英里，而B在这段时间内步行。A下车后，C把自行车往回驶，在距出发点5.63英里处接上正在步行的B。在余下的旅程中，B与C一直在车上，最后与步行的A同时到达终点。总的时间略少于2.3小时。

349 吃肉趣闻

一共需要40天的时间。杰克在有瘦肉的情况下是不会吃肥肉的，而他的妻子在有肥肉的情况下也不会吃瘦肉。杰克吃完半桶瘦肉只要35天，此时，妻子还剩下1/12桶肥肉。两人在5天时间内可以吃光剩下的肥肉。

350 动力不足的汽车

前两小时的平均速度为67.5英里/小时，后两个小时的平均速度为52英里/小时。前两小时和后两小时相差为15.5英里，也即7.75英里/小时。因此，在第一个小时走的路程为71.375英里，第二小时为66.625英里，第三小时为55.875英里，第四小时为48.125英里。

351 溜冰的时间

珍妮的滑冰时间为4分钟，而莫德是10分钟。

352 新龟兔赛跑

在这场比赛中，跑道的长度无关紧要。乌龟在1/8处开始跑，当他们相遇的时候，乌龟的速度是兔子的速度的4.25倍。因为，兔子还有5/6的赛程需要跑，5×4.25=21.25。不过题目问的是快多少，所以应该是20.25。

353 挤奶女工和汉斯

在这道趣题中，必须考虑到牧场上草每天的生长量。我们已知牛吃的草和羊加上鹅吃的草一样多，因此，如果牛和羊在45天里吃完原有的草和45天里新长出来的草，那么显然两只羊和一只鹅吃完这些草也要花上同样的时间。由于一只羊和一只鹅要用这段时间的两倍吃完这些草，我们知道，一只羊吃完原有的草要90天，而这只鹅吃的速度刚好跟上草生长的速度。因此，如果原有的草奶牛每天吃1/60，羊每天吃1/90，它们在一起每天吃1/36。这样，牛和羊用26天吃完现有的草，在此期间，每天新长出的草专门供鹅消耗。

354 逆风骑车

骑手在没有风时的速度是每英里3分26秒。

355 快表和慢表

0时45分25秒启动。由于快表每小时比慢表快3分钟，所以需要20个小时才能快出1个小时。由于该表每小时快1分钟，所以现在的确切时间是20时45分25秒，往前推20个小时即可得出两表在午夜45分25秒时启动。

356 时间和距离

52.02981英寸（1.3216米）长的钟摆一分钟摆动52.02981次。

357 猴子爬滑轮

猴子与砝码的高度始终相同。

358 罪证

12点钟以后，分针与时针首次是在12点（32-8/11）分处于相反的方向，这种状况以后每隔1小时5又5/11分重复出现一次。从秒针的位置看来，子弹一定是在10点21又9/11分或者10点21分49又1/11秒击中了这个表盘。

359 新解猫抓老鼠

略。

360 暹罗人斗鱼

为了简明起见，我倾向于如下的计时法：

这13条鬼鱼每3条一组，分为3组，每组对付一条王鱼，吸引他们的注意力，同时另外4条鬼鱼用3分钟时间消灭第四条王鱼。然后5条鬼鱼联合攻击一条王鱼并且用2分24秒置之于死地。与此同时，其他鬼鱼与其他王鱼对战。显然，如果其他两组鬼鱼能够再多一个帮手的话，它们能够用同样的时间结束战斗，因此，每条王鱼身上所残留的力量只够同1条小鱼抗衡2分24秒。但如若是7条鬼鱼而不是1条来攻击王鱼，则只需要1/7的时间，也就是20又4/7秒就可以完成。

把这些鬼鱼的兵力分开来对付剩下的两条王鱼——7条鬼鱼攻击一条王鱼而另外6条鬼鱼攻击另一条王鱼——过了20又4/7秒之后，最后剩下的那条王鱼还需要由一条鬼鱼用20又4/7秒才能够消灭。全部13条鬼鱼攻击这条王鱼，则用1/13分的时间，也就是1又53/91秒就能置之于死地。

把这几个回合所用的时间相加——3分钟、2分24秒、20又4/7秒、1又53/91秒，这场战斗所用的全部时间是5分46又2/13秒。

361 "土豆"赛跑

在土豆赛跑问题中，我们可以轻易地算出捡回100个放在每间隔10英尺放置的土豆需要跑过101 000英尺，也就是19英里多一点。

尽管表面上看，速度更快的汤姆（比哈利快2.04%）会取得比赛的胜利，不过，如果哈利首先捡回第99个土豆（捡回这个土豆时，汤姆原地不动），哈利将会以微弱的优势赢得比赛的胜利。

哈利捡回他的49个土豆需要跑49 980英尺，而汤姆的速度快些，在同样的时间内，他可以跑过50 999.5英尺，但是由于他必须跑上51 000英尺去捡回第50个土豆，哈利将以不到半英尺的优势获胜。

362 珠宝店外的时钟

假钟的时间是8时18分27又9/13秒。

363 天平的使用原理

我们给第二副天平的两边都加上3个立方体,由于两边加上的东西一样重,天平依然能够保持平衡。各加上三个立方体之后,第二副天平左边的东西就和第一副天平左边的东西一样了。这样我们可以推算出来:4个立方体+8颗玻璃弹子=12颗玻璃弹子,也就是说,立方体的重量刚好和玻璃弹子相等;也就是说,一个陀螺的重量等于1个立方体的重量加上8颗玻璃弹子,或者等于9颗玻璃弹子。

364 切割金砖

现在我们来仔细考虑一下:第一次测量的结果告诉我们,金砖确实是$24×24$平方英寸大小。在拼成长方形之后,尽可能精确地测量,测量得越精确,你越能发现谜底。因为新的长方形的面积应该是($23×25-1/23$)平方英寸,结果仍为576。

365 猫的重量

仔细看后,我们发现,上面的天平比下面的天平多一只大猫,少一只小猫,重量相差2磅。小猫和大猫的重量相差2磅。我们把上面天平中的所有大猫换成小猫,上面的天平上就有了7只小猫,重量比之前的18.5磅减少了8磅,那么,天平的右边也需要减少8磅,这样得出7只小猫的重量是18.5-8=10.5磅。小猫重1.5磅,大猫重3.5磅。

366 妈妈的黑莓果酱

我们可以通过观察图片解决这个问题。由于已知每层都有20夸脱的黑莓酱,我们可以把下面两层同时减去6个小罐,结果证明2个大罐和4个中罐的容量相等,

也就是1个大罐的容量等于2个中罐的容量之和;用类似的方法可以得出1个中罐的容量等于3个小罐的容量之和;现在我们把所有的大罐乘以2换成中罐,再用三个小罐来代替1个中罐,当我们把它们全部加起来时,我们发现,所有的黑莓酱的容量可以用54个小罐,或者18个中罐,或者9个大罐来代替。因此,每个大罐的容量相当于($1/9×60$)夸脱,也就是($6+2/3$)夸脱。

367 钓鱼男孩多重

由于鱼重3磅,鱼鳞是无鳞鱼重量的1/5,也就是说,鱼鳞和无鳞鱼的重量之比是1:5,那么鱼鳞重0.5磅,无鳞鱼重2.5磅。无鳞鱼的重量是称此时总重量的1/4,那么称此时的总重量就是10磅,那么钓鱼人举起的东西就是称加上鱼一共12.5磅(鱼鳞已经被去掉了),而这相当于他体重的1/10,所以他的体重应该是125磅。

368 俭省的工匠

可以造一个长方形的水罐,我们知道边长12.6英尺的立方体体积是2 000立方英尺,那么将高度减少一半即可造一个容量为1 000立方英尺的水罐。所用铜片的面积约为476平方英尺。

369 混合奶难题

"老实憨厚"的送奶人的2号桶中有5加仑的牛奶,1号桶里装了11加仑的清水。从1号桶中倒5加仑清水到2号桶,然后把混合物倒6加仑到1号桶,最后把1号桶的混合物往2号桶中倒,直到两个桶中各有8加仑混合物。这时候2号桶里有3加仑牛奶而1号桶里只有2加仑牛奶,且两个

桶中各有清水6加仑和5加仑。

他将1号桶中牛奶混合物共8加仑以10美分/夸脱的价格售出共得到3.2美元，减去其中纯牛奶的成本16美分，他的利润是3.04美元；而2号桶中牛奶混合物共8加仑，以8美分/夸脱的价格售出共得到2.56美元，减去其中纯牛奶的成本24美分，他的利润是2.32美元；所以，他出售两个桶中的牛奶所赚的钱一共是3.04+2.32=5.36美元，这就是问题的正确答案。

370 无偿的土地

令人难以置信的是，答案与1英亩的平方英尺数即43560有关。这个数目的木头能做成一个有三道横档的围栏，恰好可以围住一块43560英亩的正方形土地。

371 荷花命题

欧几里得说："若一段圆弧的两条正弦相交于一个圆内，则两条弦切开的两条线段相等。"

因此，下图中，水面即表示圆弧的一条弦ED，因为两段线规定为21厘米长，则21×21=441。

荷花的茎则表示另一条相交的弦AF，高出水面的部分则表示弦的其中一段，这一段为10厘米长，它与另外一段弦之积必须等于另一条弦所获得的结果，即441。然后，用10除441，得到结果为44.1厘米，此即为该弦另一段的长度。用10厘米加上44.1厘米，得到54.1厘米，即为AF这段弦的总长度，也即圆的直径。因此，我们求得半径为27.05厘米，但是因为荷花高出水面10厘米，所以我们必须减去这部分，结果得出：湖的深度仅为17.05厘米。

372 月亮问题

我们所需知道的所有知识就是一个圆柱形的盒子能够装入正好一个半的球体，就像此处插图中所示的一样。所以如果这团缆线的直径是24厘米，它就能占那个24厘米高的帽型盒子B内部的2/3。因此，这团缆线的体积相当于那个圆柱体高度2/3的小圆柱体，也就是直径24厘米、高度仅16厘米。通过这样的方法就可以把球体的体积转化成圆柱体的，而缆线只不过是伸长的圆柱体而已。我们轻而易举地可知24厘米和1/100厘米之间的相对比值，即前者是后者的2 400倍，所以24 000乘以2 400得到5 760 000就是包含在大圆柱体中1/100厘米厚度的圆柱体的数目，因为他们都应该长6厘米，我们乘以6，发现能得到92 160 000厘米，简单化简后得到的921.6千米就是缆线的长度。

球体和圆柱体之间的相对比值在公元前380年由阿基米德发现，这一发现被永远镌刻在他的坟墓之上，而这一发现也被后世数学家看做是他最为重要的发现。

373 石磨的面积

两位叙利亚人可以知道直径为22英寸的磨石大致有的面积。我们可以减去直径

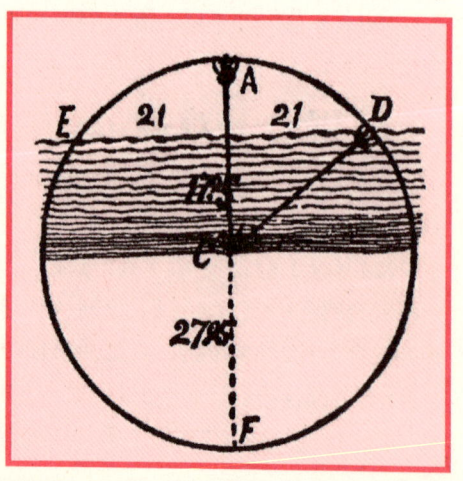

为3+1/7英寸的洞的面积。这样他们就能知道一半面积大小的圆，就是第一个人用完时候的磨石大小。不过，唯一最完美的方式是，圆的面积可以通过它们的直径来计算。在圈内画的正方形面积正好是大圆面积的一半。所以我们可以在磨石内画一个正方形，取点A、B、C、D，连接四点形成一个正方形。然后再在正方形内画出一个圆，在正方形内取点E，该圆的面积即为大圆的一半。

374 三角形地段

找出第三个面积也为3360平方英尺的三角形就非常困难了。一些数学爱好者甚至说要找到第四个根本不可能。这里有一个符合要求的三角形，边长30英尺、224英尺和226英尺。

375 混合茶叶

有一种可爱的方法来解决这类谜题。现在有两个方形箱子，一个从内部测量有17.299厘米，另一个从内部测量是25.409厘米，这两个箱子将与22个装茶叶的木箱等价，每个木箱都是9.954立方厘米。所以绿茶和红茶的比例就是17.299比25.469。

376 足球大小

一个球体可以视为由无数个三棱锥构成，这些三棱锥的顶点汇聚于球体的中心，它们的底面即为球体的表面积。我们知道，三棱锥的体积等于底面积乘以1/3高度。因此，球体的体积便等于这些底面积的总和乘以1/3恒定高长。也就是说，球体的表面积乘以1/3半径便是球体体积。如果说，球体表面积等于球体体积，则1/3半径为单位长。因此，该球体的半径是3，直径是6。

377 柏拉图方块

数学家中的绝大多数对于这个问题可谓是相当的熟悉，他们很清楚地认识到，所谓的几何数平方或者立方一下就等于面积或者体积。他们尝试了最基本的数字：4。也就是说，4×4×4的立方体中包含有64个单位体积的小立方体。所以，这个立方体应该被置于8×8的正方形广场正中，即广场的面积也为64。可是，谜题高手们高度重视草图在猜谜中的作用，他们瞥了一眼示意图，认为上述解答不符合草图中纪念碑和广场的尺寸比例。

所以，他们认为这个几何数应当更大一点。他们尝试了9，发现9×9×9的立方体中包含有729个单位面积的小立方体。那么，广场的面积就应当为27×27，这样一来尺寸的比例就符合示意图了。当然，这些数字的倍数同样适用于此题，但是，729是小于1 000的唯一最大解。

378 新增的卷心菜

去年的卷心菜为105×105=11025，今年的卷心菜为106×106=11236。两者之差正好为211。

379 嘉丽小姐的吊床

如下图所示，我们可以看出，从左下角开始，吊床一共断裂了12处，所以嘉丽小姐的体重一定是120磅。

如图所示：

380 林肯"圈地"

把12根横杆排成一格正十二边形，围成的面积是最大的，约略大于2 866平方米。

381 巧铺餐巾

三张12英寸的餐巾可以盖住（15+1/4）英寸的正方形餐桌。端正地在一个角落摆放一张餐巾，然后剩下两张餐巾很容易将剩余的覆盖住。

382 湖之谜题

用A、B、D代表三个角，AD长度为9，BD为17，因为9×9=81，加上17×17=289等于370（最大农田的面积）。△AEC是直角三角形，所以5的平方加上7的平方等于AC的平方，为74。

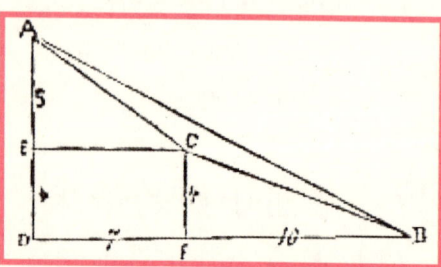

△CBF是直角三角形，两直角边的平方等于斜边的平方。△ABD的面积很显然是9×17的一半，为76.5英亩，因为长方形和两个三角形的面积显然为76.5英亩，所以可得湖的面积为11英亩。

383 箱子的运费

大箱子的尺寸一定是13.856英寸，小箱子的尺寸为6.928英寸。两箱子加起来为20.784英寸，如果每英尺5美元，应该为8.66美元。两个箱子应该是2 992立方英寸，折合1.732立方英尺，若按每立方英尺收费5美元，共为8.66美元。

384 送奶人的问题

送奶人的1号桶装有5.5加仑水，2号桶装有2.5加仑牛奶。在做了手脚之后，1号桶有3加仑水和1加仑牛奶。2号桶有2.5加仑水和0.5加仑牛奶。1号桶的比例为40∶1；2号桶为1∶40。

385 带状土地的宽度

其实，这个问题有一条简单的规律：斜穿抄近道，沿路绕过走，两者之差数，四分取其一。如果我改述一下，数学家们也许会更易于理解。即求矩形的两边之和，再减去其对角线之长，然后把差数除以4。这块土地长2 000码，宽1 000码。所以这块带状土地的宽度约为191码。

386 奸猾的送奶人

第一条街道，这送奶人分发了32夸脱纯牛奶，第二条街道是24夸脱，第三条街道18夸脱，第四条街道13.5夸脱，一共是18.5夸脱。

387 酒商量酒

先向两个容器装满苹果酒，然后再将桶中的苹果酒全部倒入小桶之中。将两个容器中的苹果酒倒回苹果酒桶，再用小容器向苹果酒桶中倒入2加仑苹果酒。现在，用小容器量出2加仑的白兰地倒入小桶，将小桶中的混合饮料装满两个容器，让容器中的白兰地为（1+7/19）加仑，最后用苹果酒桶中的酒加满小桶。这样，混合饮料中的白兰地正好是苹果酒的16倍。

388 古格尔黑姆的火鸡

因为古格尔黑姆的两只鸡一共重20磅,可以算出大火鸡重16磅,小火鸡重4磅。

389 羽毛和黄金

在回答这个老掉牙的问题的时候,我们必须考虑到这个事实:黄金的重量总是用金衡制单位计算的,而羽毛的重量总是用常衡制单位计算的。在这样的情况下,古老的格言"天底下一磅就是一磅"就不适用了。

72份12磅重的羽毛重864常衡磅,而72金衡磅只相当于常衡磅的59磅3盎司407.5格令(译者注:格令为英美制重量单位,1格令约合0.0648克)。因为864磅可以表示为863磅15盎司437.5格令,再减去59磅3盎司407.5格令,得到804磅12盎司30格令。这就是我们用常衡制表示的答案。

一般人弄不清楚这两种衡制之间的关系。有些人以为二者的单位"磅"的重量是相同的,不过一个被分成16盎司,一个被分成12盎司。而更多的人认为,盎司是相同的,不过1常衡磅是16盎司而1金衡磅是12盎司。看起来第二种理解更有说服力,但是这两种理解都不完全正确。这两种衡制之间的衔接之处在于1常衡磅是7 000格令,而1金衡磅只有5 760格令。那么上文中864常衡磅的羽毛相当于6 048 000格令,而72金衡磅的黄金相当于414 720格令,两者相差5 633 280格令,也就是常衡制的804磅12盎司30格令。

390 父子"挑"驴

已知扁担的长度为4英尺。驴子挂的"点"不同,每个人所肩负驴子的重量也不同。从机械学上讲,我们将这个点比做杠杆的支点,因为长臂省力,所以承担的重量少,短臂承担的重量多,反之亦是。因为儿子肩挑95磅,是整个重量的95/220。所以驴子应该挂在扁担离儿子(27+3/11)英寸的地方,也就是整个扁担长度的125/220之处。

391 阿基米德与皇冠

在空气中称,皇冠的重量为63盎司,但是在水中称的时候,皇冠的排水为8.2245立方英寸。因为我们知道1立方英尺的水等于1 728立方英寸,重62.5磅。因此,任何东西在水中称重量都会变轻,变轻的重量即为其所排的水,这和体积无关。

1立方英寸的足金重10.36盎司,但是1立方英寸的银子仅重5.85盎司,重量比金子的一半稍多一点。因此,要计算一块重63盎司,体积为8.2245立方英寸合金的成分就不是难事。8.2245立方英寸的金子重量应超过85盎司。但是皇冠的重量仅仅为63盎司。所以皇冠中肯定掺了其他的金属成分。

经过计算,我们可以发现皇冠包含了34.1964盎司的金子和28.8036盎司的银。如果假设每盎司金子价格为21美元,银子价格为61美分每盎司,我们可以计算出掺假的皇冠价值约为735.694596美元,而纯黄金皇冠为1 323美元。所以这个不诚实的珠宝商共侵吞了约587.30美元。

392 巧称体重

女孩的体重分别为56、68、60、64和55磅才能得出129、125、124、123、122、121、120、118、116和114这些组合。

393 打铁桶

由于1加仑=282立方英寸，所以25加仑的桶可以盛7050立方英寸的啤酒。桶的体积可以由下面的公式求得：（上底面面积+下底面面积+4×中截面面积）×1/6 桶高。（中截面即为高度距离上下底面相等且与两个底面平行的截面）由于中截面的半径=（上底面半径+下底面半径）/2，所以中截面面积应该等于9/4倍下底面面积。而上底面面积应该是下底面面积的4倍。如果我们设下底面面积为S，则（4S+S+4×9/4S）×1/6×12=7050，因此上底面面积4S等于3525平方英寸的4/14，也就是（1007+2/14）平方英寸；根据面积等于半径的平方乘以圆周率，可以求得半径为17.91英寸，桶口的直径为35.82英寸。

394 婴儿的体重

由于总重量为85千克，奥图尔太太比婴儿和狗的重量之和重50千克，所以，奥图尔太太的体重为67.5千克，孩子和狗的体重之和是17.5千克。狗比孩子轻60%，所以狗重5千克，孩子重12.5千克。

395 奇特的称量法

四只金属环的重量分别为0.25磅、0.75磅、2.25磅和6.75磅。只要善于利用，按照实际需要把它们放到秤杆的两边，就可以称出0.25磅到10磅之间的任何重量，其精确度可达到0.25磅。

396 市场督察的困惑

将物件置于不准确的秤上称量，结果自然是不准确的。物件的真实质量与杠杆的臂长，即物件到秤中心的距离成比例。

规则是：将物件放在天平一侧称出质量，再置于另一侧同样称出质量。将两个质量相乘并开平方根，得出的数字便是物件的准确质量。

三棱锥置于长臂上，其质量相当于（2+2/3）个木制立方块的质量。三棱锥置于短臂上，其质量相当于1/6个木制立方块的质量。

（2+2/3）乘以1/6等于4/9，4/9开平方根为2/3。因此，一个三棱锥的质量等于2/3个木制立方块的质量。

假设一个三棱锥的质量为1盎司，那么一个立方块的质量为（1+1/2）盎司。因此，问题的答案应该是12盎司。

397 酒瓶问题

这道题中只看到2位盗贼，但侦探很快就找到证据证明这个盗窃团伙中共有三位成员；总共有21品脱酒和24个瓶子要分，而3是唯一能被这两个数整除的数字，所以我们得出肯定有三个盗贼，然后我们继续看问题的其他部分，即使到了这一步，仍需要有冷静的头脑。

其中1位盗贼拿了满满的3夸脱酒和1个空瓶、满满的1品脱酒和3个空瓶。另外两位盗贼则每位分到了满满的2夸脱酒和2个空瓶、满满的3品脱酒和1个空瓶。因此，每个人都分到了3.5夸脱酒、4个大瓶和4个小瓶。

398 感恩节的买卖

火鸡的重量为24磅，所以这只火鸡值3.84美元。夏洛克医生通过使用自己的称，耍了个小花招，也就是夏洛克医生称得的重量是350盎司，是金衡制或者说药衡制的结果。而屠夫的重量是384盎司。因此，这位不谙世事的屠夫损失掉了34美分。

医生认为既然在第一笔交易中他占到了便宜，所以在第二笔交易也能占到便宜，所以夏洛克医生给屠夫称盐的时候也使用了自己的称。给屠夫称了350磅盐，价值10.5美元。但是按照双方的约定，屠夫在自己的秤上称得的盐重量仅为288磅（常衡制）。因此，屠夫免费获得了62磅盐，价值1.86美元，抵消了他34美分的损失。所以，该问题的答案应该是1.52美元。

399 卖牛奶的老人

让我们用A和B来表示两个10加仑的牛奶桶，我们可以用下面的方法量取两份2夸脱的牛奶：

1. 用A桶中的牛奶倒满5夸脱的罐，A桶中少了5夸脱。
2. 用5夸脱罐中的牛奶倒入4夸脱的罐中，这样5夸脱的罐中就剩下了1夸脱的牛奶。
3. 将4夸脱罐中的牛奶倒回A桶，则A桶中还少1夸脱。
4. 把5夸脱罐中的牛奶倒入4夸脱的罐中。
5. 再用A桶中的牛奶倒满5夸脱的罐，则A桶中还少6夸脱。
6. 再用5夸脱罐中的牛奶倒满4夸脱的罐；由于4夸脱罐中原来已经有1夸脱牛奶，这样4夸脱的罐满了之后，5夸脱的罐中还剩下2夸脱的牛奶。
7. 将4夸脱罐中的牛奶倒回A桶，则A桶中还少2夸脱。
8. 用B桶中的牛奶倒满4夸脱的罐。

400 等式问题

这幅图说明了"与同一数字相等的两个数字相等"这一代数原理。我们将水壶的重量设为x，那么，盘子的重量即为2/3x。现在在天平二的两边各加上1个杯子，使天平二与天平一的左边一样，那么2个杯子加上1个盘子就等于1个水壶，从而得知，1个杯子等于1个水壶的1/6，即为1/6x。我们还知道1个杯子加上1个瓶子等于1个水壶，所以1个瓶子等于1个水壶的5/6，即为5/6x，而杯子的重量是1/6x，所以，瓶子的重量是杯子的5倍。这样，就得出了答案，5个杯子的重量和1个瓶子的重量相等。

401 觅食远征

这道"觅食"谜题非常简单。小伙子们首先装满3加仑的容器，然后再将3加仑的容器中的酒倒入5加仑的容器中。再从小桶中装满3加仑，然后再倒入5加仑的容器中。此时三加仑的容器中只剩下1加仑，他们喝掉了这1加仑的啤酒。再把5加仑容器中的啤酒倒回桶中，用3加仑的容器两次量出3加仑的啤酒，分别装入3加仑和5加仑的容器中。